Arno Holz

Neue Gleise

Arno Holz

Neue Gleise

ISBN/EAN: 9783743434431

Hergestellt in Europa, USA, Kanada, Australien, Japan

Cover: Foto ©ninafisch / pixelio.de

Manufactured and distributed by brebook publishing software (www.brebook.com)

Arno Holz

Neue Gleise

Verlag von F. Fontane & Co.

Arno Holz. Buch der Zeit. Lieder eines Modernen.
II. Aufl.

Verl. v. Wilhelm Issleib (Gustav Schur).

Arno Holz und Johannes Schlaf: Die Familie
Selicke. Drama in 3 Aufzügen. III. Aufl.

NEUE GLEISE

GEMEINSAMES

VON

ARNO HOLZ UND JOHANNES SCHLAF

In drei Theilen und einem Bande

BERLIN W

F. FONTANE & Co.

1892

DIE PAPIERNE PASSION.

Vorwort.

Die nachfolgenden Studien entstanden im Winter 1887 bis 1888 in Nieder-Schönhausen und waren die ersten Ergebnisse unseres Zusammenarbeitens.

In seinem späteren Buche „Die Kunst" hat der Jüngere von uns das kleine Idyll, das wir damals lebten, nachträglich geschildert:

„Unsere kleine Bude," heisst es daselbst, „hing luftig wie ein Vogelbauerchen mitten über einer wunderbaren Winterlandschaft, von unseren Schreibtischen aus, vor denen wir dasassen bis an die Nasen eingemummelt in grosse, rothe Wolldecken, konnten wir fern über ein verschneites Stück Heide weg, das von Krähen wimmelte, allabendlich die märchenfarbensten Sonnenuntergänge studiren, aber die Winde bliesen uns durch die schlechtverkitteten kleinen Fenster von allen Seiten an, und die Finger waren uns trotz der vierzig dicken Press-Kohlen, die wir allmorgendlich in den Ofen schoben, oft so frostverklammt, dass wir gezwungen waren, unsere Arbeiten schon aus diesem Grunde zeitweise einzustellen. Denn mitunter mussten wir sie auch noch aus ganz anderen Gründen quittiren. So z. B., wenn wir aus Berlin, wohin wir immer zu Mittag essen gingen — eine ganze Stunde lang, mitten durch Eis

1*

und Schnee, weil es dort „billiger" war — wieder gar
zu hungrig in unser Vogelbauerchen zurückgekrochen
waren, wenn uns ab und zu um die Dämmerzeit, während
draussen die Farben starben und in all der Stille rings
die Einsamkeit, in der wir lebten, plötzlich hörbar wurde,
hörbar und fühlbar, die Melancholie überfiel, oder wenn,
was freilich stets das allerbedenklichste war, uns einmal
der „Tobak" ausging. Das war dann ein Herzeleid —
gar nicht zu beschreiben! Von Cuba waren wir so,
allmählig, auf „Caraballa" gesunken, von Caraballa auf
„Paetum optimum". Ja, als die Noth am grössten war,
entsinne ich mich, rauchten wir sogar das letzte Stück
einer alten Guirlande auf. Honni soit qui mal y pense!
Unseren schönsten, runden Tisch mit bunter Velours-
decke, der eigentlich hätte vor dem Sopha stehen sollen
— dem „Perserdivan", wie es officiell hiess — hatten
wir eigens zwischen unsere beiden Schreibtische gerückt,
als würdige Unterlage für die lange Stricknadel, mit
der wir unsere langen Pfeifen putzten, eine leere Liebig-
büchse diente als Aschbecher. Schliesslich, als dann
endlich durch unsere Scheiben wieder blau der Frühlings-
himmel brach, hatten wir die Genugthuung, constatiren
zu können, dass unser schöner, schneeweisser Hermes-
kopf, der so lange quer über einem grossen, roth-
gebundenen Don Quixote mitten unter einem Spiegelchen
gestanden, aussah wie ein Niggerschädel.

Veröffentlicht von uns, als das erste sichtbare Re-
sultat dieser Campagne, wurde dann ein Jahr später
im Verlage von Carl Reissner in Leipzig: Bjarne P.
Holmsen: „Papa Hamlet.""

Ueber die intimere Entstehungsgeschichte dieses
Buches, sowie über die Bedeutung, die sein Erscheinen
damals für unsere junge Bewegung gehabt, giebt das
Vorwort zu dem zweiten Theil dieser Schriften genügende
Auskunft.

Abermals ein Jahr später erschien dann „Die Familie Selicke."

Mit ihr hatte unser Zusammenarbeiten seinen natürlichen Abschluss gefunden. Es war von Anfang an nie etwas anderes als ein einziges grosses Experiment gewesen, und dieses Experiment war geglückt!

Kein Homunculus war unserer Retorte entschlüpft, kein schwindsüchtiges, bejammernswerthes Etwas, dessen Lebenslicht man nicht erst auszublasen brauchte, weil es von selbst ausging, sondern eine neue Kunstform hatten wir uns erkämpft, eine neue Technik dem deutschen Drama, unseren Gegnern zum Trotz, die sich triebsicherer senkt in das Leben um uns, keimtiefer als die bisherige, uns überliefert gewesne, und wohin wir zur Zeit blicken in unserer jungen Litteratur, überall bereits begegnen wir ihren Spuren . . .

Und so mag es denn heute, wo jeder von uns schon längst wieder anderen, weiteren Zielen zugewandt steht, nicht verwundern, wenn wir den Wunsch gehegt, uns nun endlich, und zwar auch äusserlich, mit unserer einstigen sogenannten „Firma", wie man sie ja wohl nannte, abzufinden. Und das konnten wir nur mit der Herausgabe dieses Buches.

Möge sein Einband seinem Papier leicht werden!

Berlin, August 1891.

Arno Holz.
Johannes Schlaf.

Die papierne Passion.

Eine kleine berliner Küche, vier Treppen hoch, um die Weihnachtszeit. Es ist fast dunkel. Nur das Herdfeuer, das oben über die Decke
zittert, und ab und zu aus dem Aschenloch ein paar Funken, die bis in
den Kohlenkasten spritzen.

Mutter Abendroth'n, eine grosse braunirdene Schüssel zwischen
den Knieen, sitzt da und reibt Kartoffeln. Ihr dickes, rundes Gesicht ist
in den Wiederschein der Herdgluth vor ihr getaucht und puterroth; ihr
Haar schwarz und glatt gescheitelt. Sie trägt eine dunkelbraune Tricottaille, die durch eine bunte Brosche zusammengehalten wird mit dem
Bildniss der Königin Louise.

Die Uhr über dem Bett tickt, stossweise weht der Wind den Schnee
gegen das kleine Fenster. Dazwischen zuweilen, leise in das dumpfe Geratter der Fabrik hinten auf dem Hofe, das Klirren der Scheiben.

„Hach Jott ja! — Ick sag ja! Sonn Fruenzimmer!"

Das Reibeisen ist ihr in den Brei gerutscht, sie klopft es gegen den
Schüsselrand ab.

„Ick sag't ja! Ick ärjer mir noch kaputt! An
janzen Leibe! Ick kriej de Schwindsucht! Sonn Fruenzimmer!"

Die kleinen silbernen Ringe in ihren Ohrläppchen zittern, wieder
kratzt es regelmässig durch die Küche.

„Nee! Nee! Sonn Fruenzimmer! Sonn . . . pfff?!
Ooch schlecht!! Ick sag't ja! Warum nich lieberst
jleich in de Beene?? Sonn Miststicken!! Na komm
Du mir man! Ick weer Dir schon inweihen! — — —
Wat?? . . . Eenzen . . . Zween . . ."

Die Uhr über dem Bett hat zu schlagen begonnen, Mutter Abendroth'n zählt.

„Vieren . . . Fünwen . . . Wat, Sechsen?! Nanu
wird's Dag! Nu schlag eener lang hin! Sonn Aas!“

> „„Det jreesste Portmanneh,
> Det jreesste Portmanneh,
> Hat Ladewich, hat Ladewich,
> Det jreesste Portmanneh . . .““

Mutter Abendroth'n hat aufgehorcht!

Draussen eine hohe, etwas heisere Stimme; langsam, singend, kommt
es die Treppen in die Höhe gestapft.

> „„Det jreesste Portmanneh . . .““

Jetzt geht die Entreethür.

„„Hat Ladewich, hat . . .

Ach, wat!! —

> Ettchen, dettchen, dittchen, dattchen,
> Zebe de Bebe de bunte Klattchen,
> Zebe de Bebe de Buff!““

Jetzt, endlich, ist auch die Küchenthür aufgegangen.

„'N Abend, Mutterk'n!“

„M!“

Verblüfft ist W a l l y an der Thür stehn geblieben. Sie ist ein
kleines, blondes, vermeckertes Ding von elf Jahren. Den Schneeball vorn
an ihrer Jacke hat sie so schnell als möglich wegzuwischen gesucht, sie
stottert.

„Ick . . . ick . . .“

„M!!“

Unten, vier Treppen tiefer aus dem Budikerkeller, jetzt deutlich der
dünne Ton einer Ziehharmonika: „S i s t e w o l l, d a k i m m t e r, l a n g e
S c h r i t t e n i m m t e r“ . . . Mutter Abendroth'n hat sich, die Hände
in die Seiten, mitten in die dunkle Küche gestellt . . . „S i s t e w o l l, d a
k i m m t e r s c h o n, d e r b e s o f f n e S c h w i e g e r s o h n . . .“

„I! — Seh doch! — Also doch schon?!“

„Ick . . . ick hab jo man . . . Liese!!“

„Wat?? Liese?? — Jawoll, Du Aas! Hab — ick
— Dir — nich jesagt, Du sosst um Vieren widder da

sind?! Wat?! Un jetz is 't Sechsen!!! Na wachte
Du! Ick weer Dir! Fruenzimmer! Mensch, infamichtet!!
Det's nu schon det dritte Mal!! Mit die verfluchtichten
Bengels haste Dir wieder rumjetrieben! Uff'n Weihnachts-
marcht! Aassticke!!!"

„Ach, Mutterk'n?! Mutterk'n?! Ick — ick — will't
jo — Mutter!! Mutter!!"

„So! — So! — Ae! — Ae! — Ick weer Dir!! . . .
Ick hau Dir noch, dette Boomeel jiebst!!"

„Muttär!! — Muttär!!"

„De Schwindsucht ärjr' ick mir noch am Halse mit
Dir!! . . . Ruppije, riedije Bolle, Du!!"

„Muh . . . tär!! — Muh . . . tär!!"

„Biste ruhig?! — Obste stille bist?! . . . Jo! Nu
kluckre man noch wie sonne olle Truthenne! Ick weer
Dir! Man immer rumtreibn! Wat?! Schularbeeten
un so wat: och, is janich! Is nich! Jott, na! Ick sag
ooch! Wat aus det Meechen noch weern soll? — —
Wachte Du!! Jloobst Du, ick lass Dir sonn Miststicke
von Fruenzimmer weern, det sick mit alle Kerls rum-
treibt?! Wat?! — Eh'r hau 'k Dir de Knochen im
Leibe kaputt!! Eh'r häng 'k Dir uff!!!"

Sie ist jetzt auf den Küchentisch zugeschlurft, mit einem Ruck hat
sie die Lampe hoch, wüthend schüttelt sie das alte Ding hin und her.

„Da ! Hier! Un der Eel is ooch alle! Vor Dir kann'k
woll hier in Dunkeln sitzen! Wat?! — Lauter Fisse-
matenten haste in Kopp!! Aber an wat denken, is
nich!! Olle, dusslichte Droomlade, Du!! . . . Ach, wat!
Hab Dir man! Jo?! — Wiste jetz machen, dette uff-
stehst?! Kannst jleich noch mehr besehn!! — Jetz
holste Petrohljum, verstehste?! — Na? Wird's bald?!
— Ick weer Dir Beene machen!! Neelsuse! — Da!
Hier! Halt doch de Hand uff!! — Na? Un de Pulle?
Natierlich! Is widder nich!! Halt doch — fest, ollet,
deemlichtet Sticke Meebel, halt doch fest!! . . ."

Endlich ist Wally wieder zur Thür hinaus. Draussen schluchzt es noch ein paar Mal, dann klappt die Entreethür zu.

„Hach Jott, na! Ick sag schon!"

Mutter Abendroth'n hat sich wieder auf ihren Stuhl gesetzt, wieder kratzen die Kartoffeln über das Reibeisen. Draussen tappt es faul die Treppen hinunter. Eine Weile vergeht. Das kleine, blitzende Pünktchen auf dem Zinkdeckel der langen Pfeife hinten in der Sobrankecke tanzt, zwischen den beiden, blutrothen Troddeln oben am Mundstück flinkern ein paar Goldfäden . . . Eben ist unten durch den Thorweg wieder ein schwerer, mit Eisen beladener Wagen in den Hof gerasselt. Ein paar Arbeiter rufen und lachen, unten im Budikerkeller muss man unterdessen die Fenster geöffnet haben, die Ziehharmonika ist verstummt, deutlich klappern ein paar Billardbälle. Dazwischen, regelmässig, von der Fabrik her, die Dämpfe.

„Hach Jott ja!" . . .

Endlich hat wieder die Entreethür geknarrt, auf der Strohdecke schrubbelt sich Jemand hastig den Schnee von den Füssen, dazwischen lacht und schwatzt Wally.

„Nanu?"

Einen Augenblick lang hat Mutter Abendroth'n aufgehorcht.

„Ah so!"

„Au! Is jo janich mal wah! — Sagen's mal: wahhaftig!"

Die Küchenthür ist aufgegangen, draussen in dem kleinen, stockdunklen Entree glüht jetzt der rothe Punkt einer brennenden Cigarre auf. Man hustet . . .

„Herr Haase?! Sagen's mal . . ."

„Na?! Mach doch, dette rinkommst!"

„Gu'n Abend, Frau Abendroth!"

Der runde, rothe Punkt draussen wippt eilig ein paar Mal auf und ab, dann geht irgendwo in der Dunkelheit eine Thür.

„Ah! 'n Abend! Nanu?! Treten's doch 'n bisken neher, Herr Haase!"

„O, wenn . . . hm . . . wenn Sie gestatten?"

„O, na! Woso nich?! Bitte!"

„Gu'n Abend! . . . Gu'n Abend!"

„'N Abend ooch!"

Herr Haase ist schüchtern eingetreten. Ein lang aufgeschossener, schmalschultriger Mensch; unter den Arm hat er eine dicke, glanzlederne Collegmappe geklemmt.

„Mutter! Herr Haase sagt...“

„Na?! Lass doch noch de Pulle fallen, ja?! Fruenzimmer dusslichtet!“

Wally ist einen Augenblick zusammengezuckt, sieht aber Herrn Haase schon wieder grade ins Gesicht.

„Och, Mutter! Seh mal, wat Herr Haase fier 'ne rothe Neese hat!“

„Nanu?! I, seh doch! Nanu wird't ja immer besser! Wiste wachten, biste jefragt wist, Rotzneese?!“

Herr Haase hat jetzt seine grosse, rothe, gekrümmte Vogelnase in sein Taschentuch vergraben. Er schnäuzt sich.

„Hm! — Ein gräuliches Wetter heute!“

Er hat sich jetzt noch dichter gegen den Herd gedrückt, seine dünne Stimme zittert vor Frost. Mutter Abendroth'n macht sich mit der Lampe zu schaffen.

„Ach ja! Et macht 'ne jute Hucke hin!“

„Hm! — Was ich...“

Herr Haase besieht sich zerstreut das feuchte, zerkaute Ende seines Cigarrenstummels. Wally ist auf den Stuhl neben dem Fenster geklettert und sucht nun durch die befrorenen Scheiben unten in den Hof zu sehn.

„... Was ich ... noch sagen wollte, Frau Abendroth. Ich...“

Seine Mappe ist auf die Dielen geglitten, er bückt sich nach ihr. Langsam kluckert das Oel in die Lampe.

„... Ich — wollte Sie nämlich bitten, liebe Frau Abendroth, sich mit der Miethe doch noch — ein wenig, das heisst, ich meine... ein paar Tage mein' ich... geduldigen zu wollen! Ich...“

Mutter Abendroth'n hat nicht geantwortet; mehrmals wischt jetzt Herr Haase mit seinem Aermel über die Mappe.

„... Ich — Sie wissen ja, ich...“

Mutter Abendroth'n hat ihre Lampe unterdessen wieder zugedreht und pustet nun in den Brenner.

„Pff! — Och, lassen Se det man jut sind, Herr Haase! Pff!... Pff!... det — Pff! — det hat ja janischt zu sagen!“

Die Lampe wirft ihr Licht jetzt voll durch die Küche. Wally, die
aufmerksam zugehört hat, dreht sich wie ertappt wieder schnell ihrem
Fenster zu. Sie hat sich die Schürze vor den Mund gestopft, ihre spitzen
Schultern zucken vor unterdrücktem Kichern. Herr Haase ist noch
fassungsloser geworden, Mutter Abendroth'n sieht sich empört nach ihr um.

„Na? Wat haste denn, olle Jans?! Wist woll
wieder 'n paa aus de Armenkasse, wat?!"

„Hm! — Sie .. Sie wissen ja, wie das ist! —
Meine — Mutter kriegt ihre Zinsen immer so unpünkt-
lich ... und ..."

Herr Haase dreht nervös seinen Stummel zwischen den Fingern.

„... und — alles werd' ich Ihnen diesmal wohl
auch nicht geben können!"

Mutter Abendroth'n setzt die Lampe auf den Tisch; sie sagt kein
Wort.

„Es ist nur, weil ... Ich habe jetzt nämlich auch
— einen Stundenschüler verloren ... und ... hm!"

Vom Fenster her prustet es.

„Hm! — Na! — Ich will man nun 'nübergehn!"

Herr Haase hat die Hand bereits auf die Thürklinke gelegt.

„Aber .., wat denn?! — Wärm'n Se sick doch
noch 'n bisken! Drüben is't jo ooch man kalt!"

„Aber ... ich ..."

„Och, bleib'n Se man! — Wachten Se! — Ick jloob
— ick hab da noch ... Woll'n Se villeicht noch 'ne
Tass' Kafffe?"

„O ... Sie sind — sehr freundlich!"

Schüchtern hat Herr Haase sich wieder gegen den Herd gelehnt,
in der Fensterecke schnurchelt es, als ob Jemand ersticken wollte. Herr
Haase sieht unwillkürlich auf seine sehr kurzen Hosen hinunter

„Nanu?!... Na? Jieb Dir doch! — Ja?!"

Herr Haase schneuzt sich wieder.

„Na! Ick sag schon! — Det Balg! — Wat man so
sein'n Aerjer hat? — Ae, ick sag ooch!"

Mutter Abendroth'n hat jetzt die kleine, blaue, schwarzberusste Casse-
rolle von den durchglühten Herdringen abgehoben; durch die kleine, kreis-
runde Oeffnung in der Mitte flackert es roth auf.

„Ja! — Mit die Miethe, wissen Se ... ick hätt' ihr

zwar sehr nöthig . . . Ae! Pfui Deibel ja! All widder verbrannt! Ick sag ja!!"

Mutter Abendroth'n zerrt verdriesslich die heissen Ringe wieder über das Feuerloch.

„Ach! Nur bis zum Fünfzehnten! Wenn Sie sich bis zum Fünfzehnten gedulden könnten . . ."

„Ja! Ja . . . Sehn Se! — Et is man . . ."

Sie giesst den heissen, dampfenden Kaffee in eine grosse, blaumarmorierte Portionstasse und mischt langsam ein paar Löffel Kochzucker hinein.

„ . . . Ick meen man! — Sehn Se! Mein Karl bringt mir diesetmal ooch man dreissig Mark. Na! Un denn hab ick man noch die Miethe von Herrn Rödern un von det Freilein da in die Vorderstube. Sehn Se! Un davon soll ick nu leben un de teire Miethe bezahl'n! — Un denn jloob'n Se ja janich, wie deier det jetzt allens is! Fier det Sticksken Butter muss ick jetzt sipzig Pfenninge . . ."

„Siebzig . . ."

„ . . . sipzig Pfenninge in de Markthalle bezahl'n! Ja! Sie jloob'n janich! — Na! Aber lassen Se man jut sind! Wat nich is, is nich!"

Sie präsentirt Herrn Haase die dampfende Tasse.

„Da! Trink'n Se man!"

„Hm! — Ich danke sehr! danke sehr!"

Herr Haase ist wieder ein wenig roth geworden. Vorsichtig hat er die Tasse genommen. Sie ist bis zum Rande voll. Er schlürft in kleinen, behaglichen Zügen.

„Hach Jott ja! Ick sag schon . . . det Leben!"

Mutter Abendroth'n hat sich wieder auf ihren Stuhl gesetzt und die Schüssel auf den Schooss genommen.

„Is man sonne Lurke! Wat? — Aber bei sonne Kälte thut't doch jut!"

„Ach! Er ist — ausgezeichnet!"

Herr Haase hat tief aufgeathmet, er lächelt jetzt. Mutter Abendroth'n hat ihren Arm lang über den Schüsselrand gelegt und blinzelt ihn nun gutmüthig an.

„Na, wachten Se man! Wenn Se erst mal Professer sind!"

Herr Haase hat sich schnell wieder über die Tasse gebückt.

„Aber — denn hab'n Se de olle Abendroth'n lange vergessen, wat?

„Oh!"

Mutter Abendroth'n lacht.

„Au! Da muss man ville Jeld hab'n! Wah ja, Herr Haase?"

Die leere Tasse, die Herr Haase auf den Herd setzt, klappert.

„Du??! — Ick weer Dir! — Sost Dein unjewaschnet Maul nich in allens häng'n!"

„Ach Gott! — Lassen Sie doch! — Was ist denn da weiter bei?"

„I, na! Wat denn?! Is jo wah! Wirklich! Sie jloob'n janich, wat ick mir mit det infamichte Jöhr ärjern muss! -- Eben kann ick ihr noch halbdot jehaun hab'n: im neechsten Oogenblick, as wenn nischt jewesen weer'! — Ick sag Ihn'n: abjebrieht is det Fruenzimmer, abjebrieht wie sonn Hund! — Na, ick sag blos! Mit det Meechen! — Jott na! Ick sag ooch! Sonn ollet, jrosset, zwölfjährijet Balg nu! Nee! — Vor mein'n Fritzen, as der noch lebte, hatte se wenichstens noch Reschpeckt! Aber icke? — Jott, na!"

Sie hat das Reibeisen fallen lassen und betrachtet nun andächtig die zerbrochene Rosette oben auf dem Spinde.

„Ach ja!... Warum hat mir man unser Herrjott mein Marieken nich jelassen!"

Herr Haase hüstelt. Er besieht sich etwas unruhig seinen Cigarrenstummel.

„Det wah'n Kind! — Jott! Ick sage! — Se hätt'n man blos ihre Ogen sehn soll'n! — Na! — Ick... wenn... mit eenem Worte... Sehn Se! Sonn Kind muss mir nu sterben, un mit det riedije, ruppije Fruenzimmer muss ick mir zu Schanden ärjern! Nee!... ick... Jott! — Ick sag schon!... Nee!"

Sie kann nicht mehr weiter sprechen Die Uhr tickt, das Feuer knattert. Vorn von der Strasse her ist jetzt das dünne, eintönige Geläute der Sophienkirche zu hören. Es ist Abendgottesdienst. Dazwischen, in der Belleetage unten, ein Clavier. Eine Dame singt. Ab und zu bleibt sie stecken; immer an derselben Stelle. Aus dem asphaltirten Thorweg her wieder das dumpfe Trappeln von Pferdehufen und das Dröhnen und Klirren von Eisenstangen. —

„Ick seh ihr immer noch! Sie lag schon in'n letzten Ziejen! — Sehn Se! Da hat se mir noch jetröstet! — Weine doch nicht, Mutterchen, sagte se — Wat det Kind schon fier 'ne Sprache hatte! — Weine doch nicht, liebes Mutterchen! Mir ist ja wohl! Ich komme ja nun zum lieben Gott! Da sehn wir uns alle wieder!"

Mutter Abendroth'n hat das langsam, deutlich gesprochen, als ob sie es aus dem Gesangbuche vorläse.

„Na, wat meen' Se woll! Sonn Verstand von'n zwölfjährijet Kind! — Ick denk so manchetmal: is det ooch recht von unsem Herrjott, det er mir det Würmken jenommen hat?... Nee, wissen Se! det frisst mir noch uff! det frisst mir noch uff!!!"

Sie hat sich mit ihrer runden Faust mehrmals gegen ihre dicke breite Brust geklopft, Herr Haase dampft und starrt mit grossen Augen vor sich hin.

„Aber, wissen Se? Det Kind könnte heite noch leben, sag ick! — Ick jab ihr damals in de Diakonissenanstalt, sehn Se! Un da hab'n se mir det arme Meechen so gedrieselt! — Ick hatte ja nich so det Jeld, sehn Se! Se hat nich die richtije Flege jehabt, sag ick! — O, ick weess ja! die Schwester Anna, det wah'n Aas! So recht scheinheilig vor de Oogen, wissen Se! Aber dabei hatte se't hinter de Ohren! Na, wenn ick Ihn'n da erzehl'n wollte! ... Ick hätt' det arme Kind ja ooch zu jerne hier behalt'n; aber jloob'n Se? Mein Karl konnte ja det arme Wurm nich vor de Oogen ersehn! — Eejentlich wah se ja ooch janich mein rechtet Kind! Ick hatte ihr von meine Schwester anjenommen.

Det Weibsticke hatte elf uneheliche Kinder! Un mein
Karl sagte nu: wat brauch'n wir dem Weibsticke
ihre Kinder uffzufuttern! Sehn Se! Deshalb kann er
ooch die Wally nich leiden. — Na, ick bitt Ihnen!
Wat kann sonn armet, unschuldijet Viehken davor!
Aber Sie jloob'n janich, wat det fier'n oller, jnatzijer
Bengel is!... Na! Ick sag schon! Ick möcht' ooch schon
lieber crepier'n, wahhaft'jen Jott! als mal von den
seine Jnade leben!"

Wieder ist es einen Augenblick still. Wally hat sich gegen das
Fenster gedrückt, sie schüttelt sich vor Frost.

Die weisse Schneedecke über den leeren Flaschen, vertrockneten
Blumenstöcken, Lappen und den in Zeitungspapier gewickelten Fleisch-
stücken auf dem breiten, grüngestrichenen Fensterbrett draussen wird
immer dicker. In den Ecken der Fensterscheiben häuft sich der feine
Schneestaub an. Das Licht, schräg von den hellen Fenstern des Seiten-
gebäudes, glitzert drauf. In dem welken, beschneiten Laub der Blumen-
stöcke, raschelnd, der Wind ....

„Nee! det frisst mir noch uff! Det frisst mir noch
uff!..."

„„Zing, zing!""

„Ach, Jottedoch! Ja!..."

„„Zing, zing!""

Mutter Abendroth'n horcht auf!

„Na! Wiste uffmachen?! Hast nich jehört, det't je-
klingelt hat, olle Droomlade Du?!"

Wally ist zusammengefahren, sie drückt sich hinaus.

Herr Haase athmet auf.

„'N Abend, Mutter Abendroth'n!"

Ein kugelrunder, rother Kopf hat sich durch den Thürspalt geschoben. Hinter einem Kneifer vor ein paar kurzsichtige, zwinkernde Aeu-
gelchen. Auf dem kurzgeschornen, weissblonden Haar balanciert eine
kleine, blaue Studentenmütze.

„'N Abend Herr Röder! Na, wissen Se!..."

Mutter Abendroth'n bückt sich über die Schüssel nach vorn aus
ihrer Herdecke vor.

„Sie sind mir ooch'n scheener Rumtreiber! Wachten
Se man! 'N janzen Tag nich zu Hause jewesen!"

Sie lacht und blinzelt Herrn Haase zu.

„Na lassen Se nur jut sein! Hat alles seine juten
Seiten!"

Herr Röder hat sich hinter Wally her in die Küche geschoben.

„Guten Abend!"

Er macht vor Herrn Haase eine sehr ceremonielle Verbeugung.

„'N Abend! 'N Abend!"

Herr Haase ist ein paar Mal hastig auf und nieder gewippt, er hat
wieder beinahe seine Mappe fallen lassen.

„„Da—vor hab ich . . ."

Herr Röder lässt seinen Kneifer abschnellen und putzt ihn mit dem
Taschentuche.

„ . . . Da—vor hab ich auch heute'n Mann für Sie
jefunden!"

Er hat den Kneifer wieder auf seine rothe, zerflickte Stumpfnase
geklemmt und glotzt nun Mutter Abendroth'n gross an.

„Nanu?"

Mutter Abendroth'n lacht. Herr Röder lehnt sich mit seinem dicken,
breiten Buckel gemüthlich gegen den Thürpfosten.

„Det wird'n scheenet Jemiese sind!"

„Na! Sagen Se nich! . . . Er ist allerdings'n bischen
bucklig!"

Wally lacht.

„Na heern Se mal!!"

Auch Herr Haase lächelt jetzt höflich. Herr Röder ist ganz ernst
geblieben.

„Er ist auch'n bischen blind!"

Wally hüpft jetzt vor Vergnügen auf und nieder. Sie klatscht in
die Hände, sie erstickt bald vor Lachen.

„Hm! Det's'n Vorzug!"

Mutter Abendroth'n schmunzelt.

„Auch'n bischen lahm!"

„Nanu?! Det is ja't reene Lazareth! Sonst noch
wat?!"

„Sonst'n strammer Siebz'ger!"

„Na wissen Se! — Ooch schlecht!"

„Eh! . . . Aber — Pinke hatter!"

„Ah! Na denn man ran!.. Aah! — Sie . . . Nee . . .!"

Mutter Abendroth'n lacht, dass ihr die Thränen in die Augen kommen.

2

„Jottedoch! — Na ... ick sag immer ... Spass
muss sind!"

Sie wischt sich mit dem Handrücken über die Augen.
Herr Röder ist wieder zeremoniell geworden.

„Also: mit dem Abendbrot?"

„Heite jiebt't Kartoffelpuffer!"

„Was?? — Ah! ... Sie! — Nee! — Junge Frau!
Das werd' ich Ihnen nie vergessen!"

Herr Röder ist wieder in Extase geraten und hat seinen dicken,
runden Arm pathetisch ausgestreckt. Er sieht Mutter Abendroth'n ganz
verliebt an. Seine runde, fleischige Hand hat er in der Herzgegend auf
seinen dicken, braunen Winterüberzieher gelegt. Er seufzt.

„Nee! .. ick ... ick schrei mir dot! ... Ick ..."

Mutter Abendroth'n legt sich hintenüber gegen die Wand. Sie muss
nach Luft schnappen.

„Guten Abend?"

„'N Abend! 'N Abend!"

„Nee! ... Jottedoch! Ick ..."

Draussen schliesst Herr Röder jetzt die Stubenthür auf.

„Fritze, Fritze, Friederich!
Bis doch nich so liederlich!
Fritze! Fritze!
Dir wachsen ja die Haare aus de Mü—hü—tze!"

Mutter Abendroth'n wendet sich, noch immer an ihrem Lachanfall
laborirend, zu Herrn Haase.

„Nu heern Se blos!"

Im Entrée klappt jetzt die Thür zu.

„Ach Jott nee! .. Na! .. Ick sage! ... Is det 'ne
Kruke? — Ick könnt' mir immer trudeln, schon wenn
'ck 'n seh'! ... Ach Jott nee! ... Hach! ... Lauter
ruppijet Zeich hat er in Koppe!"

Endlich kratzt wieder die Kartoffel über das Reibeisen. Nebenan
wird eine Operettenmelodie gepfiffen. Ein Stuhl wird gerückt, ein Stiefel
ist gegen die dünne Wand geflogen.

„Ibrijens! Hab'n Se jemerkt? Uf de Nacht hat er
wieder sonn ollet Frauenzimmer dajehabt! ... Na?!
Wat haste denn zu jlupschen! Wat?!"

Wally dreht sich schnell wieder gegen das Fenster um. Sie hat sehr aufmerksam zugehört.

„Ja, wissen Se . . .‟

Mutter Abendroth'n flüstert nur noch.

„Ick hab'n ooch schon lange mal orntlich eens uffmeebeln woll'n! Aber denken Se, ick kann'n beikomm'n? Is nich! Wenn er so mit seine olle Flausen kommt, muss ick mir wieder halbdot lachen! . . . Na, Jott! Ick sag: Schliesslich hat jeder seine Fehler! Sehn Se, drum drück ick ooch lieber'n Ooge zu! Junge Leite sind nu mal so!‟

„„Zing, zing! . . . . zing, zing!!‟‟

Es hat draussen abermals geklingelt, Wally ist ins Entrée gehuscht. Mutter Abendroth'n horcht.

„Nanu?! Det jeht jo heite wie 'ne Accise!‟

Draussen eine bedächtige Bassstimme. Dazwischen lacht und schreit Wally.

„Na! Ich will man nun . . .‟

Herr Haase hat die Hand schon auf die Klinke gelegt.

„Ach wo! Bleib'n Se doch, Herr Haase! Bleib'n Se doch!‟

„Oh! Ich . . . ich störe!‟

„I wo! Heern Se denn nich? Is jo man der olle Kopelke?‟

„Hm!‟

Herr Haase lehnt sich langsam, zögernd, wieder gegen den Herd.

„Aah! Olle Kopelke! Olle Kopelke!‟

„Brrr! Kinder, nee . . . Sonn Schweinewetter? Kaum aus de Oogen kann Eener sehn!‟

Olle Kopelke ist hereingehumpelt. Er schüttelt seine breiten Schultern. Der Schnee stäubt von seinem weiten, hechtgrauen Ueberrock nach allen Seiten in der Küche umher.

„'n Abend!‟

Wally hängt noch an seinem Arm, sie hat sich von ihm in die Küche schleifen lassen.

„Olle Kopelke! Olle Kopelke!‟

„Nanu?! . . . Jieb Dir doch, ja?! . . . 'n Abend, olle Quasselstrippe! Na?! Wie jeht 't?‟

2*

„Ae, Mutter, wie soll't jehn! Weesst jo! Man sonn mieset Dasein! Eener krepelt sick so durch! . . . 'n Abend ooch!"

Er hat Mutter Abendroth'n die Hand gereicht. Seine kleinen, wasserblauen, gutmüthigen Augen zwinkern, er schmunzelt über das ganze glattrasirte dicke Gesicht.

„Wünsch 'n scheen' jut'n Abend, werther, junger Herr! Is mich sehr anjenehm!"

„Gu'n Abend, Herr Kopelke! Gu'n Abend! . . . Hm!"

Herr Haase lächelt verlegen und versucht seine Hand frei zu bekommen. Endlich lässt olle Kopelke los und dreht sich kurz auf dem Stiefelabsatz um. Er zerrt sich das wollene Halstuch ab und wirft es über das Bett, gegen das er einen kleinen, braunpolirten Kasten gelehnt hat. Er rückt sich einen Stuhl an den Küchentisch.

„Himmel, haste keene — Flinte! . . . Ae! Der — infamichte Reissmatismus!"

Er hat sich langsam, mit steifem Rücken niedergelassen. Wie er den Kopf hin und her wendet, flinkert eine kleine goldene Pinne in seinem rechten Ohr zwischen den Haaren durch.

„Hm! . . . Na! . . . Un wie jeht't sonst, Mutter? Ick muss doch mal sehn kommen?"

Er athmet tief auf und reibt sich behaglich die Hände. Seine kleinen Augen blinzeln vergnügt auf dem Tisch umher.

„Ae, Jott! Wie soll't jeh'n? . . . Wie sonn Hund! Uff zwee Beene! — Na, und wat macht Muttern? . . . Bleib'n Se man, Herr Haase! Ick hab schon Platz!"

Mutter Abendroth'n ist mit der Schlüssel an den Herd getreten.

„Danke jehorsamst! Det olle Unjeheier befindet sich bei mittelmässiger Jesundheit, wie die Chinesen sagen . . . Aber weesste . . . Hm! . . . Du! Kind!"

Er hat geheimnissvoll in die Fensterecke hinüber geblinzelt.
Wally ist zu ihm getreten, er sagt ihr leise ins Ohr.

„Bring . . . bring mir mal 'n paa Bollen, Kind!"

„Och, Mutter! Hoho! . . . Olle Kopelke will wieder rohe Bollen essen!"

Olle Kopelke runzelt ein wenig seine breite, weisse Stirn.

„Nich doch, Kind! Nich!... Det musste nich! Det 's jo unjezogen! Det jeheert sick nich!"

„Du?!... Ick... Du weesst?"

Mutter Abendroth'n hat den Tiegel von der Wand gehakt und ihn auf das Herdfeuer gesetzt.

„Setzen Se sick doch uf mei'n Stuhl, Herr Haase!"

„O, danke! Danke!"

„Da, olle Kopelke! Da! Drei janz, janz jrosse!"

„Scheen, Kind! Scheen!"

Olle Kopelke hat sich ganz steif auf seinen Stuhl gesetzt und polkt nun sauber die Schaale von den Zwiebeln ab. Er schmunzelt mit zusammengekniffenen Lippen und sieht fortwährend auf die Zwiebeln. — Im Tiegel auf dem Herde zischt es jetzt auf. Ein scharfer Geruch von bratendem Schmalz geht durch die Küche. Es knistert und spritzt.

„Sie missen nämlich wissen... mein verehrtester, junger Herr..."

Olle Kopelke dreht jetzt die Zwiebel behutsam zwischen den Fingerspitzen.

„... um den in Ihren Augen... vielleicht unbejreiflichen Umstand... det ick hier rohe Bollen abpolke... un roh esse... zu bejreifen..."

Er hat sie mit Daumen und Zeigefinger zierlich in den Mund geschoben.

„... det... det ick öfters an der Luft mangle!"

Herr Haase hat sich in seinem Stuhl zurückgelehnt, er hustet. Er hat sich eine neue Cigarre angesteckt und raucht sehr stark.

„Hm!... Sie — leiden an Atemnoth?"

„Pfff?!!"

Herr Haase wendet sich erschrocken um. Mutter Abendroth'n hält sich die Seiten vor Lachen.

„Ach!... Ach!... Aaah!... Jottedoch! Det... det is wirklich jelungen!"

Herr Haase betrachtet ganz verwirrt seine Cigarre.

„Ach... Sie... Sie...?..."

„Nu det will ick jrade nich jesagt haben, werther, junger Herr! Aber..."

Er schiebt sich die zweite Zwiebel in den Mund. Er blinzelt Herrn Haase sehr freundlich zu.

„ . . . Aber —"

Wally hat sich dicht an Olle Kopelke herangedrückt und ihre dürren Arme um seine breiten, weichen Schultern gelegt.

„Olle Kopelke hat blos manchetmal 'n bisken 'n verstoppten Magen!"

„Aber — Kind! . . . Du musst . . . Det is jo nich anständig!"

„Na, is doch aber wah?"

„Hach Jotteken! Nee! . . ."

Mutter Abendroth'n hat sich noch immer nicht von ihrem Lachanfall erholt. Herr Haase lächelt jetzt auch. Aber ein wenig gezwungen. Es riecht jetzt sehr nach Zwiebeln. Olle Kopelke sitzt ihm gerade gegenüber. —

Olle Kopelke knöpft sich jetzt seinen Ueberrock auf, so dass sein kurzes, abgetragenes Sammetjaquet sichtbar wird. Mutter Abendroth'n hat ein paar Löffel von dem rohen Kartoffelbrei aus der Schüssel mitten in das bratende Schmalz gethan.

„Immer wat Feinet, Mutter! Nich?"

„I, wat kann ooch det schlechte Leben helfen! Det nutzt zu janischt!"

Sie sieht nicht vom Tiegel auf. Sie hat die Augen und die Lippen zusammengekniffen und den Kopf zurückgebogen. Knackend spritzt das Fett nach allen Seiten.

Nebenan geht Herr Röder mit schweren Schritten auf und ab. Er singt mit lauter Stimme ein Studentenlied. Olle Kopelke reibt sich über den Magen.

„Hm!"

Herr Haase schüttelt sich ein wenig.

„Hm! . . . Darf — darf ich Ihnen vielleicht eine Cigarre anbieten?"

„Oh! — He! . . . Na! Ick bin so frei, werther, junger Herr! Ick bin so frei!"

Olle Kopelke kneift mit seinen breiten, stumpfen Fingernägeln die Spitze von der Cigarre und biegt sich mit ihr über die Lampe.

Herr Haase athmet tief auf. Olle Kopelke hat sich wieder zurückgelehnt und reibt sich nun mit den Händen behaglich über die Kniee.

Der Cigarrenqualm zieht sich in dünnen, zarten Wölkchen um die kleine, Lampe. Er macht ihr Licht noch trüber und gelber. Das Fett im Tiegel zischt, Olle Kopelke summt leise vor sich hin. Wally stösst mit ihrem Fuss in einem fort gegen sein Stuhlbein. Unten, hinten vom Hof her die Maschinen . . .

„Nanu?! Sagen Se doch 'n Ton, Herr Haase! Sie sind so stille heite?"

Herr Haase fährt zusammen. Er hat ganz nachdenklich zu den Kartoffelpuffern hinübergeschielt.

„Oh! Ich? . . . Wieso?"

„Det is je nach de Umstände, Mutter! Je nach de Umstände! Nich wahr, werther, junger Herr?"

Olle Kopelke streicht sich jetzt auch über den Mund weg.

Die Schicht auf dem mit blauen Phantasieblumen bemalten Kuchenteller neben Mutter Abendroth'n wird immer höher. Goldgelb, mit kleinen, bräunlichen Erhöhungen, sehen die Puffer zwischen der dichten Zuckerschicht drüber vor. Ein feiner, bläulicher Brodem steigt seitwärts von ihnen in die Höhe. Er zieht sich vom Herde her gerade über den Tisch hin. Die ganze Küche duftet nach ihm.

„Hm! . . . Je nach de Umstände."

Olle Kopelke hat das mechanisch wiederholt. Auch er sieht jetzt zu den Puffern hinüber.

Mutter Abendroth'n ist feuerroth. Ihr schwarzes, glattgescheiteltes Haar glänzt. Ab und zu sticht sie mit der Gabel in die zitternde, bräunliche Breimasse im Tiegel.

„Jottedoch, ja! . . . Ick . . . ick bedaur' Ihn'n doch manchetmal ooch so sehr, Herr Haase! . . . Wissen Se! . . . Na, is doch wahr? . . . Wenn Eener . . ."

Sie dreht den Puffer auf die andere Seite.

„Na, Du?" . . . Nu seh doch Eener! Hast woll 'n Jieperbillet, wat?!"

Wally, die mit langem Halse dagestanden und zugesehn hat, drückt sich jetzt wieder zu Olle Kopelke. Sie presst ihr langes, spitzes Kinn auf seine Schulter und lässt kein Auge vom Herde.

„Ick meen: wenn Eener immer so arbeeten muss und hat dabei nich 'n bisken — Amü . . . Nanu?! Ae! . . . Amüsemang, meen ick! . . . Un ick sag: een junger Mensch muss det haben, sag ick!"

„Hm! Das ... Ach, das ... das wird auch noch
mal anders!“

Er hat verlegen seine grünen, rissigen Gummimanschetten zurückgeschoben und ist über und über roth geworden.

„Ich sag manchetmal zu Herr Rödern: Herr Röder, sag
ick: Nehm'n S' sick mal 'n Beispiel an Herrn Haase! Der
junge Mann sitzt den ganzen Tag un ... Brrr! Dieset
verfluchtichte Fett! Det spritzt jo wie der Deibel!“

Sie reibt sich mit dem Schürzenzipfel die Augen.

„... sitzt ... sitzt ..., sag ick, den janzen ...
Dag ... zu Hause ... un arbeet't un kann sick nich
mal 'n bisken wat jönn'n!“

„Hm!“

Herr Haase hat sich weit hinten zurückgelehnt. Er pafft. Sein
Gesicht ist ganz von Qualm umhüllt, nebenan singt Herr Röder:

„„Hildebrand und sein Sohn Hadubrand,
    Hadubrand!““

Olle Kopelke besieht sich nachdenklich seine Cigarre. Ab und zu
schüttelt er den Kopf und hustet. Mutter Abendroth'n fährt fort:

„Ne, manchetmal muss ick aber orntlich iber Herr
Haase lachen, wenn er so mit seine kurzen Höskens
die Treppen rufjehubbt kömmt ... Ick meene man
so! Die Beene kenn ick doch? Sie missen mir det
nich iebel nehm'n, Herr Haase!“

„Oh!“

„Sehn Se, det ...“

Mutter Abendroth'n dreht sich überrascht um. Olle Kopelke hat
plötzlich stark zu husten begonnen. Sie sieht ihn an. Er blinzelt ihr zu.
Herr Haase sieht aufmerksam unter den Tisch.

Mutter Abendroth'n, die Olle Kopelke jetzt verstanden hat, sieht
ihn einen Augenblick wie erschrocken an. Dann, beruhigend:

„Ibrijens, wat Se da vorhin von de Miete sagten,
Herr Haase, det hat keene Eile! Det lassen Se man
jut sind!“

„O, ich kriege ja, wie gesagt ... nächstens ... von
meiner Mutter ... Das Geld kann jeden Augenblick
kommen!“

„Ehm! Hm! ... Ja — nee! ... Wat — wat ick

doch jleich noch sagen wollte! ... Det is nämlich wah,
det is wirklich wah, junger Herr! Det is heitzudage
ooch nich mehr so mit det Studieren, wissen Se!
Allens iberfillt! Allens iberfillt! ... Ehm! ... Sehn
Se ..."

Er tippt Herrn Hanse mit dem Zeigefinger auf den Arm. Dann
dreht er sich, ein wenig ungeduldig, zu Wally um.

„Nich doch, Kind! ... Du thust mir ja weh, wenn
Du mir so mit Dein' Kinne drickst! Du musst doch
aber ooch heer'n!"

Wally gähnt. Sie setzt sich hinter ihn auf dem Bettrand und fängt
an, ihm vorsichtig das rothe Schnupftuch aus der Tasche zu zupfen.

„Ja, wenn eener ville Jeld hat, wissen Se, denn
mag't ja woll noch jehn! Aber, wissen Se: det is ja
heitzudage in alle Branchen so, sage ick. Nehm'n Se
doch mal mir! ... Na?! Da sitz ick mit de Talente
un mit'n dicken Kopp! ... Ja, det liebe Jeld, wissen
Se! Ick hab z. B. schon manchen durch'n Prozess je-
bracht!"

Er zerrt ein dickes, fettiges Notizbuch aus seiner Tasche.

„Sehn Se, da is z. B. eene Sache ... un hier! Bitte!
Nehm'n Se mal, det Se mir jloob'n!"

Mutter Abendroth'n, lachend:

„Na ja! Det 's nu ooch wat, weeste! ... Dabei
kannste ooch verhungern!"

Olle Kopelke lacht leise vor sich hin.

„Ja, wah is't! Wat ick dabei verdiene, drägt de
Katze uff'n Schwanz wech! Aber't freit een'n doch,
wissen Se, wenn man sonn armen Deibel jeholfen hat!
't freit een' doch!

Er nickt Herrn Hanse gemüthlich zu.

„Ja, sehn Se, so bin ick nu mal! ... Danke
scheen! ... Hab'n Se jelesen? ... Na ja! Sehn Se!

Er würgt das Notizbuch wieder in die Seitentasche. Eine Weile ist
es still. Wally hat sich wieder zum Herde hingedrückt.

„Na, wat haste denn widder zu schniffeln! Obste-
jehst?! Hast woll Watte in de Ohren?"

Wally gähnt und schleicht sich zum Fenster. Sie drückt die Stirn gegen das Holzkreuz und summt vor sich hin.

Ueber das niedrige, verschneite Quergebäude drüben hebt sich schwarz die Fabrik in den dunklen, von feinem Schneestaub wimmelnden Winterhimmel. Ihre vielen Fenster blicken gelbroth durch das Gestöber. Schwarz schieben sich fortwährend die grossen Stahlschienen, Riemen und Räder in den hellen Vierecken hin und her. Es schnaubt und stöhnt in kurzen, regelmässigen Stössen. Dazwischen, in gewissen Zwischenräumen, ein scharfes, doppelstimmiges Quietschen . . .

„Ja! Weesste, Edewacht, Du bist ooch man immer der Dumme! Wenn nich noch'n bisken wat bei det Silewettenschneidern und Schustern un bei det Doktern abfiele, jing't Dir ooch man dreckich mit Deine Olle!"

„Ja! — Da haste Recht, Mutter! . . . Aber, weesste? Mir hungert eklich nach sonn Puffer da! . . . Jieb mir doch mal sonn Dingrichs rieber!"

„Hier, olle Qualmtute!"

„Scheen! Scheeniken! . . . So wat kann der ärmste Mensch essen!"

Herr Haase bläst den Rauch vor sich hin, er starrt in den Lampenbrenner.

„Ihn'n ooch een'n, Herr Haase?"

„Nein! Nein! Danke! Ich . . ."

„Ach Wat! Hier! . . Nehm'n Se man!"

„Hm! . . . Danke! Danke! . . . Ich — e . . ."

Wally hat sich wieder einigermassen interessirt umgedreht.

„Donnerwettstock! . . . Weesste . . . Mutter! . . . Det, det haste raus!! Det schmeckt nach mehr!"

Mutter Abendroth'n schmunzelt.

„Na, wenn't man schmeckt! Jottedoch, ja! Bei die schlechten Zeiten kann eener ooch froh sind, wenn er so sein liebet, bisken Brot hat!"

Olle Kopelke sieht sie einen Augenblick mit seinen freundlichen, blinzelnden Augen an, dann wendet er sich wieder zu Herrn Haase. Herr Haase ist mit seinem Puffer schon fertig.

„Aber, wissen Se, junger Herr? 'ne scheene Zeit is et doch so, det Studier'n meen ick! Namentlich so an kleene Unewersitäten!"

„O ja! Aber manchmal etwas roh! Etwas sehr roh!"

„Roh! — roh, meen' Se? Ja, da hab'n Se eejentlich nich so janz Unrecht! Un da weer'ck Ihn'n ooch mal 'ne scheene Jeschichte erzeehl'n. Det heesst, wenn't Ihn'n Spass macht!"

„O, bitte!"

„Ick wah damals noch'n janz junger Kerl, sonn Jungeken von zwanzig Jahren. Ick konnt' mir aber damals in jute Jesellschaft sehn lassen, verstehn Se! Un ick sag Ihn'n: bei de Meechens hatt' ick Jlück, bei de Meechens?! ... Nich, Mutter?"

„Nanu?! Wat soll ick denn det wissen?"

„Na, Du hast mir doch damals immer for'n forschen Jungen taxiert, Mutter? Un wenn Fritze mir nich in die Quere jekommen wär? ..."

„Nanu bitt ick een'n um dausend Achtjroschensticke! Sonn Knurzel! Ick hätt' Dir jewollt!"

Olle Kopelke lacht vor sich hin. Er betrachtet Mutter Abendroth'n sich sehr vergnügt.

„Na, lass man jut sind, Mutter! Kleen, aber oho! ... Ne, ne, wissen Se! Det will Se man jetz nich so Wort hab'n!

„Nanu heer aber uff, oller Demelack!"

„Na, sei man jut, Mutter! Scheen wah't doch damals! Ick meen man! Nich?"

Mutter Abendroth'n lacht.

„Nanu heer'n S' man, Herr Haase! Sone olle Quasselstrippe!"

„Du, Mutter! Sonntags ... so uff de Hasenheide! ...

Amerika det is zu weit!
Denn jehn wir nach de Hasenheid!

Ick meen' man, Mutter! Aber nachher kam der Fritze. Na, un wissen Se! Mit dreihundert Dhaler

Jehalt un zu Weihnachten 'ne boomwollne Weste: mit
so wat konnt' soh'n Fahrebund wi ick nich konkerri-
ren! Da hat se mir schiessen lassen!"

„Na! Obste stille bist?!"

Mutter Abendroth'n hat ihm schnell noch einen Puffer hingereicht.
Sie sehen sich beide einen Augenblick an.

„Na! Is doch wat, Mutter!"

Er hat den Puffer mit spitzen Fingern gefasst und isst nun.

„Jesus sprach zu seine Jinger:
Wer keen Leffel hat, isst mit de Finger!
So! ..."

Er knippst sich die Zuckerkrümelchen ab.

„Wat ... wat ick Ihnen also erzeehl'n wollte, werther
junger Herr! Ick wah damals ooch mal in 'ne kleene
Stadt, in Jreefswalde ..."

„Ach?! Da hab ich ja auch studiert!"

Herr Haase ist plötzlich lebhaft geworden.

„Na ja, sehn Se! ... un schnitt Silewetten und
schusterte, wie det jerade so kam! Und da hätt' ick
beinah' mal in'ne Kneipe von de Theologen eklige
Keile jekriegt, indem det ick det Leiden Christi aus-
schnitt!"

„Ach! ... Wie?! ... Das Leiden Christi?!"

„Au ja! Olle Kopelke kann det Leiden Kristi aus-
schneiden, det janze Leiden Kristi! ... Du! Schneid'
doch mal det Leiden Kristi aus! Ja? Mach'!
Ach mach'!"

Wally ist sehr interessirt auf Olle Kopelke zugehüpfelt. Sie hat
sich wieder dicht an ihn geschmiegt und streicht ihm vorn über seinen
weichen Sammetrock.

„Nich doch, Kind! Det interessiert ja den jungen
Herrn nich!"

„Das Leiden Christi?! Aus Papier?! O gewiss!
Sehr! Sehr sogar!"

„Ach, is jo man sonn Mumpitz!"

„Aber nu hab Dir doch man nich, Edewacht!"

„Ach mach'!"

Wally ist schou hinten beim Bett auf den Stuhl geklettert und kramt eifrig in einem grossen, pappenen Wandkorb umher.

„Ach mach'! Ja? Hier! De Scheere!"

„Na jut! Denn jieb mir mal 'n Sticksken Papier!"

„Mutter! Jeeb doch mal 'n Briefbogen!"

„Briefbogen? Briefbogen hamm mir nich mehr!"

„Na, denn 'ne olle Zeitung!"

„Au ja! Hier 'n Localanzeiger! ... So! Nu mach'!"

„Hm! Jut!"

Olle Kopelke hat vorsichtig den Staub von dem Papiere fortgeblasen und faltet es nun langsam auseinander.

„S. Maj. der Kaiser haben geruht ... hm! Weess schon! Scheeniken! Na, un hier? 'N Kind? Wat?! In't Closette gestochen? ... Na ja! Seh mal! Wat nich so allens in de Welt passiert! — Hm! Jut! ..."

Er legt die Cigarre bei Seite und reisst ein Viertelstück von der Zeitung los.

„Nich, Kind! Nich! Ick kann jo nich schneiden! Du musst doch aber ooch heer'n!"

Er versucht Wally vorsichtig abzuschütteln.

„Hurrjott, Meechen! Kannste nich'n Strickstrump nehm'n?! Wat?! Nee, wat doch aus det Fruenzimmer noch weer'n soll?!"

„Pst! Immer in Jiete, Mutter! Det nutzt janischt, wenn Du ihr scheltst, seehste!"

„Ach wat, is doch wah!"

„Reim doch lieber mal hier den Polterabend 'n bisken wech!"

Olle Kopelke hat das Papier sauber zusammengekniffen, Mutter Abendroth'n rückt die Sachen auf dem Tische bei Seite. Wally hat sich aufs Bett gesetzt und baumelt mit den Beinen.

„Hurrjott, Meechen! Musste denn man ejalwech mit de Beene zappeln?!"

Olle Kopelke hat das Papier zu einem winzigen Kegel zusammengekniffen, der fast unter seinen kurzen, dicken Fingern verschwindet, und schneidet ihn nun mitten durch.

„So!"

Er hat seinen Zeigefinger beleckt und blättert eine Menge winkliger Papierschnitzelchen auf der gelbgestrichenen, verwaschnen Tischplatte auseinander.

„Na? Da fehlt doch noch 'n Endsken? . . . Ach hier! Hm! . . . Na, nu passen Se mal uff!"

Mitten in den freigewordnen Raum der Tischplatte legt er einen grossen Papierschnitzel, der wie ein Kreuz aussieht. Jetzt hustet er und räuspert sich ein paar Mal pathetisch:

„Sehn Se, meine Herrschaften! Det is det Kreiz unsers Herrn Jesus Christus! Det Kreiz, an den er ja-hangen hat, un an den se ihn den Essigschwamm reichten."

„Hoho! Mutter! Det soll der Herr Kristus sind! Seh mal! Is jo janich mal 'n Herr Kristus dran!"

Wally kichert.

„Det hier . . ."

Olle Kopelke hat zwei andere Schnitzel angeknippst und mit den Spitzen unter dem Kreuze gegeneinandergelegt.

„Det hier is Joljatha, jenannt de Schädelstätte! Se wissen doch!"

Mutter Abendroth'n sieht ihm über die Schultern zu. Sie hat sich einen Puffer zusammengerollt und kaut behaglich.

„Un dies hier . . ."

„Au, Mutter!! . . . Heer doch mal den — Radau unten!!"

Alle sehen auf und horchen.

Vom Hofe her schwere, dumpfe Schläge. Dazwischen, grell, eine Weiberstimme.

„„Hil—fe! Hil—fee!! — Er — schlägt — mir — ja — doot!! Hiiil—fe! — Hiii—fe!!!""

„Det is wieder der verfluchtije Schlosser!"

Mutter Abendroth'n ist mit Wally schon beim Fenster. Herr Haase ist ebenfalls in die Höhe gesprungen. Er zittert am ganzen Körper.

„„Hiiii — feee!!!!""

„. . . Nanu?!"

Auch olle Kopelke ist jetzt aufgestanden. Draussen werden vom

Frost verquollene Fenster aufgerissen, ein paar Weiber rufen auf den Hof hinunter, unten summt und schreit es schon wirr durcheinander.

„„Er hat zujeschlossen!!"""

„„Schlagt doch de Dhüre in!!"""

„„Schlagt den Hund dot!!"""

„„Hil — fe!!! . . . Hil l — fee!!"""

Endlich hat Mutter Abendroth'n das Fenster aufbekommen.

Die eiskalte Luft pfeift in die warme, dunstige Küche. Die Schläge unten sind jetzt ganz deutlich zu hören. Die Weiber kreischen, unten vor einer Parterrewohnung hat sich ein dicker Menschenknäuel angesammelt. Der ganze Hof tost.

„Holt doch den Schutzmann!! Holt doch den Schutzmann!!" — Der versoffne Hund schlächt ja die arme Frau doot!!!"

Mutter Abendroth'n schreit. Sie hat sich weit zum Fenster hinausgebogen. Wally liegt über sie weg.

„Holt doch — den — Schutzmann! . . ."

Ihre letzten Worte sind in ein Husten übergegangen. Sie hat noch an dem letzten Stück Puffer gekaut.

„„Hiiil — fe!! . . . Hiiil — fee!!"""

„Hurrjott!! — Hurrjott!!"

Das Tosen unten wird immer lauter. Fortwährend laufen Leute in der Hausthür des Quergebäudes aus und ein. Wie toll wirbeln die Schneeflocken auf den schwarzen, durcheinanderwogenden Menschenhaufen nieder. Drüberhin wirft die grosse Gaslaterne über dem Fabrikthor ihr rothes, unstätes Licht.

„„Anjust, lass den Drachen los!"""

„„Schlagt doch de Fenster in!!"""

„„Hiiil — fee!!!"""

Jetzt stürzen auch die Gäste unten aus dem Budikerkeller herauf. Von der Fabrik hinten kommen ein paar Arbeiter.

„Hiiil — foe!!!"

Ueberall liegen die Leute zu den Fenstern heraus. Aengstlich schwatzen sie von einem Stockwerk zum andern.

Jetzt: ein dumpfer Schlag, ein lauter, greller Angstschrei. Ein paar Kinder wimmern auf.

Mutter Abendroth'n biegt sich noch weiter vor. Sie schreit, was sie kann, in den Hof hinunter. —

„Donnerwetter! Det jiebt ja haarije Senge!"

Jetzt ist auch olle Kopelke zum Fenster getreten. Ein scharfer Windstoss ist in die Küche gefahren und hat die papierne Passion auf dem

Tische zusammengewirbelt. Herr Haase hat die einzelnen Schnitzelchen
mühsam aufgefangen. Seine Hände zittern.

„Um Gottes —wil—len . . .“

Jetzt steht auch er am Fenster.

„„Mach uff!!! — Machste uff??!!““

Dröhnend wird unten gegen eine Thür geschlagen.

Ein lautes Stöhnen. Dazwischen wieder die Kinder. Die Weiber
unten kreischen, hinten in der Fabrik stampfen und quietschen die Maschinen. Dazwischen in einem der Hinterhäuser bläst jemand ruhig
allerlei Läufe auf einem Tenorhorn.

Jetzt, ein furchtbares Krachen! Sie haben die Thür eingebrochen.
Wüstes Gebrüll. Dazwischen wieder schwere, dumpfe Schläge. Neugierig
drängt sich jetzt Alles unter die Parterrefenster und zur Hausthür hinein.

Geschrei. Heulen. Fluchen.

„„Was jiebt's denn hier??!!““

Eine schnarrende, durchdringende Stimme. Im Thorweg funkelt eine
Helmspitze.

„„Der Schutzmann! Der Schutzmann!““

Alle Leute auf dem Hofe umringen ihn schreiend. Einige kommen
wieder aus der Hausthür. Sie berichten Etwas. Wieder Schreien,
Fluchen, Weinen.

Eine Frau sieht zu der Parterrewohnung heraus.

„„Der Schweinehund hat die arme Frau zu Schanden
geschlagen!!!““

Jetzt: ein lautes Poltern und Krachen. Ein schwarzer Menschenknäuel wälzt sich zur Hausthür heraus. In seiner Mitte taumelt ein
Mann, den sie vorwärts zerren.

„„Hund, verdammter!““

„„Todtschlagen müssten sie den Hund!!!““

Tosend wogt die ganze Masse zum Thorweg hinaus. In der Mitte
die blanke, funkelnde Helmspitze. — — —

Endlich ist der Hof wieder leer. Alles ist wieder still. Nur ein
paar Weiber stehen vor dem Budikerkeller und schwatzen. Ganz deutlich
sind wieder die Ziehharmonika und dazwischen die Billardkugeln zu
hören. In der Parterrewohnung gehen ein paar Leute hin und her. —
Ein Fenster nach dem andern wird wieder zugeschlagen. Auf dem zer-
trampelten Schnee liegen breite, gelbe Lichtstreifen von den hellen Hof-
fenstern und die rothen, unstäten Reflexe der grossen Laterne. Das
Stampfen, Dröhnen und Quietschen der Maschinen, und, von den Hinterhäusern her, noch immer, melodisch, das Tenorhorn . . .

„Ach, Mutter! Mach de Klappe zu, weesste! Et
zieht!“

Olle Kopelke schüttelt sich. Er hat sich schon lange wieder an den Tisch gesetzt.

„Jleich! Jleich!"

Mutter Abendroth'n hat sich schon wieder hinausgebogen. Sie ruft auf den Hof hinaus. Sie spricht mit Jemand

„Na, denken Se bloss! Sonn Schweinhund!"

„Hab'n Se de Papiere, junger Herr?"

„Hier! ... Bitte, Herr ... Ko—pelke ..."

Herr Haase kann kaum sprechen. Er zittert noch am ganzen Körper.

„O, ick sag' Ihn'n! Wat jloob'n Se?! Mit det Beil is er uff ihr losjnjangen! Det Blut is der armen Frau man immer so von Kopp runterjeloofen!"

„Wat sagen Se man blos?!"

„Ja, wissen Se! Un dabei is de arme Frau schon wieder schwanger!"

„Hurrjott! Hurrjott nee!"

„Un det's nu schon det vierte Mal, det er ihr so haut! Er schlägt ihr ooch noch mal dot! Passen Se uff!"

„Na, ick sag: müssten se nu sonn Hund nich jleich uffhäng'n?!"

„Mutter!!"

„Ja, ja doch! Ick komm ja schon! ... Na! 'N Abend, Frau Scharf!"

„'N Abend!"

Mutter Abendroth'n hat sich wieder zurückgebogen. Mühsam klopft sie das Fenster zu. Ihr Gesicht ist von Kälte ganz krebsroth.

„Nee, Kinder! Det's hier schon 'ne Wirthschaft in det Haus? ... Sonn Schweinekerl! Der Fabrikherr hätt'n schon lange zum Deibel jejagt wejen sei'n verfluchtijen Suff, wenn die arme Frau nich immer for'n bettelte un dabei haut er ihr noch zu Schanden!"

„Na, rej' Dir man wieder ab, Mutter!"

Olle Kopelke hat jetzt das Kreuz wieder mitten auf den Tisch gelegt. Mutter Abendroth'n ist noch ganz ausser sich.

3

„Ach ja! Richtig! Ick muss ja Herrn Rödern noch
det Essen rieberdragen!"

„So! Na, nu ..."

Olle Kopelke sieht ihr nach. Er lacht still vor sich hin und
zwinkert mit den Augen.

„... Na, nu passen Se mal uff, werther junger
Herr! ... Det wah also det Kreiz un det hier der Berg
Joljatha! Hier, diese beeden Schnitzelkens sind die
beeden Schechers! Zu den Een'n sagt der Herr Christus:
Wahrlich, ick sage Dir, heite noch wirst Du mit mir
in't Paradiese sind!"

Wally langweilt sich. Sie ist wieder an's Fenster getreten und
sieht auf den Hof hinunter. Unten erzählen sich ein paar Frauen etwas.
Die Stimme der Mutter Abendroth'n ist deutlich zu unterscheiden.

„Hier diese Schnitzelkens u n t e r dem Kreize sind
die Kriegsknechte, un det hier is der Mantel Christi,
um den jeloost wurde. Sie wissen doch! Na ja! Un
det hier sind de Wirfels! So!"

Er hat jetzt zu beiden Seiten des Kreuzes zwei kleine Schnitzelchen
gelegt.

„Det hier soll Maria sind, seine Mutter, un det Johannes, der Jinger, den er lieb hatte!"

„Uh! Det Feier! Det Feier!"

Wally zeigte auf den Hof. Drüben aus dem Fabrikschornstein, der
lang und schwarz in den schmutziggrauen Schneehimmel ragt, flattert
die rothe Flamme lang in das weissgraue Flockengewirbel hinein.

„Det hier is der Stock mit den Essigschwamm, von
den Christus trank Verstehn Se! Un det hier, oben, sind
die Jinger, die nach Emmaus jingen ... Seh'n Se,
da hab'n Se de janze Passion aus Papier jeschnitzt!
Is'n janz hibschet Kunststickchen un passt allens janz
jenau!"

Wally ist wieder zum Tisch gekommen und hat sich Olle Kopelke
auf die Schulter gelehnt. Sie pustet jetzt mitten in die Schnitzel hinein.
Sie fliegen über den ganzen Tisch hin auseinander. Ein paar wirbeln
weiss in der halbdunkle Küche umher. Nur das Kreuz ist schief auf dem
Tische liegen geblieben.

„Kind! Du bist doch aber ooch zu unjezogen!
Haste wieder det janze Leiden Christi auseinander-
jepust't!"

Wally lacht.

Olle Kopelke kneift sich aus dem Kreuze einen Fidibus. Er zündet
ihn über der Lampe an und setzt damit seine Cigarre wieder in Brand. —
Herr Haase dreht stumpfsinnig die beiden Jünger von Emmaus zwischen
den Fingern.

Hinten in der Fabrik werden jetzt die Dämpfe losgelassen. Zuweilen klirren von dem Stöhnen und Stampfen der Maschinen leise die
Fensterscheiben.

„Sehn Se, werther, junger Herr? Is det nich sonderbar? Schliesslich kann Eener aus so wat 'n Spielzeich
machen! Aber, wissen Se? Dabei hätt'n se mir doch
mal beinah eklig drum verhau'n! Sehn Se! Ick meen
man! Wenn eener so nimmt: schliesslich is det doch
'ne putzige Welt!"

Er hat sich behaglich auf seinem Stuhl zurückgelehnt und blinzelt
Herrn Haase gemüthlich durch den Cigarrenqualm an.

„Na, Kind? Nu kannste mir mal noch sonn Puffer
rieberlangen!"

Krumme Windgasse 20.

Der lange Wüstenhäuser gähnte.

„Verfluchte Sonne!“

Dann wälzte er sich verdriesslich wieder der Wand zu. Aber auch hier war die Sonne.

Sie zeichnete ganz genau die Löcher in den verräucherten Gardinen auf dem blaugrauen Tapetenmuster ab. Sie zitterten. Ihre Ränder schillerten in allen Regenbogenfarben.

Ueberall Sonne! Ueberall!

Sie lag auf den vielen rosaroten Mützen, die als Budendekoration in einem Kranze über dem Bette aufgehängt waren. Sie frischte die verblichenen Farben der welken Vergissmeinnichtsträusschen auf, die in den Landesvätern mitten in den kleinen, steifen Deckeln staken. Sie fuhr blendend über die goldenen Paspeln. Sie blinkte auf den blanken Stahlklingen der beiden gekreuzten Schläger und auf den verstaubten, blau-weissrothen Burschenbändern, die guirlandenartig zwischen den Mützen angebracht waren. Sie beguckte die colorirten Photogramme der Couleurbrüder dazwischen: alte, biedere Bierhühner mit zerfetzten, runden Visagen. Sie betupfte die rostigen Läufe der beiden alten Reiterpistolen mit goldbraunen Flecken.

Ueberall Sonne! Ueberall!

Der lange Wüstenhäuser kniff die kleinen, ver-
katerten Augen zusammen und langte nach seiner Brille,
die vor ihm auf dem Stuhle lag. Sie war aus ganz
dickem Glase und hatte keine Einfassung. Er klemmte
sie auf die Nase, die aus seinem gelben, dürren Gesicht lang wie ein Entenschnabel hervorragte. Er
gähnte.

„Uuha! ... Elbe??! ... Eh, ejal is' schliesslich
ooch!"

Er gähnte wieder.

„Diese infame Sonne!"

Sie funkelte grade vor ihm auf dem abgenutzten
Goldrahmen eines Prämienbildes zu einem Zehnpfennig-
roman. Es stellte eine junge Dame in romantischem
Phantasiekostüm dar, die in einem alten, verwilderten
Park an einer Marmorfigur lehnte und dabei ein rosa-
farbenes Briefchen zu entziffern suchte. Darunter
glitzerte in Goldschrift: „Gräfin Thekla lehnt sich erschöpft an das aufwärts gebogene Horn eines steinernen
Jägers. Ihr Busen wogt."

„Aeh! ... Brrr! ..."

Der lange Wüstenhäuser schluckte.

Die Kehle war ihm total trocken. Er bückte sich
über das Fussende des Bettes. Auf dem Nachttischchen stand dort die Karaffe. Er nahm sie und trank
gierig.

Aaah!!"

Er hatte sich wieder behaglich zurückgelegt und
sah nun einer Fliege zu, die sich auf dem Deckbett
mit den Vorderbeinchen über den Kopf strich.

Hinterm Ofen fing es sich jetzt zu regen an. Es
winselte leise.

„Hexe!"

Es kratzte. Aber es kam nicht.

„Verfluchte Tele!"

Der lange Wüstenhäuser hatte sich jetzt wieder
ganz nach vorn gewälzt und den Kopf in die schmalen
Streifen Schatten gelegt, den das Fensterkreuz auf den
vorderen Theil des Bettes warf. Auf dem Stuhle vor
ihm sah aus der einen Westentasche die Ecke einer
Visitenkarte.

„Ah, so!“

Er zog sie heraus: Theodor Schreck, stud. med.

„Wieder mal 'ne Contrahage! Na! Ejal is' schliesslich ooch . . .“

Er hatte mitten in's Zimmer gespuckt. Jetzt
horchte er auf. Draussen stapfte es über den Treppenflur.

„Ulk? . . . Nee! Heinz! . . . Uaahh!! . . .“

Er lag jetzt wieder ruhig auf dem Rücken und sah
vor sich hin.

Hinter dem Ofen bellte es mit fetter, asthmatischer
Stimme.

„Maul halten, Hexe! Verfluchter Köter!“

„Moi'en!“

Die weissgestrichene Stubenthür mit der blankgeputzten, gelben Messingklinke war weit und kräftig
aufgerissen worden

Die Sonne fuhr quer über das blau-weiss-rothe
Couleurschildchen auf der Aussenseite der Thür. Die
vier Reisspinnen an der Visitenkarte drunter putzte
sie blitzblank.

Der lange Wüstenhäuser gab sich kaum die Mühe
aufzusehen . . .

„Brrr! Mensch! Wie kannst Du's bloss in dem
Hechte aushalten!“

Der Fuchs war einen Augenblick in der weitoffenen
Thür stehn geblieben. Unter dem Arm hatte er die
schwarze, glanzlederne Collegmappe. In der Hand hielt

er den Renommirknüppel. Vom Flur herein drang ein
Strom frischer Luft in das grosse, dunstige Zimmer.

Der lange Wüstenhäuser ignorirte den Fuchs vollständig. Steif wie eine Mumie lag er unter seinem
Deckbett.

Heinz war jetzt dicht vor das Bett getreten und
hatte sich breitbeinig vor ihn hingestellt.

„Nanu! Mensch! Nu sag bloss mal, in welche Klasse
Linné gehörst Du denn eigentlich?"

Der lange Wüstenhäuser rührte sich nicht.

„Du!"

„U ... u ... mit einem ... uah! ... Stempel und
ohne Staubgefässe! ... Mahlzeit, Heinz?"

Heinz lachte.

„Mahlzeit!"

Der lange Wüstenhäuser hatte ihm faul seine breite,
rothe, knochige Tatze hingehalten. Heinz hatte sie
kräftig geschüttelt

Der lange Wüstenhäuser liess den Arm wieder
über das Deckbett fallen und blinzelte Heinz durch
seine dicken Brillengläser an.

„Eh! Du! Krummer Fuchs! Du hast ja Deine Mütze
wieder vorn!"

„Nanu?! ... Du aber ooch mit Deiner ewigen
Patentscheisserei!"

Heinz machte ein verdriessliches Gesicht. Er hatte
die Mütze aber doch sofort auf den Hinterkopf geschoben.

Aergerlich warf er jetzt seine Collegmappe auf den
Tisch und setzte sich auf den Stuhl vor das Bett. Mit
seinem Renommirknüppel aus Ebenholz, der mit dem
silbernen Zirkel der Verbindung und einem Dedikations-
schildchen verziert war, strich er in einem fort über
die Falten des langen, schmalen Teppichs. Er zupfte
dabei an seinem Bierzipfel herum, der ihm an der Uhr-

kette über das rothblaue Fuchsenband quer über der
der Brust baumelte.

„Uaahh! Immer patent, Fuchs! Ibrijens! Ooch
neie Hannschuhe kannst Du Dir nächstens mal zulegen!“

Der lange Wüstenhäuser hatte die Stirn kraus gezogen und putzte sich mit einem angekohlten Zündhölzchen sorgfältig seine kurzen, breiten Fingernägel.

Heinz hatte unterdessen seinen Aerger überwunden
und seinen braunen Krauskopf wieder in die Höhe gerichtet. Die Sonne machte ihm die rothen Backen noch
frischer

„Ach, Du! Ich muss dir doch 'n famosen Witz erzählen!“

„Los!“

Der lange Wüstenhäuser streckte seinen langen,
dürren Arm aus und musterte seine Fingernägel.

„Aber zieh doch erst, bitte, die Rouleaux runter!
Diese verfluchte Sonne! Das ist ja wirklich scheusslich!“

„Ja, ja!“

Heinz sprang in die Höhe und liess die Rouleaux
herunter. Dann stellte er sich eifrig wieder vor das
Bett.

„Also denk Dir! Der Ulk! Das ist ja wirklich famos!“

Er lachte laut auf. Der lange Wüstenhäuser putzte
gleichgültig an seinen Fingernägeln weiter.

„Komme eben von seiner Bude. Lag noch in der
Klappe. Hatte natürlich wieder'n riesigen Affen. Ein
wahrer Jräul der Verwüstung, und dabei liegt er so
appetitlich im Neste wie'n rothes Marzipanschweinchen!“

„Marzipanschweinchen is jut!“

Der lange Wüstenhäuser hatte die Arme unter den
Kopf gelegt und betrachtete angelegentlich eine Fliege,
die langsam über die gelbe, rissige Zimmerdecke
spazierte.

„Aber nu das Schönste! Das ist ja fein fein! Also,

die erste Neuigkeit so wie ich 'rein komme, dass er
sich gestern Abend, natürlich im schändlichsten Thran,
mit der Elli im „Landwehrmann" verlobt hat! Du!
Mit der Elli!"

Das Licht, das durch die bunten Rouleaux fiel,
färbte den langen Wüstenhäuser gelbgrün. Draussen
auf dem Flur lachte es jetzt Heinz drehte schnell den
Kopf nach der Thür. Der lange Wüstenhäuser sah ihn
misstrauisch an.

„Na! Was jlupste denn so?"

„Ach! Draussen . . . Ich dachte — Ulk käme!"

Heinz war etwas verlegen geworden. Er hatte sich
auf den Tischrand gesetzt und liess jetzt den Renommirknüppel sehr nachdenklich zwischen seinen herab-
hängenden Beinen umherbaumeln.

„Uebrigens! Er zeigte mir sogar den Verlobungs-
ring! Das Kameel! Die Elli ist die tristeste Nudel,
die man sich denken kann!"

„Taperei!"

Der lange Wüstenhäuser rückte sich gravitätisch
seine Brille zurecht.

„Aber das Skandalöseste ist, dass Ulk die Verlobungsringe beim Goldschmied gepumpt hat!"

„Gepumpt?! Ach nee!"

Der lange Wüstenhäuser stützte einigermassen interessirt den Kopf auf seine breite, rothe Hand.

„Gewiss!"

Heinz horchte auf. Draussen auf dem Flur hatte
eine Thür geklappt. Er rührte ungeduldig mit einem
Streichhölzchen in dem schwarzen Aschenbecher herum
und las dabei mechanisch die Aufschrift: Hier können
verrostete Zwanzigmarkstücke abgeladen werden! . . .

„Du! Sag mal! Willst Du denn noch nicht raus?!
Wir wollen doch'n bisschen 'n Strassenbummel machen
bei dem famosen Wetter!"

„Ach nee! Sag mal! Wirklich? Gepumpt?!"

„Ja, ja doch! Zum Donnerwetter!"

Heinz sah wieder auf. Draussen auf dem Flur hatte wieder die Thür geklappt. Es huschte die Treppe hinunter. Er sprang in die Höhe und ging leise vor sich hinpfeifend auf und ab.

„Nee! Dös is jut!"

„Ach Eigentlich is 's'n Skandal!"

„Uaah! . . . Skandal?! Woso?!

Der lange Wüstenhäuser hatte endlich das Deckbett zurückgeworfen und sich langsam aufrecht auf den Bettrand gesetzt.

„Woso?"

Er zupfte sein graubraunes Jägerhemd bis weit über die Kniee 'runter.

„Unsinn! Uaahh!! Is überhaupt 'ne Taperei, wenn man sich verlobt!"

Er zog sich jetzt pomadig seine grauen Strumpfsocken an. Heinz hatte ihm ganz respektvoll zugesehn.

„Fuchs! Lang mir mal die Hose uff! Uaahh!!"

„Da, Du faules Luder!"

„'ne Taperei! Weiter nischt!"

„Na, ich danke! Verlobungsringe pumpen! Ueberhaupt, sich mit 'ner Kellnerin verloben! Mit 'm Frauenzimmer, die . . . na!"

„Eh! Fuchs! Wurscht wie Seefe! Allens eene Wichse!"

Der lange Wüstenhäuser stand jetzt aufrecht vor dem Bette und zog sich die Hosen in die Höhe.

Heinz starrte ihn ganz entsetzt an.

„Aber — Mensch! So was ist doch . . . eine . . . jawohl! Eine Entweihung!"

„Entweihung?! Entweihung is jut!"

Der lange Wüstenhäuser war in die Schlappen getreten.

„Stuss, Fuchs! Ueberall dieselbe Sauce! So oder
so! Die Hauptsache is: Sie jehn Alle auf'n Leim! —
Ich kann das Weib nicht mehr achten!!"

Er räkelte sich jetzt auf den Waschtisch zu. Heinz
starrte ihm total verblüfft nach.

„Hm! Aber doch . . . nicht alle!"

Der lange Wüstenhäus er hatte jetzt das Jägerhemd
über den Kopf weggezogen. Zu beiden Seiten hingen
ihm die gestickten Hosenträger herunter.

Seine grossen, rothen Hände klatschten jetzt über
den gelben, dürren Oberkörper: über die Brust, über
den Rücken und das knochige Rückgrat, über das von
Schmissen zerfetzte Gesicht und den Kopf. Seine kurzen
Haare waren klitschnass. Sie starrten ihm nach allen
Seiten um den Schädel herum.

„Puh! Puh! Brrrr!"

Er athmete tief auf und rieb sich mit dem Handtuch ab. Sein Körper war krebsroth geworden.

„Alle, Fuchs!"

Er hatte das sehr bestimmt unter dem Handtuch
hervorgequarrt.

„Alle, Fuchs! Ich sage Dir . . ."

Er schlenkerte mit dem kleinen Finger das Wasser
aus den Ohren.

„Was hatt' ich . . . was, hatt' ich . . . für . . .
rosenrothe Ansichten . . . als . . . als ich . . . brrr!
. . . vor acht Semestern . . . brrr! . . . nach . . . nach
Breslau kam! . . Man muss . . . bloss die Welt kennen
lernen! . . . Ich sage Dir: alle!"

Er warf das nasse Handtuch über den Waschtisch
und zog sich das Jägerhemd und die Hosenträger wieder
über seine dürren, hohen Schultern.

Auf der weissgestrichenen Platte des Waschtisches
zwischen Seifenschaum, Haarbürsten, einem Kamme

und einem gesprungenen Handspiegel lag die Zahn-
bürste. Er tauchte sie in das Wasserglas.

„Alle!"

Heinz hatte inzwischen wieder einen Augenblick
nach der Thür hingehorcht. Es wurde ein Lied ge-
trällert. Die helle Stimme entfernte sich allmählich
und verlor sich endlich unten im Hausflur. Er wurde
immer ungeduldiger.

Der lange Wüstenhäuser hatte jetzt die Zähne ge-
fletscht und kratzte ganz gemüthlich mit der Bürste
drüber weg.

„Gleich . . . meine erste Wirthin . . . Wittwe . . .
jung . . . patentes Weib . . . anfangs verflucht ehrbar
. . . war janz weg . . . betete sie sozusagen an . . .
und . . . nachher . . . na . . .! Kannst Dir ja denken! . . ."

Heinz war an das Fenster getreten. Er trommelte
auf das Brett . . .

„Na ja! Es giebt doch aber auch Ausnahmen!"

Der lange Wüstenhäuser spülte sich den Mund aus
Er hielt den Kopf in die Höhe, gurgelte und spuckte dann
das Wasser in das Waschbecken.

„Ausnahmen? Stuss! Alle jehn sie auf'n Leim!
Weib is Weib!

„Es giebt doch aber auch anständige Weiber!"

„Anständige? Wie heisst! . . . Kind! . . ."

Heinz pfiff ganz verlegen vor sich hin.

Der lange Wüstenhäuser stand jetzt vor dem
schmalen Spiegel zwischen den beiden Fenstern und
wühlte auf dem Tischchen darunter zwischen allem
möglichen Kram umher, der dort auf der kleinen ge-
häkelten Decke lag: zwei Burschenbänder, eine Po-
madenbüchse, Cigarrenspitzen, Kravatten in allen
Farben, Chemisettknöpfe aus Horn und Metall und drei
Stückchen Zucker.

Er nahm die Zuckerstückchen in die Hand und pfiff.

„ . . . Hexe!"

Ein kugelrunder Kopf mit einer pechschwarzen Schnauze fuhr hinter der Ofenecke hervor. In schiefer Haltung lugte er mit seinen hervorquellenden Augen aufmerksam nach dem Zuckerstückchen, das der lange Wüstenhäuser in die Höhe hielt.

„Hexe!"

Schleunig kam sie jetzt auf den langen Wüstenhäuser zugewatschelt. Sie hatte den dicken, plumpen Kopf vorgestreckt und den kreisrunden Schwanz kokett seitwärts gelegt und gierte zu dem weissen Zuckerstückchen hinauf.

„Na, Hexe? Hopp! Du Rabenvieh!"

Der kleine Moppel probirte winselnd ein paar Sprünge. Der lange Wüstenhäuser wollte sich halbtodt lachen. Endlich hatte Hexe die drei Zuckerstückchen zermalmt. Sie keuchte und hob die Vorderpfote erwartungsvoll in die Höhe. Der lange Wüstenhäuser bückte sich. Er versuchte ein paar grosse Augen zu machen und brüllte Hexe mit seiner kratzigen, versoffenen Bassstimme an.

„Würscht jetzt in di Mauke?!!"

Hexe wich ein paar Schritte zurück.

„Würscht in di . . ."

Jetzt war Hexens violettes Hintertheil wieder hinter der Ofenecke verschwunden. Sie gähnte und winselte noch ein paar Mal, dann wurde es still.

Der lange Wüstenhäuser wühlte wieder auf dem Tischchen umher. Er pfiff dabei vor sich hin. Heinz hatte sich mit dem Rücken gegen das Fensterbrett gelehnt und sah ihm zu.

„Du!"

„Ja?"

„Halt mir mal den Handspiegel, Fuchs!"

„So! Aber nun mach'!"

„Mehr rechts, taprige Krauthacke!"'

„So ?"

„Yes!"'

Der lange Wüstenhäuser fing jetzt an, sich mit
grosser Sorgfalt seinen „SC" zu bauen. Heinz sah ihm
um die Schultern herum. Am Spiegel staken eine
Menge Karten: Visitenkarten, Gratulationskarten, Post-
karten. Auf einer stand: „Fräulein Selma per adr.
Herrn cand. theol. Valentin Geyer, zu erfragen an
der Universität."... Der lange Wüstenhäuser besah
sich jetzt von allen Seiten. Sein strohgelbes Haar
hatte er mit Stangenpomade fest an seinen eckigen
Schädel geklebt. Es war so glatt, dass sich die Sonne
darin spiegelte ... Heinz war unterdessen ungeduldig
an das Schreibpult getreten. Das sah wüst aus! Ein
altes, fleckiges Collegheft, von dem nur zwei Seiten
vollgeschrieben waren , ein hebräischer Pentateuch,
Hase's Kirchengeschichte, der Dekamerone, „die Kunst
verheirathet und doch glücklich zu sein." In der Ecke
ein paar halbvolle Medizinflaschen. Daneben eine
kleine Glasspritze. Ein Haufen von Photographien
nackter Frauenzimmer. Ein ausgetrocknetes Tintenfass.
Ein Stahlhalter mit einer angerosteten Feder. Ein
paar Shagpfeifen, ein gestickter Tabaksbeutel und ein
Spiel französischer Karten ... Heinz blätterte in dem
illustrirten Boccaccio.

„Sicher, Wüstenhäuser! Es giebt Ausnahmen!

Der lange Wüstenhäuser zupfte sich vor dem Spiegel
sein Burschenband zurecht.

„Blödsinn, Fuchs!"

Er strich sich jetzt mit der kleinen, harten Stahl-
bürste über die Oberlippe.

„Aber... es giebt doch, sozusagen, eine wirkliche
... hm ... nun ja, Liebe! Ich hatte mal ... ich weiss
noch ...."

Heinz hatte sich tief über den Boccaccio gebückt.
Der lange Wüstenhäuser trat jetzt, die Hände in den
Hosentaschen, an's Fenster. Er nahm die Rouleaux in
die Höhe und sah auf die Strasse hinunter. Er
schaukelte sich hin und her. Er hatte überhaupt nicht
geantwortet! Heinz stellte sich neben ihn. Unten
prallte die grelle Mittagssonne auf das alte, holprige
Pflaster der Gasse, die steil gegen das Haus anstieg.
Die hohen Ziegeldächer ragten mit ihrem moosigen,
verwitterten Roth in den klaren, goldblauen Himmel
hinein. Im Hause gegenüber standen Lack, Azalien,
Levkoyen und Monatsrosen auf schmalen, grüngestrichenen Blumenbrettern vor einem weitgeöffneten
Fenster. Dahinter schneeweisse Gardinen. In der
ganzen Gasse nur ein paar Spatzen, die sich in den
Rinnsteinen umherzankten.

„Prachtvolles Wetter heute!"

„Jawöhl! der Dichter sagt mit Recht: wie ist doch
die Natur im allgemeinen so schön!"

Eine hochelegante Dame kam jetzt die Gasse
herauf. Ihr rothes Sonnenschirmchen hatte sie gerade
zurückgeworfen, über ihren schwarzen Ponnylocken
sass kokett ein rehfarbenes Nanonhütchen. Um ihre
Wespentaille hatte sie einen langen, gelbgrauen Sommer-
überzieher gezwängt mit thalergrossen Metallknöpfen.
Auf der spitzaufgeschnürten Brust balancierte eine
dunkelrothe, aufgeblühte Rose.

Der lange Wüstenhäuser hatte sie durch seine
dicken Brillengläser aufmerksam „inspizirt". Er hatte
keine Miene verzogen. Er hatte nicht einmal die
Hände aus den Hosentaschen genommen ...

„Du, kuck mal! die Mary! Donnerwetter! Is die
heute schneidig!"

Der lange Wüstenhäuser zuckte mitleidig die
Achseln.

„Hm! Mit der! Na! Das wäre doch die reine Stoff-
vergeudung!"

Er pfiff vor sich hin. Heinz trommelte, etwas nervös geworden, auf der Fensterscheibe.

„Wüstenhäuser!"

„Hm?"

„Sieh mal, Du nimmst das Alles viel zu sinnlich!
Man kann doch manchmal ein Weib ... na! Ich meine
... zum Beispiel: lieb haben, und braucht ... Du
weisst ..."

„Ich sage Dir ja, Fuchs! Alle!"

„Nein! Nicht alle! Da ist zum Beispiel gleich ...
hm! Na ja! ... Ich meine ..."

„Na?"

„Glaubst Du zum Beispiel, dass ... die Emmi ..."

Er sah jetzt angelegentlich zum Fenster hinaus.
Er war etwas roth geworden. Drüben hinter den Levkoyen und Monatsrosen schmetterte ein Kanarienvogel.

„Hm!"

Der lange Wüstenhäuser grunzte. Sein grosses,
wulstiges Maul reichte ihm beinah von einem Ohr bis
zum andern. Heinz drehte sich ordentlich erschrocken
nach ihm um.

„Aber ... die?! ... Nein! Das ist ... das glaube ich
einfach nicht!!"

Der lange Wüstenhäuser zuckte überlegen die
Achseln.

„Na ja! Sie sieht ja allerdings noch ... höllisch
naiv aus! Aber sie hat so was Pikantes an sich, verstehst Du! So was Pikantes!"

Erregt war Heinz aufgesprungen. Er lief jetzt

nervös umher. Vom Fenster zum Schreibpult, vom
Schreibpult zum Fenster.

„Nee Du, So'ne habens manchmal grade hinter'n
Ohren!"

„Nein! — Nein! — Nein!"

„Du glaubst das nicht, liebes Kind?"

Langsam war der lange Wüstenhäuser hinter ihm
dreingegangen. Er klopfte ihm jetzt auf die Schulter.

„Du! Das Weib ist bloss so — schlau! Die läuft
auf Socken! Das ist die ganze Sache! Ibrijens . . ."

Er war jetzt gradezu grossartig auf die Thür zu-
geschritten und zog nun an dem krummgerissenen
Draht des Klingelzuges.

„Ibrijens — woll'n se mal citiren!"

Unten im Hause tönte heiser die Klingel.

„Wie jesagt, mein Junge! Sie jeht so jut uff'n
Leim, wie jede andre! Die Hauptsache is nur, dass man
die Jeschichte bejaht deichselt!"

Der lange Wüstenhäuser hatte sich jetzt der Länge
nach auf das Sopha geworfen.

„Das Weib muss ja schon reingefallen sein! Nothwendigerweise! Denk' mal! 'N Mädel von achtzehn
Jahren in 'nem Hause, wo lauter Studenten wohnen!
Bäh! Ich selber . . . Jottedoch! Wenn ich . . . he! Ich
hätt's zehnmal jekonnt! Aber . . . der Krempel is mich
über, weesste!"

Heinz hatte wieder fest seine Stirn gegen das
Fenster gedrückt. Es zuckte ihm ordentlich in den
Fingern . . . Der lange Wüstenhäuser lag da: die Beine
über die Sophalehne, unterm Genick den „Wonne-
proppen" . . . Die Fliegen summten, Hexe schnarchte
ganz laut hinter dem Ofen — — —

4

Jetzt kam es draussen vorsichtig die Treppe herauf. Es klirrte leise über den Flur.

Heinz sah vom Sopha zur Thür, von der Thür zum Sopha hinüber.

Der lange Wüstenhäuser schielte stumpfsinnig über seine Brust weg auf seinen „Bierzippel".

„Wie jesagt, Fuchs! wenn Du willst ..."

Behutsam klopfte es. Das Kaffeegeschirr dicht vor der Thür klirrte. Heinz sah gespannt unten auf die Strasse hinab.

„Herrrein?!"

Vorsichtig wurde die Thür geöffnet, durch den Spalt sah das Kaffeebrett, es hustete leicht. Die kleine Emmi war eingetreten. Heinz hatte eilig das Fenster aufgerissen.

„Was hier auch für 'ne Luft ist!"

Die frische, sonnige Luft von draussen strömte nur so herein mit dem Gezwitscher der Spatzen und dem Schmettern des Kanarienvogels von drüben.

„Guten Tag!"

„Ah! Rotodactylos Aeos!"

Der lange Wüstenhäuser auf seinem Sopha hatte sich galant halb emporgerichtet.

„Effektiv! Ejalwech die reine Morjenröthe! Fräulein Emmi? Sie sind heute schneidig! Faktisch: pompös!"

Schnell drehte Heinz sich um. Die kleine Emmi hatte leise gelacht. Ihr Köpfchen hatte sie auf das Kaffeebrett gesenkt. Leise klirrte es in ihren runden, weissen Händen. Sie hatte Heinz einen Augenblick neugierig mit ihren grossen, grauen Augen angesehn. Vorsichtig war sie an den Tisch getreten und setzte jetzt das Kaffeebrett auf einer freien Ecke nieder.

„Aber, Herr Geyer! Das sieht mal wieder schön aus!"

Der lange Wüstenhäuser hatte sich jetzt ganz auf-

gerichtet. Die Hände hielt er auf die Kniee gestützt,
er grinste die kleine Emmi vergnügt an.

„Aeh! Jawöhl! Halten Sie mal 'ne schneidige
Standpauke, Fräulein Emmi! Auf Bierwort! Steht
Ihnen famos!"

Die kleine Emmi hatte wieder leise gelacht. Sie
räumte jetzt die Brieftasche, den Aschbecher, den
Tabaksbeutel, die Grogkgläser, die noch ganz klebrig
waren, die Lampe und die Zündhölzer fort. Ihre
runden, vollen Arme, an welche sich die Aermel ihres
blau- und weissgetüpfelten Kattunkleidchens eng an-
schlossen, hantirten flink und geschickt auf dem Tische
umher. Um ihren weissen, glatten Hals, auf den sich
hinten ein paar feine, goldblonde Löckchen herabkräu-
selten, zog sich eine schneeweisse, steifgestärkte Krause.
Die Sonne, die jetzt voll durch das offene Fenster fiel,
liess ihre weichen, aschblonden Haare ganz goldig
glänzen ... Heinz zupfte unruhig an seinem Bierzipfel.
Der lange Wüstenhäuser hatte sich, die Hände in den
Hosentaschen vergraben, in das Sopha zurückgelehnt.
Seine kleinen Augen hinter der Brille zwinkerten.

„Fräulein Emmi? Würden Sie die unendliche
Jüte haben, mir mit Ihren rosigen Patschhändchen den
Mokka einzugiessen?"

„Ach! Reden Sie doch nicht so dummes Zeug."

Aber sie lächelte wieder, geschmeichelt ... Heinz
biss sich in die Lippen. Die kleine Emmi goss jetzt
den Kaffee langsam in die weisse, goldgeränderte Tasse.
Es duftete durch das ganze Zimmer.

„Schlankweg die reine Hebe!"

Der lange Wüstenhäuser war ordentlich in Extase
gerathen. Er drückte jetzt das gelbe, oben gebräunte
Milchbrötchen zwischen seinen grossen, knochigen
Fingern breit.

„Meinen verbindlichsten Dank!"

4*

Er machte so etwas wie eine Verbeugung. Die
kleine Emmi lachte seitwärts zu Heinz hinüber. Ein
paar strahlende Pünktchen blitzten in ihren grossen,
hellen Augen, in ihre rosigen Backen hatten sich zwei
Grübchen gegraben. Heinz sah verwirrt auf seine
Finger hinunter. Sie zupften noch immer am Bierzipfel...

Die kleine Emmi wollte jetzt wieder hinaus. Die
steifgestärkte, schneeweisse Schürze und die dunkelrothe Nelke vorn an ihrer Brust streiften Heinz mit
ihrem Duft, als sie an ihm vorbeiging. Ihr rundes
Kinn war halb in der grossen, rothen Schleife vorn an
der Krause vergraben.

„Fräulein Emmi!“

Die kleine Emmi hatte schon ihr rundes Händchen
auf die Messingklinke gelegt, sie wandte sich um. Der
lange Wüstenhäuser hatte sich wieder lang auf sein
Sopha gestreckt. Unten vom Hausflur her rief jetzt
eine laute grelle Stimme durch das ganze Haus.

„E ... mi ...“

Aber die kleine Emmi hatte schon aufgeklinkt.

„Schnell, Herr Geyer! Die Tante ruft!“

Heinz betrachtete wieder interessiert die rothen
Monatsrosen drüben. Vor dem Fenster flimmerte die
Luft in der warmen, hellen Sonne.

„Eh! Wird denn morgen Abend unten wieder
Sieben, Achte, Neune gespielt?“

„Ja!“

„Na! Der ... der Fuchs da will auch mitthun!“

Die kleine Emmi lächelte.

„O ja! Aber es langweilt Sie, Herr Kummer?“

„Langweilen! Oh!“

Der lange Wüstenhäuser lachte.

„Ach! Er ist nicht immer so'n Stumpfbold wie heute!“

„E—mi!! ...“

„Na, gut!"

Das blaue Kleidchen verschwand in dem Thürspalt.
Die kleine Emmi hatte Heinz noch einmal zugelächelt,
er hörte jetzt, wie sie die Treppe hinunterhuschte ...

———

Eine Weile war es wieder ganz still. Die Uhr tickte,
die Fliegen summten, in kleinen Zügen schlürfte
der lange Wüstenhäuser seinen Kaffee. Die Tasse
klapperte, die Schlüssel in den Hosentaschen des langen
Wüstenhäusers klirrten ...

„Hexe!"

Hexe kam faul hinter dem Ofen hervor auf das
Sopha zu. Der lange Wüstenhäuser zog sie am Genick
zu sich in die Höhe.

„So! Kusch!"

Dann nahm er wieder einen Schluck.

„Pompöses Mädel! Was? Eine Haut, eine Taille?!
Ich kann Dir sagen: Protuberanzenhaft!"

Hexe heulte auf. Der lange Wüstenhäuser hatte
sie in ihr kohlschwarzes Schlappohr gekniffen.

„Kusch! Infame Tele! Na, Fuchs? He? Wie jesagt: Zu haben is die Kleene!"

„Ach was! Du bist'n alter Sauigel!"

Heinz ging jetzt wieder mit grossen Schritten auf
und ab.

„So ein reizendes Mädel!"

„Nanu, Fuchs?! Du bist wohl in se verliebt?"

Der lange Wüstenhäuser lachte aus vollem Halse.

„Verliebt? Ach wo! Verliebt? Ich dachte gar!
Verliebt! So'n Unsinn!"

„Nanu?! Is doch keen Beenbruch?! Warum nich,
lieber Junge? Du musst eben die Geschichte nur jut
bedeichseln!"

„Nun kommst Du wieder damit!!"

„Aber ich bitt' Dich, Kind! Was... was willst Du
denn?! Das ist doch sozusagen der ideale Zweck des
janzen Rummels?!"

Der lange Wüstenhäuser hatte sich jetzt faul über
die Sophalehne gebogen und seinen Renommirknüppel,
der quer über einem Stuhl lag, zu sich rübergezogen.
Langsam schraubte er den Knauf und die Zwinge von
Elfenbein los.

„Man kann doch auch ... Ach was! Das ist...
ich brächte das nie fertig!"

„Das ist! ... das ist! Natürlich ist es, lieber
Junge!"

Er hatte jetzt das Mundstück einer Pfeife aus
dem hohlen Stocke gezogen und schraubte es vorsichtig ein.

„Natürlich? Jawohl! Eine Gemeinheit, 'ne Schweinerei!"

„Ft! Du bist eben noch ... ftt! ... Du bist eben
noch unreif, Fuchs!"

Er hatte jetzt seine Pfeife vollständig zusammen-
gesetzt. Er pustete hinein. Heinz war noch erregter
geworden.

„Unreif! Unreif!"

Der lange Wüstenhäuser zog den Tabaksbeutel
auseinander und stopfte sich langsam seine Pfeife.

„Nothwendigerweise! Denn Du hast von der Quintessenz der Liebe noch keen'n blassen Schimmer!"

„Ach! Halt's Maul!"

„Ooch jut!"

Er hielt jetzt das brennende Zündhölzchen über
die Pfeife. Dicke, graue Rauchwolken zogen sich in
langen, dünnen Streifen und Ringen bis zu dem
offenen Fenster hin.

„Jehn wir also zu 'nem andern Thema über!

Kannst Du mir nich 'n alten, abgelegten Hundertmark-
schein pumpen? Würde mich collossal gebumfiedelt
fühlen!"

„Ach! Du bist 'n Rhinozeros."

Der lange Wüstenhäuser lachte. Er blies jetzt
aufgeräumt Hexe eine Ladung Tabaksqualm in die
Nase. Sie nieste. plumpte vom Sopha runter und
wackelte wieder verdriesslich in ihre Ofenecke zurück.
Heinz hatte sich mit zusammengefalteten Brauen an
den Tisch gesetzt. Er zog den Tabaksbeutel in einem
fort auf und zu.

Der Qualm zog sich jetzt in schrägen Streifen durch
das ganze sonnenhelle Zimmer, an den Mützen und
Schlägern hin, die Gardinen in die Höhe. Sie sahen
aus wie Topflappen. Er hüllte den grossen, fleisch-
farbenen Busen der Gräfin Thekla und den Myrthen-
kranz über der Thüre in einen feinen, grauen Schleier
ein. In der Sonne zeigte er ein zartes, duftiges Blau.
Hexe hinter dem Ofen nieste.

„Du!"

Heinz putzte jetzt mit dem Rockärmel wieder an
seinem Bierzipfel herum.

„He?"

„Sag mal, wie machst Du's denn eigentlich. dass
Du bei den Weibern so viel Sau hast?"

„No!"

Der lange Wüstenhäuser blinzelte einigermassen
geschmeichelt mit den Augen. Er zog eine ungeheure
Rauchwolke aus seiner Pfeife.

„Nichts leichter als dieses, Fuchs! Zuerst muss
man den Weibern gründlich was vorsohlen!"

„Ja, ja!"

Heinz nickte. Er sah den langen Wüstenhäuser
sehr gespannt an.

„No! Paff! . . . Und dann jeht das mehr oder
weniger successive so weiter! Erfolg garantier' ich in
allen Fällen!"

„Hm!"

„Zum Beispiel ab und zu, was man so 'ne kleine,
zarte Aufmerksamkeit nennt. Ist aber gar nich mal
immer nöthig. Na, und dann leistet man sich meins-
wejen 'n Kuss, das heisst: wer Liebhaber von so was
is! Für mich is das aber nischt. Hat keen'n Reiz
mehr für mich. Dann kneift man ihr mal so in die
Backe und sonst . . . no! und dann . . ."

Der lange Wüstenhäuser paffte jetzt ganz entsetzlich. Heinz hatte sich abgewandt. Er zitterte vor
Erwartung . . .

„No! Und dann . . . Paff! . . . Und dann — kurz
und jut, mein lieber Junge, Du musst die Weiber eben
nicht als Engel ansehen! Beruht eben Allens auf Jejen-
seitigkeit! Paff . . . Paff . . ."

Empört war Heinz in die Höhe gesprungen.

„Du bist ein ganz infamer Saumagen, Wüstenhäuser!"

Der lange Wüstenhäuser drehte sich nicht einmal um.

„Herrjees! Menschenskind! Guck doch mal! Ist's
denn nich überall dieselbe Sauce?! Der Eene macht'n
bischen Klimbim mehr, der Andre weniger. Für den
Eenen ist die Liebe 'n idealer Traum, für den Andern
'ne . . . na! . . . 'ne Mohrrübe!"

„Ach! Du bist . . . Du bist . . ."

„Erlaub' mal, mein Junge! Nach meiner Definition
ist die Liebe nischt weiter, als die Berührung zweier
Schleimhäute! Na?"

Heinz hatte jetzt hastig die Collegmappe und den
Renommirknüppel vom Tische genommen.

„Du bist'n alter Sauigel!"

Aergerlich war er zur Thür gerannt. Der lange
Wüstenhäuser wollte sich todtlachen.

Heinz sah sich noch einmal um. Die Stube war
ganz voll Rauch. Die Schläger im Hintergrunde
blinkten kaum durch. Die welken Vergissmeinnicht
in den Landesvätern waren ganz eingehüllt.

Heftig schlug er die Thür hinter sich zu ...

———

Auf dem Flur blieb er eine Weile stehn. Von
unten her das Klappern von Geschirr. Er lauschte
gespannt.

„Hm!"

Er war sehr erregt. Mechanisch las er den Namen
der Visitenkarte an einer der weissgestrichenen, numme-
rirten Budenthüren.

Ein gelbliches, gleichmässiges Dämmerlicht lag auf
dem Flur. Nur durch das kleine Fenster beim dritten
Treppenaufgange stemmte die Sonne vom Hofe her
einen dicken, goldenen Balken schräg gegen die gelbe
Wand.

„Ach was! Zum Donnerwetter!"

Er ging jetzt entschlossen die alte, steile, dunkle
Holztreppe hinunter. Aber an der letzten Biegung
blieb er noch einmal stehn. Er horchte. Zwischen
das Klappern des Geschirrs wurde deutlich ein Lied
gesummt.

Auf den hellrothen, abgewaschenen, mit grobem
weisem Sand bestreuten Backsteinen des Hausflurs
lagen dreieckige blaue, rothe, grüne und gelbe Licht-
flecken von dem bunten Glas über der Hofthür.

„Zu!"

Er hustete sich Courage zu ...

Er war jetzt auch die letzten Stufen hinunter ge-
stiegen. Jetzt stand er dicht vor der offenen Küchenthür. Die kleine Emmi drin in der Küche wandte das
Köpfchen gerade dem Flur zu. Sie hatte ihn gesehn.
Heinz trat, wieder ganz verlegen, in die Thür.

————

„So fleissig, Fräulein Emmi?"
Das war sehr zaghaft herausgekommen. Er räusperte sich, ärgerlich. Die kleine Emmi stand vor dem
langen, braungestrichenen Küchentische. Die Aermel
ihres Kattunkleidchens hatte sie in die Höhe gestreift,
ihre runden, weissen Arme waren in die grosse, braunirdene Abwaschschüssel getaucht. Ein feiner, grauer
Dampf stieg aus dem warmen Wasser drin auf.
„So fleissig?"
„Ja, das muss ich doch schon, Herr Kummer!"
In der engen, kleinen Küche war es dunkel wie
in einer Esse.
Nur von einem kleinen, vergitterten Fensterchen
fast unter der schwarzgeräucherten Decke zwängte
sich vom Hof her ein Sonnenstrahl. Er fiel gerade
durch ein Wasserglas, das hellschillernd in der tiefen,
verräucherten Nische stand. Ein frischer Apfelzweig
mit zarten, rosafarbenen Blüthenbüschelchen stak drin.
An dem grossen, hellrothen, gewölbten Kupferkessel
auf dem aus rohen, geschwärzten Backsteinen erbauten
Herde mit dem mächtigen, weit ausgebauchten Rauch-
fang drüber legte der Strahl einen hellen Reflex. Die
Ränder der Teller, Töpfe und blechernen Deckel, die
nach der Grösse geordnet auf den Regalen lehnten,
flimmerten leise.
„Und Sie? Sie wollen schon wieder ins Colleg?"
„Ja!"

Heinz, der jetzt an dem Pfosten lehnte, hatte angelegentlich seine blankgeputzten Stiefeln betrachtet.
Er hatte wieder alle Courage verloren! Die kleine Emmi,
die jetzt mit dem rothumränderten Küchentuch einen
Teller abtrocknete, hatte schalkhaft gelächelt. Die
Nelke hatte sie noch vorn an der Brust stecken. Wieder
räusperte er sich.

„Hm! Morgen Abend spielen Sie Kartn?"

„Ja! Sie kommen doch her?"

Bei jeder Bewegung, die sie machte, zitterten in
ihrem weissen Nacken die feinen, blonden Löckchen.

„Gewiss! Sicher!"

Sie lachte wieder. Er wurde immer verlegener...

„Kennen Sie Sieben, Achte, Neune?"

„Nein! Leider noch nicht!"

„Na! Wenn Sie recht artig sind, lern' ich's
Ihnen!"

Er trat jetzt etwas näher. Das Mittagsessen, das
auf dem Herde kochte, verbreitete seinen Duft durch
die ganze Küche bis hinaus auf den sonnigen Flur.
Er fühlte, wie ihm allmählich das Blut in die Backen
stieg. Es war so warm in der engen Küche! Die
kleine Emmi steckte die Nelke, die sich ihr gelockert,
hatte, fester.

„Hm! Es muss gewiss sehr hübsch werden!"

„Gewiss! Morgen Abend haben wir sogar Pfannkuchen!"

Sie lachte und wischte sich ein Russfleckchen von
ihrem runden, weissen Arm. Am Ellbogen war ein
Grübchen. Er fühlte, dass er es nicht länger mehr
hier aushielt.

„Na!... denn... Adieu, Fräulein Emmi!"

Er zog sein Mützchen. Er hatte sich vor Aerger
auf die Lippen gebissen!

„Adieu, Herr Kummer!"

Aber er stand noch immer in der Thür.

„Fräulein Emmi? Würden ... würden Sie mir wohl ..."

Die kleine Emmi sah ihn verwundert an. Er war über und über roth geworden.

„... würden Sie mir wohl ... die ... die schöne Nelke da verehren?"

„Ach so! ... Da!"

Sie hatte sie mit ihren schlanken Fingern losgemacht und reichte sie ihm nun hin.

„Aber" — sie lachte ihn an — „sie ist noch 'n bischen nass?"

„O! Das schadet nichts ... das ..."

Heinz hatte die kleine, rothe Nelke schnell an sich genommen.

„Ich danke Ihnen, Fräulein Emmi! Ich danke Ihnen! Adieu!"

„Adieu!"

Langsam durchschritt er den Flur.

Donnerwetter!

Er sah fortwährend auf das kleine, rothe Ding in seiner Hand.

Schafskopf!

Er schlug die Thür hinter sich zu.

Die schmale Gasse war ganz voll Sonne. Oben hinter den Monatsrosen schmetterte der Kanarienvogel seine schönsten Läufe. Breit aus einem weit offenen Fenster lehnte ein Student. Er lag mit seinen weissen Hemdärmeln mitten im Sonnenschein. Seine lange Pfeife aus braunem Weichselrohr baumelte lang am Hause runter.

Eie Mädchen in rothem Rock kam schwerfällig die

Gasse herauf. Sie hatte ihre derben, rothen Arme in die Seiten gestemmt. Ein weisses, geschweiftes Tragholz drückte ihre runden, kräftigen Schultern. An den schwarzen, straffen Lederriemen auf jeder Seite hingen an blanken Messinghaken zwei gelbe, tropfende Wassereimer.

Ein paar Jungen trieben schreiend und lachend einen Kreisel über das trockene, grell beleuchtete Pflaster. Eine Schwalbe strich pfeilschnell an den Häusern hin und haschte die Fliegen und Mücken, die schaarenweise in der warmen Luft spielten. Ueber allem der goldigblaue Himmel.

Heinz ging langsam die Gasse hinunter. Er hatte sich die Nelke ins Knopfloch gesteckt, seine Backen brannten.

Er war nachdenklich geworden ...

Die kleine Emmi.

Endlich gegen Mitternacht, stieg die kleine Emmi die drei Treppen zu ihrem Schlafkämmerchen hinauf. Auf dem zweiten Flur blieb sie einen Augenblick stehn.

Was das wieder für ein Lärm war?!

In das Klappen der Deckelschoppen mischte sich das Gelächter der Kneipenden. Ein gräulicher Bierbass versuchte „Drei Bilder und eine Pfeife" anzustimmen.

Natürlich! Herr Geyer hatte heute wieder mal Geburtstag . . .

Schnell eilte sie jetzt auch die dritte Treppe hinauf.

Ihr Kämmerchen lag am Ende des langen, dunklen Corridors. Das Licht, das in ihrer Hand leise zitterte, erhellte ihn kaum. Zuletzt kamen die Lattenverschläge der Böden.

Sie wusste selbst nicht! Ihr war heute so sonderbar . . .

Als sie die kleine, braune Thür aufmachte, war es ihr, als ob sich Jemand hinter ihr nachdrängte. Hastig warf sie das dünne, gebrechliche Bretterding ins Schloss und drehte den Schlüssel um.

Dann trat sie einen Schritt zurück und athmete tief auf.

Sie war allein. —————

Das ganze Stübchen, in dem ihre Kerze nur noch wie ein kleines, weisses Flämmchen schwamm, war vom Mondlicht erfüllt.

Erst jetzt wurde ihr bewusst, dass sie sich mit ihrem Knie fest gegen das morsche Holz gestemmt hatte.

Sogar den Riegel hatte sie vorgeschoben!

Wozu? O, wie thöricht sie doch war! —

Nachdem sie das kleine Bett abgedeckt hatte, trat sie jetzt ans Fenster, um die blaue, ausgefranzelte Decke auf den grossen, rothen Holzstuhl dort zu legen, dessen Lehne noch immer nicht zurecht geleimt war. Das dicke Herz in ihr war mitten durchgebrochen ...

Die Mauer unten warf einen tiefen, schwarzen Schatten auf den kleinen, dreieckigen Hof.

Es war ein schöner Tag gewesen. Der Himmel völlig klar und grade über dem mittelsten grossen Schornstein der engen, winkligen Hinterhäuser die grosse, volle Scheibe des Mondes.

Alles still. Nur ab und zu von der Strasse her das Gejohl eines Betrunkenen.

Der kleine, weisse Jasminzweig, der noch von gestern her hinter dem kleinen Spiegelchen stak, duftete wie ein ganzer Strauss ...

———

Die Herrn Studenten unten begruben jetzt grade den todten Bierlala. Ihr wüstes Geschrei drang von der Treppe her bis zu ihr herauf. Die grobe Stimme von dem langen Wüstenhäuser unterschied sie deutlich. Dazwischen wieder die Deckelschoppen.

Sie trat zurück.

Eben war wieder ein Betrunkener vorbeigetaumelt!

Es hatte ihr geschienen, als ob er unter ihrem Fenster
stehn geblieben war.

Das Licht war jetzt überflüssig! Sie blies es aus
und stellte es neben sich auf die rothe Lade.

Den Kopf hatte sie geneigt; ihre kleinen, runden
Hände lagen lässig auf ihrem Schoosse.

Noch nie war sie sich so verlassen vorgekommen!

Sie dachte an ihr Elternhaus, die Stiefmutter, die
Stiefgeschwister, die sie so schlecht behandelt hatten,
und an die Tante, die sie hier aufgenommen. Aber!
Was war das eigentlich für ein Leben ... All die abscheulichen Arbeiten unten, die Tante, die immer so
that, als ob sie sie nur um Gotteswillen im Hause be-
hielt, und der Onkel, der immer so eigentümlich zu
ihr war, so eigentümlich — — —

Sie begriff sich selbst nicht! Ihr kam das Alles
auf einmal so widerwärtig vor!

In ihre Augen waren Thränen getreten, langsam
hatte sie angefangen sich auszuziehen.

Sie war immer so fröhlich gewesen! Sie hatten
sie alle die Haidelerche genannt. Die Haidelerche! ...
Ach ja! ... Wenn sie's nur gewusst hätten! ...

Sie hatte jetzt beide Hände vor's Gesicht gelegt
und weinte.

Ihre Taille war vor ihr auf die Dielen geglitten,
auf ihren runden, weissen Schultern lag das Mondlicht.

———

Unten bei den Studenten wurde jetzt die Thür geöffnet. Die Gesellschaft hatte genug für heute. Sie
polterten die Treppe hinunter.

Das arme, eingeschüchterte Ding war zusammengefahren. Sie hielt jetzt ihre beiden Hände fest gegen

ihre Brust gepresst. Ueber ihren Körper war ein leises
Zittern gelaufen. Sie horchte.

Die Gesellschaft verabschiedete sich. Dann schloss
Herr Geyer wieder das Haus zu und tappte sich langsam die Treppen hoch. Vor seiner Stube stolperte er
noch. Dann — nach einer Weile — war alles wieder
still, totenstill ...

Das Mondlicht lag nur noch auf einem Theil der
Dielen. Es streifte das Bett, das schon zur Hälfte im
Schatten stand, und das kleine, blaugewürfelte Kopf-
kissen.

Oh! Wie es sie schon überlief, wenn sie blos daran
dachte! Dieser Tremel! Pfui! Schon einmal hatte er
draussen auf dem Flur gestanden und zu ihr hereinge-
wollt. Betrunken! Stockbetrunken!

Sie sah unwillkürlich nach der Thür.

Und die Andern? Waren die anders? — —

Mechanisch hatte sie das kleine, vergoldete Kreuz
von ihrem Hals gehakt und legte es jetzt an seinen
gewohnten Platz auf die gestrichene Bank neben die
gesprungene Waschschüssel.

Und dann! Oh! Erst heute wieder! Erst
heute!

Wieder hatte sie ihre beiden Hände vor's Gesicht
gepresst. Ihr ganzer Körper bebte vor unterdrücktem
Schluchzen ...

Plötzlich hatte sie ihre Hände wieder fallen lassen!
Ihre grauen Augen waren gross aufgerissen; sie stand
da wie versteinert. Nur ihr Herz! Es klopfte ihr, als
ob es zerspringen wollte ...

Ein Mensch in Filzpantoffeln tappte leise die
Treppe herauf. Ab und zu half er sich mit der Hand
am Geländer nach. Leise, leise, ganz leise ...

Das entsetzte Geschöpf hatte sich wieder aufrecht neben die Thür gestellt.

Das ... das war doch nicht ... Tremel?! ...

Es war ihr, als müsste sie jeden Augenblick umfallen. Unwillkürlich stützte sie sich mit ihrer Hand gegen die Wand.

Jetzt! ... Ah!

Es hatte unten aufgehakt.

In der tiefen Stille des Hauses hörte sie deutlich den Deckel klappen.

Eine Minute verging. Alles war still geblieben. Sie fühlte, wie sie roth geworden war.

Sie stand wieder vor ihrem Bett.

Behutsam nestelte sie jetzt ihren Unterrock auf und liess ihn lautlos auf die Dielen gleiten. Ihren kleinen, runden Kopf zur Thür gewandt, stieg sie wie zaudernd aus dem weichen, rothen Tuch heraus. Dann hob sie es auf und legte es sorgfältig über die Lade.

Nach der Thür hin lauschte sie noch einmal.

Nichts.

Durch ihre blossen Füsse spürte sie jetzt die Kälte der Dielen.

Sie stieg in ihr Bett.

Die dünnen Bretter unter der Matratze knarrten durch das ganze kleine Stübchen.

Die Kühle der Betttücher liess sie tief aufathmen.

Sie war endlich zu Ruhe gekommen! ...

———

Ihre nackten, runden Arme hatte sie rücklings unter den Kopf gekreuzt; ihre kleine, runde Brust bewegte das grobe, graue Hemd gleichmässig auf und nieder.

Das Mondlicht, das über ihre glatte, niedrige Stirn weg ihre schwarzen Wimpern streifte, liess sie jetzt ihre Augen wieder gross aufmachen.

Das weiche, weisse Licht, das aus dem stillen Stübchen schon fast ganz verschwunden war und nur noch auf dem Kopfende ihres Bettes lag, wurde voll durch den kleinen, viereckigen Spiegel reflektirt, der ihr grade gegenüber neben der Thür hing.

Ueber den dünnen, abgeblätterten Goldrand bog der Jasmin seine weissen Blüthen.

Sie drehte den Kopf gegen die Wand. Die grüne Tünche an ihr war abgeblättert, grosse, weisse Flecken reichten unten bis auf die Bettdecke runter.

Ihre Gedanken verwirrten sich.

Sie wurde müde. So müde ...

Da!! ...

Sie war wieder in die Höhe gefahren.

Ihre Hände hatte sie hinter sich in das Laken gestemmt; ihre grossen, weitaufgerissenen Augen waren fest auf die Thür gerichtet, die jetzt schwarz war.

Unten krackelte wieder der Haken.

Mit einem Ruck hatte sie jetzt ihr Deckbett zurückgeschleudert und stand wieder auf den kalten Dielen.

Ihre Kniee zitterten. Ihre bebenden Hände tasteten nach dem Riegel.

Jetzt!

Ja! ... Es kam auch die Bodentreppe herauf.

Sie wagte kaum zu athmen.

Ein leises Hüsteln erklang. Langsam schlürfte es durch den Corridor. Vor ihrer Thür blieb es stehn. Durch die alten, dünnen Bretter hörte sie deutlich wie es athmete. Schwer, hastig, mühsam, unterdrückt.

5*

Bleich, mit vorgebeugtem Körper, stand sie da. Das Linnen über ihrer Schulter war herabgeglitten.

Keine Wimper an ihr zuckte.

Eine kleine Weile verging.

Sie hörte deutlich, wie es draussen mit seinen Fingern über die Thür tastete.

Da! Jetzt — die Klinke! Es knackte.

Vor ihren Augen schwamm es. Ueber ihren Rücken lief es kalt wie Eis. Sie musste sich gegen den Ofen lehnen.

Gott sei Dank! Sie war zu.

Ihr Herz schlug ihr bis an den Hals.

Wieder war es eine Weile totenstill. Nur das schwere, hastige, mühsame Röcheln draussen und das Blut, das ihr in den Ohren sauste ...

———

Jetzt pochte es zum zweiten Male.

„Emmichen?“

Halb ohnmächtig schlug sie über die Lade.

O Gott! O Gott ...

Ihre dicken, aschblonden Zöpfe hatten sich losgelöst. Ihr Gesicht war in ihre nackten Arme vergraben.

O Gott! O Gott ...

Ihre Knie hatten sich auf die harte Kante der Lade aufgedrückt, sie fühlte es nicht!

Durch ihre Stirn brach der Angstschweiss.

„Emmichen?“

Sie horchte auf. Gespannt!

„Emmichen? Bist du noch wach?“

Das — das war ja ... Unsinn!

Sie hatte sich wieder aufgerafft. Sie schüttelte ihre Zöpfe zurück.

Wie dumm sie war! Das war ja der Onkel!

„Emmichen??"

Ja! Er war's!

Hastig war sie wieder in ihre Pantoffeln gefahren. Die weissen Bänder hinten an ihrem Unterrock zuzuknüpfen hatte sie vergessen.

Aber noch ehe sie die Hand auf den Riegel gelegt hatte, hielt sie schon wieder inne.

Was ... was wollte er denn noch?!

„Emmichen?"

Sie fühlte, wie ihr das Blut heiss ins Gesicht schoss.

Ja, ja! das war wieder die Angst von vorhin!! Aber mein Gott! Sie musste doch antworten!

„Emmichen??"

Ach! Unsinn! Unsinn!!

Aber wieder blieben ihr die Laute in der Kehle stecken.

„Emmichen? Bist du noch wach?"

„Ja!"

Endlich! Endlich war es ihr gelungen!

„Ja!!"

Sie legte die Hand um den Schlüssel.

„Ja! Sind Sie's, Onkel?"

„Ja! Ja! Liebes Kind!"

Liebes Kind! Wie er das sagte!!

Es kam jetzt etwas wie Verzweiflung und Trotz über sie. Dieser alte, ekelhafte Schleicher!

Hochaufgerichtet stand sie da. Ihre Brust wogte.

„Was wollen Sie?"

„Aber, Emmichen? Mach doch auf! Mach doch auf?!"

Ihre kleine, niedrige Stirn hatte sich gekraust, ihre
Hände waren jetzt geballt.

„Was wollen Sie?!"

Keine Antwort.

Endlich, nach einer Weile, wie ein Bettler, der um
eine warme Suppe bittet.

„Ach! Ach!... die Tante!... die liebe, gute
Tante!... Mach doch auf! die Tante..."

„Die Tante?"

„Ja! Ja doch! die Tante!... die arme, liebe, gute
Tante!... Aber mach doch auf!... die Tante!... die
Tante..."

Seine Stimme war in ein leises Weinen übergegangen.

Schnell hatte jetzt die kleine Emmi den Riegel
zurückgeschoben. Sie drehte den Schlüssel auf.

Wie sie sich schämte! Pfui, was für ein hässliches
Ding sie war! Der arme, alte Onkel! Natürlich! Die
Tante war krank geworden! die arme Tante!

In dem grauen, ungewissen Lichte, das durch die
geöffnete Thür auf die gegenüberliegende Wand fiel,
sah sie den alten Kaschner.

Um seine dünnen, gebrechlichen Beine schlotterten
in Falten die gelblichen Flanellhosen. Vorn durch
den schmalen Schlitz des alten, schmutzigen Nacht-
hemdes war die behaarte, eingefallene Brust zu sehn.
An dem grauen, fadenscheinigen Schlafrock mit den
langen Fettstreifen runter und den schmierigen, kirschrothen Aufschlägen fehlten ein paar Knöpfe. In das
dunkelgelbe Unterfutter war ein Dreieck gerissen. Die
Taschen hingen schlaff, ausgeweitet wie Säcke. In der
einen stak noch ein zerknittertes Stück Zeitungspapier.

Die ganze Gestalt war vornübergebeugt, um das Kinn
und die Oberlippe dicke, bläuliche Bartstoppeln.

Hinter den dünnen, welken Lippen konnte sie deutlich seine fünf gelben Zähne sehn.

Seine kleinen, zugekniffenen Ferkelaugen zwinkerten.
Seine langen, schwarzen, fettigen Haare hingen ihm
bis unten auf den dicken, quellenden Hals runter.
Seine dicken, schwammigen Hände stopften grade
noch das halbzerquetschte Zündholzschächtelchen zu
dem Lichtstumpf in die Tasche.

Pfui!

Sie bedauerte plötzlich, dass sie aufgemacht hatte.

Das alte Unthier drängte sich in das Stübchen.
Die kleine Emmi wich unwillkürlich ein paar Schritte
zurück. Die Bänder hinten an ihrem Unterrock hatte
sie hastig zugeknüpft; ihre blosse Brust bedeckte sie
jetzt mit beiden Händen.

„Was ist?!“

Sie konnte nicht weiter sprechen! Der Onkel hatte
das Schloss wieder zuschnappen lassen. Er schob jetzt
auch den Riegel vor.

Entsetzt starrte sie ihn an. Kein Laut kam von
ihren Lippen. Ihre Brust arbeitete.

Der Alte blieb einen Augenblick wie unentschlossen
stehn.

„Aber, Emmichen! Was hast du denn, Emmichen?
Bist du unwohl?“

Seine Stimme klang heiser, schmeichelnd.

Er war ihr entsetzlich widerwärtig!

„Was wollen Sie?!“

Der Alte wich ihr aus und blinzelte seitwärts.

„Was ist mit der Tante?!“

„Liebes Kind! Ich — —"

„W a s wollen Sie ?!!"

Sie schrie!

Der alte Kaschner war zusammengezuckt: Er sah
sich jetzt wieder ängstlich nach der Thür um.

„Schrei doch nicht so, liebes Kind! Was schreist
du denn so? Die Tante ist nicht krank, siehst du! Sie
ist . . ich . . . ich . . ."

Er sah ihr auf einmal mit seinen kleinen, zwin-
kernden Schweinsaugen mitten ins Gesicht.

Die kleine Emmi konnte sich kaum noch auf ihren
Füssen halten. Sie hatte sich jetzt ihre beiden Hände
hastig in die Seite gepresst. Sie fühlte, dass sie Stiche
bekommen hatte.

„Sei doch nur ruhig, liebes Emmichen! Was zitterst
du denn so? Siehst du . . . ich . . . ich wollte dir nur
etwas sagen, siehst du!"

Er war jetzt auf sie zugeschlurft.

Der Schweiss aus ihren Achseln übertäubte jetzt
mit seinem scharfen, durchdringenden Geruch den Duft
des Jasmins.

Der Alte sog ihn gierig ein.

„Siehst du, Emmichen? Du musst . . . nicht . . .
vor mir . . . erschrecken, siehst du! Du musst . . ."

Er stotterte.

„Ich . . . ich . . . wenn, wenn du nur wüsstest, wie . . .
wie ich dich lieb habe! Ich . . . Ich hab' dich ja so
lieb . . . so lieb!!"

Ueber sein dickes, aufgedunsenes Gesicht zuckte es.

An den Taschen seines Schlafrockes zupfte er
krampfhaft. In der Schachtel hörte sie deutlich die
Zündhölzchen rascheln!

Und dann . . . Pfui! Dieser Geruch! Es stieg in
ihr auf . . .

Der alte Kaschner stand jetzt ganz dicht vor ihr.
Sein Athem streifte ihr das Gesicht. Seine alten,
welken Hände streckten sich zitternd nach ihr aus.

„Siehst du? Ich habe dich ja so lieb . . . so lieb . . .
ich . . . ich . . . muss es dir doch sagen, siehst du!
Ich . . .“

Er konnte sich nicht mehr halten.

Er zwängte seine kalten, feuchten Finger um ihre
knackenden Handgelenke. Er packte sie an den
Schultern. Er drängte sie auf das Bett zu.

Durch ihr Hemd durch fühlte sie deutlich seinen
dicken, plumpen Körper!

Sie sträubte sich nicht! Sie konnte nicht einmal
schreien! Sie war unter dem erdrückenden Gewicht
des Alten rücklings über das Bett gefallen.

Ihre Augen starrten gläsern in die Luft. Ein
krampfhaftes Lächeln umzerrte ihren Mund.

Seine dicken, kalten Finger tasteten gierig über
ihren warmen, weichen Leib . . .

Da! . . .

Während seine plumpen Pfoten noch über ihn hin-
tatschten, war das alte Thier plötzlich mit einem jähen
Ruck in sich zusammengezuckt.

Er ächzte!

Seine Augen hatten sich starr geöffnet. Sein Gesicht war noch schlaffer geworden.

Das arme, halbtote Ding war jetzt aus seiner Er-
starrung erwacht.

Sie war aufgesprungen und hatte ihm ins Gesicht
geschlagen!

Das alte Vieh war vom Bett runtergekugelt und
schlug jetzt unten dumpf auf die Dielen auf.

Der Lichtstumpf, der über den Fussboden gerollt
war, klackte gegen das Nachtgeschirr.

Der Latschen von seinem rechten Fuss war gegen

den Bettpfosten geflogen. Seine nackten, gekrümmten Zehen stakerten in's Mondlicht.

Aufrecht, mit zusammengepressten Fäusten stand sie da. Sie lachte! Krampfhaft!

„Schwein!!!"

Sie hatte ihm ins Gesicht gespuckt.

Der Alte krümmte sich!

Eine Weile war alles wieder still.

Sie stand jetzt am Fenster und presste ihre Stirn gegen die kalte Scheibe.

Der Mond draussen war hinter dem Schornstein verschwunden. Nur der Himmel, der sein weites, flimmerndes Blau über den dunklen Hof wölbte. Hoch über den Hinterhäusern zitterte ein Stern. In der Ferne auf einem schrägen Zinkdache lag noch wie eine dicke, weisse Schneedecke das Mondlicht.

Sie war wieder ruhig geworden. Eine unsägliche Traurigkeit hatte sie erfasst.

Ihre Backen klebten voll Thränen . . .

Plötzlich war sie wieder zusammengefahren.

War denn das alte Vieh noch nicht raus?! . . .

Lautlos, auf allen Vieren, wie ein Hund, war er auf sie zugekrochen! Er hatte sich jetzt fest um ihre Kniee geklammert.

Der Schlag, der ihm noch auf dem Gesichte brannte, hatte seine erloschene Begierde aufs Neue entflammt.

Er wollte nur noch ihr warmes, weisses Fleisch fühlen! Nur noch ihr warmes, weisses Fleisch!

„Ach, Emmichen! Liebes, liebes Emmichen! . . ."

Seine Lippen suchten nach ihrem Leibe.

Von Ekel gepackt schüttelte sie ihn ab.

Die alte Bestie kauerte jetzt wie ein Gespenst vor ihr. Seine kleinen Augen waren blutunterlaufen, von seinen schlaffen, zitternden Backen triefte ihm noch der Speichel.

„Nur diese Nacht! Nur diese Eine Nacht, Emmichen! Ich . . . ich . . . ich gehe morgen mit dir in's Theater!!!"

Sie war ausser sich.

―――――

Ein namenloser Zorn war über sie gekommen.

Mit einem Satz war sie an der Thür. Sie hatte sie weit aufgerissen.

„Tante!!! Tante!!!"

An allen Gliedern zerschlagen hatte sich der Alte wieder in die Höhe gerafft. Mit gekrümmtem Buckel, den Schlorren, den er in der Eile aufgerafft hatte, in der Hand, watschelte er jetzt an ihr vorbei. Auf den Corridor! Sein alter, unförmiger Kopf wackelte kraftlos nach rechts und links.

„Ach Gott! Ach Gott! Nur der Tante nichts, liebes Emmichen! Nur der Tante nichts! Hörst du? Nur der Tante nichts! Ich habe dich ja so lieb, siehst Du . . . so lieb . . . so . . ."

Er faselte das vor sich hin. Wie blödsinnig!

„Ja! Ja doch! Fort! Fort! Schnell!"

Der Alte schleppte sich wieder durch den Corridor.

„Nur der Tante nichts! Nur der Tante nichts!"

Er schwatzte leise vor sich hin.

Sie hatte ihm nachgestarrt, bis sein schwarzer, krummer Rücken unter der Treppe verschwunden war. Dann hatte sie aufathmend die Thür geschlossen und war schwerfällig über das Bett gefallen.

Ihr Gesicht glühte. Sie presste es in die zerzausten, zerwühlten Kissen.

Sie weinte bitterlich.

Ein wildes, wehes Zucken lief ihr über den ganzen Körper. — — — — —

Als die kleine Emmi erwachte, zwitscherten draussen auf dem Fensterblech die Spatzen.

Das ganze Stübchen war voll Sonne. Sie hatte sich aufgerichtet und drehte jetzt ihren Kopf dem blitzenden Fenster zu.

Drüben auf dem moosigen Dachfirst des Hinterhauses hoben sich ein paar Tauben gegen den grellblauen Morgenhimmel ab. Ihre glatten Flügel schleiften weiss über die rothen Dachpfannen.

Die Kleine hatte ihr Köpfchen geduckt, die Grössere mit dem spitzen, aufwärts gebogenen Häubchen drehte sich mit gesträubten Halsfedern im Kreise um sie herum. Ihr Gurren drang bis in das Stübchen . . .

Die kleine Emmi war sich mit der Hand über die Augen gefahren. Sie waren von den Sonnenstrahlen wie geblendet!

Dann erhob sie sich.

Ihr Leibchen lag unter der Waschbank; ihr Unterrock war unter das Bett gezerrt; ihre Taille fand sie zusammengeknautscht unter der Lade.

Sie hatte sich jetzt vor das Spiegelchen gestellt.

Ihr Gesicht war bleich, verschwollen, übernächtig. Unter ihren Augen hatten sich dicke Thränenrinnen gefurcht.

Sie kannte sich kaum wieder!

Ihr Kopf schmerzte ihr zum Zerspringen. Ihre

Blicke fielen seitwärts auf den Jasminzweig. Es überlief sie!

Er hing welk über die abgeblätterte Goldleiste. Seine Blüthen waren vertrocknet und gelb. Seine schwarzen, zusammengeschrumpften Blätter raschelten, als sie ihn abnahm.

Sie wirbelte das Fenster auf.

Die frische Morgenluft streifte ihr die fiebernden Schläfen.

Sie warf den Zweig auf den Hof runter.

Er fiel gerade neben der Pumpe in die Müllgrube . . .

Als sie sich dann gewaschen und ihr blau und weissgetüpfeltes Kattunkleidchen übergeworfen hatte und sauber, wie immer, das kleine, vergoldete Kreuzchen an ihrem Halse, die Treppe hinunterstieg, war ihr Entschluss gefasst.

Sie wollte keinen Tag länger mit diesen Menschen zu thun haben.

Ein Abschied.

"Sind Sie aber heute langweilig!"

Die kleine Emmi hatte ihr feines, rundes Köpfchen wieder tief über ihren groben, grauwollenen Strickstrumpf gebückt. Die schlanken, stählernen Nadeln unter ihren Händen klirrten leise, das Mondlicht auf ihnen glitzerte.

Ihre kleine, rothe Unterlippe hatte sie dabei leicht aufgeworfen. Sie schmollte!

Heinz hatte nicht einmal geantwortet. Er stand noch immer am andern Fenster und sah auf die Gasse hinab.

Die Blumentöpfe hatte er leicht zur Seite gebogen.

Ihre schwarzen, grotesken Schatten zeichneten sich hinter ihm auf die weissgescheuerten Dielen. Daneben, rechts und links, woben die beiden Gardinen ihre durchbrochenen Guirlanden.

Wie schön das kleine Nest war! Wie schön!

Er hatte jetzt seine Stirn fest gegen die Scheiben gepresst.

In der Ferne, auf einem kleinen, achteckigen Erkerchen unterschied er deutlich einen grossen, kohlschwarzen Wetterhahn. Er schien eben erst gekräht zu haben. Als Auge hatte man ihm in seinen runden,

eisernen Kopf ein kleines Loch eingestanzt, seine selt-
sam verschnörkelten Schwanzfedern zackten sich haar-
scharf ins Mondlicht.

Dahinter an einer Dachrinne kletterte grade eine
Katze in die Höhe. Jetzt, hinter einem Schornstein,
war sie verschwunden. Unter ihm, aus einem blechernen
Drachenkopf, wehend, als Zunge, ein welkes Gras-
büschel . . .

Heinz hatte jetzt den Myrthenstock unwillkürlich
wieder zurückschnellen lassen.

Eine kleine, schwarze Fledermaus hatte eben mit
ihrem Flügel die Scheibe gestreift.

Noch nie war ihm das alte, verschrumpelte Nest
so wunderlich vorgekommen.

Unten vor den Thüren sass noch alles dick voll.
Weiber, die ihre liebe Nachbarschaft durchhechelten,
Philister, die ihre langen Pfeifen rauchten, Kinder, die
schon auf dem Schoosse ihrer Mutter eingeschlafen
waren.

Der kleine, runde Bäckermeister Klüsener hatte es
sich auf einem Gartenstuhl bequem gemacht. Sein
breites, rothes Apfelgesicht war schräg über die Gasse
weg deutlich zu erkennen. Seine Jacke war weiss,
schneeweiss. Ebenso seine Schürze.

Vor ihm stand der dicke Ramschüssel und schwatzte
sich eins mit ihm. Seine versilberte Helmspitze
funkelte, so oft er sich drehte.

„Aber so spielen Sie mir doch wenigstens ein
Bischen was auf dem Clavier vor!"

Unwillkürlich war Heinz etwas zusammengezuckt.

Verwundert sah sie zu ihm hinüber.

Was ihm heute nur war? Sie wurde gar nicht klug
aus ihm!

Er hatte sich jetzt auf das kleine, runde mit
schwarzem Glanzleder bezogene Drehsesselchen gesetzt.
In der schwarzen Politur des Instrumentes spiegelte
sich das Mondlicht. Von den phantastischen Arabesken
der beiden drehbaren Messingleuchter tropfte es wie
Gold. Dazwischen in dem kleinen, kreisrunden Cirkel
lag es wie plattiertes Silber. Aus seiner Mitte,
schwarz wie ein Negerschädel, buckelte sich das eckige
Medaillon Beethovens. Unwillkürlich hatte sich die
kleine Emmi hinten tief in den grossen, rohrgeflochtenen
Lehnstuhl der Tante fallen lassen. Ihre runden,
weissen Hände lagen lässig auf ihrem Schoosse. Mit
grossen, Augen, wie träumend, sah sie zu ihm hinüber.

Heinz hatte sich jetzt gebückt. Der Deckel war
zurückgeklappt. Die leichte Erschütterung, die durch
die mettallenen Saiten lief, durchbebte das ganze
Stübchen.

Einen Augenblick war alles still. Der Regulator
tackte. Die Zittergräser oben in den beiden Vasen
nickten.

Dann glitten seine Finger über die Tasten. Die
Melodie klang leise, gedämpft.

Am Brunnen vor dem Thore! Die kleine Emmi
sass da, reglos. Wie bleich er heut war!

Er sah beim Spielen zum Fenster hinaus, das
Mondlicht fiel grade voll auf sein Gesicht.

Die kleine Emmi hatte sich unwillkürlich wieder
vornüber gebückt.

Seine Hände waren jetzt von den Tasten geglitten.

Der letzte Ton war verklungen.

Wieder tackte der Regulator und die Zittergräser
nickten.

„Am Brunnen vor dem Thore! Das ist ja aber so traurig! Sie sind heute wirklich garstig!"

Die kleine Emmi hatte das mit ganz leiser Stimme gesagt.

„Spielen Sie mal ..."

Sie hatte die Stricknadel nachdenklich an den kleinen, rothen Mund gelegt.

„Warten Sie! ... Spielen Sie mal ... etwas recht Lustiges! ... Na! Zum Beispiel ... Wo ein klein's Hüttle steht oder so etwas!"

Heinz spielte. Er hatte wieder nicht drauf geantwortet.

Das Mondlicht füllte jetzt das ganze Zimmer ...

Plötzlich war die kleine Emmi zusammengeschreckt. Ein schriller, abgerissener Ton war durch das Zimmer gegellt, der kleine, lederne Drehsessel rücklings auf die Dielen geschlagen. Heinz war aufgesprungen.

„Verfluchte Musik!"

Er stand jetzt wieder, die Hände in den Taschen, am Fenster.

Die kleine Emmi zitterte an ihrem ganzen Leibe.

Der arme, arme Junge!

Sie fühlte, wie sie blass geworden war.

Sie legte jetzt ihre Hand leicht auf seine Schulter.

„Sagen Sie es mir!"

Sie konnte nicht weiter.

„Da!"

Heinz hatte sich den verdammten Brief eilig aus der Tasche gerissen.

„Da!"

Er hielt ihn ihr abgewandt hin.

Dann drückte er seinen Schädel wieder gegen das Fensterkreuz und sah hinaus unten auf die stille, mondhelle Gasse ...

6

Die kleine Emmi war mit dem Brief einen Augenblick rathlos stehn geblieben. Dann trat sie wieder an ihr Fenster und hielt ihn ganz dicht gegen die Scheiben. Das Mondlicht fiel jetzt voll auf die festen, schwarzen Zeilen.

„Lieber Junge!“ ...

Das Papier in ihrer Hand zitterte leicht.

. . . „Lieber Junge! Packe auch, wenn Du diesmal in die grossen Ferien kommst, Deine ganzen Sachen mit ein.“

Sie fühlte, wie ihr das Herz pochte!

„Ich glaube Dir nur einen Gefallen zu thun, wenn ... wenn ich Dich aus dem Neste ... fortnehme.“ ...

Der Arm war ihr schlaff auf das Fensterbrett herabgesunken. Sie musste sich stützen. Sie presste den Brief gegen die Brust.

„Ich glaube Dir nur einen Gefallen zu thun, wenn ich Dich aus dem Neste fortnehme!“

Sie sah jetzt zu Heinz hinüber. Er lehnte noch immer an dem Fensterkreuz. Es war ihr, als ob seine Schultern leise zuckten.

„Ich habe vor, Dich auf einige Semester nach ... nach Berlin zu schicken“ ...

Nach Berlin!

Mechanisch las sie weiter.

„Du hast dort für Deine Fachwissenschaften die besten Autoritäten. Ausserdem schadet es nichts, wenn Du die Nase ein bischen in die grosse Welt steckst.“ ...

Ja ja! In die grosse Welt! Die grosse Welt!

Draussen kam es jetzt langsam die steile Gasse heraufgerumpelt über das alte, holprige Pflaster.

„Muss i denn, muss i denn zum Städtle hinaus.“

Der Postillion blies auf seinem Horn in den stillen Abend hinein. Weit, weit über den spitzen Erkern und Dächern glitzerten ein paar weisse Sternchen.

„Der Zweck Deines Aufenthaltes in dem Neste, Dir
ein paar fidele Semester zu machen, ist meiner Ansicht
nach hinlänglich erreicht.". . .

„Ich kann mir nicht denken, was Du, abgesehen
von Deinen Studien sonst noch für einen grossen Vor-
theil von einem weiteren dortigen Aufenthalte haben
könntest für Deine weitere Ausbildung. Die Mutter
und die Geschwister senden Dir ihre Grüsse.

Dein Vater."

Das Blatt war jetzt ihren Händen entglitten und
raschelte auf die Dielen. Es lag wie ein greller,
weisser Fleck dort mitten in dem Abbild des Fensters,
das der Mond auf den Fussboden gemalt hatte.

In dem Zimmer war es todtenstill. Nur der dunkelbraune Regulator tackte; immerfort, immerfort! Die
runde, blanke Messingscheibe des Pendels bewegte sich
gleichmässig hin und her. Die Lackstöcke vom Fensterbrett dufteten betäubend. Der Rahmen und das Glas des
breiten, runden Sophaspiegels und die grünen Kacheln
des grossen Ofens schimmerten ungewiss durch die Däm-
merung. Auf den geschweiften Lehnen und dem gelben
Rohrgeflecht der Stühle lagen leise Reflexe des Mond-
lichts.

Die kleine Emmi war wieder in den grossen Lehnstuhl zurückgesunken. Sie starrte auf das vergoldete,
geflochtene Nähkörbchen neben ihr auf dem Fensterbrett zwischen den Blumenstöcken.

Ihre Hände lagen kraftlos auf ihrem Schoosse.

Plötzlich war sie wieder zu sich gekommen. Heinz
hatte sich vor ihr niedergeworfen. Sein schwarzer
Krauskopf lag auf ihren Knieen . . .

„Emmi!"

Sie konnte nicht antworten. Ihre Augen hatte sie
fest zugemacht.

Nach einer Weile, wieder, leise, schüchtern:

6*

„Emmi!"

Sie zitterte über den ganzen Körper.

Heinz hatte jetzt den Kopf schnell in die Höhe gerichtet. Es war ihm warm auf die Hand getropft ...

„Liebe, liebe Emmi!"

Er hatte sie jetzt umfasst und küsste sie voll auf
den runden, kleinen Mund.

„Nicht! ... Nicht!"

Sie war über und über roth geworden. Er hörte
nicht auf sie.

Er hatte sie jetzt ganz fest an sich gedrückt und
küsste sie. Auf die Backen, auf den Mund, auf die
Stirn. Immer wieder! ...

Plötzlich hatte die kleine Emmi erschreckt nach
dem Fenster gesehn. Es hatte etwas leise gegen
die Scheibe geklopft.

Ein Nachtschmetterling! ...

Es überlief sie. Sie drängte Heinz sanft zurück.

Unten klappten jetzt auf der Gasse ein paar Haus-
thüren. Jemand rief deutlich über die Strasse weg:
„Gute Nacht!" Jetzt kam es um die Ecke herumgesungen:
„Frei ist der Bursch!"

Sie hatten Beide gehorcht.

„Emmi! Ich bleibe hier! Ich bleibe hier!"

Er hatte ihre beiden Hände genommen und
drückte sie.

„Wenn es aber dein Vater will?"

„Ach, es ist ja so schön hier! So schön!"

Noch immer klang der Gesang. Von fern. Ganz
von fern ...

Sie hatte nicht geantwortet. Heinz hielt noch
immer ihre Hände umschlossen. Sie sah jetzt seitwärts
auf die Dielen. Ihre Blicke waren grade auf den Brief
gefallen. Noch immer lag er regungslos wie ein greller,
weisser Fleck auf dem Abbild des Fensters da, auf dem

Fussboden. Deutlich hob sich von dem weissen Papier der feste, schwarze Namenszug ab: Dein Vater!

„Siehst du? Es hilft nichts! Es hilft nichts!"
Heinz sah sie ganz erschreckt an.

„Ich werde dich nicht vergessen! Nie!"

„Vergessen! Vergessen! Wie du nur sprichst! Wie dumm wir überhaupt sind! Wie dumm! Wir thun ja, als ob wir für immer Abschied nehmen sollten! Für immer!"

Er war jetzt unwillkürlich ihrem Blicke gefolgt. Jetzt hatte auch er den Brief gesehn.

„Ach! Dieser verdammte Brief!"
Er war jetzt ganz in die Höhe gesprungen.
Er hatte das Papier aufgerafft.
„So! Da! So! So!"
Er hatte es in tausend Fetzen zerrissen. Die kleinen, weissen Flöckchen wirbelten nach allen Seiten auseinander in dem dunklen Zimmer umher. Die kleine Emmi hatte ihm ganz erschrocken zugesehn.

Er stand jetzt aufrecht vor ihr.
„Nicht für immer!"
Wieder hatte er sie jetzt umfasst.

„Nicht für immer, liebe Emmi! Wir werden uns jede Woche schreiben! Ein paar Mal! Nicht?"
Sie nickte nur.
„Emmi! ... Sag doch!"
„Ja! Ja!"
„Und die letzten Semester komm' ich wieder hierher! Und dann ... und dann ... Du weisst! ... Emmi! Nicht? Nicht wahr?"
„Still! Still!"
Sie hatte sich jetzt zu ihm gebeugt. Sie drückte ihm einen Kuss auf die Stirn.

Wieder sah sie ihn mit ihren grossen Augen an.
So sonderbar!

Draussen wehte jetzt der Abendwind durch die
stille, kleine, mondhelle Gasse. Das Blechschild unten
knarrte. Manchmal purrte es wieder gegen die Scheibe.
Leise. Leise. Ganz leise ...

PAPA HAMLET.

orwort.

Den besten Aufschluss über die Entstehungsgeschichte des „Papa Hamlet" gab seiner Zeit das Vorwort zur ersten Auflage der „Familie Selicke". Da
dieses aber inzwischen, gelegentlich der dritten Auflage,
durch ein neues ersetzt wurde, so ist es vielleicht
nicht unerwünscht, wenn wir es jetzt, gelegentlich der
dieser Sammelausgabe unserer Schriften, wieder zum
Abdruck bringen.

Es lautete:

Im Januar 1889, also jetzt gerade vor einem
Jahre, brachte der Verlag von Carl Reissner in
Leipzig eine „Papa Hamlet" betitelte Novität auf
den Büchermarkt, als deren Verfasser ein bis dahin
noch gänzlich unbekannt gewesener Norweger Bjarne
P. Holmsen angegeben war, während sein Uebersetzer sich Dr. Bruno Franzius nannte. Dieses Buch
war eine Mystifikation, und die Unterzeichneten waren
ihre Urheber.

Was sie dazu veranlasst hatte? Die alte, bereits
so oft gehörte Klage, dass heute nur die Ausländer bei
uns Anerkennung fänden, und dass man namentlich, um
ungestraft gewisse Wagnisse zu unternehmen, zum
Mindesten schon ein Franzose, ein Russe oder ein Norweger sein müsse. Als Deutscher wäre man schon

von vorne herein zur alten Schablone verdammt, nur
jene dürften scrupellos die alten Vorurtheile über Bord
werfen, nur jene sogenannten „neuen Zielen" zustreben!
Mit anderen Worten: Quod licet Jovi, non licet
bovi!

Wir waren der Meinung, dass diese Klage nur auf
einer falschen Deutung der Thatsachen beruhe. Wir
glaubten, dass die bekannte, ablehnende Haltung, die
unsere landläufige Kritik uns Jüngeren gegenüber nun
einmal einnimmt, mit unserem Deutschthum absolut
nichts zu schaffen habe; dass dieses ihr vielmehr völlig
gleichgültig sei, dass es ihr einzig auf unsere „Richtung"
als solche ankäme! Wir waren überzeugt, dass man
uns mit den üblichen Komplimenten überhäufen würde,
auch wenn wir beispielsweise als Norweger zeichneten!
Es unterlag uns gar keinem Zweifel, dass der Kampf
heute nicht mehr zwischen Inlandsthum und Auslands-
thum tobe, sondern nur noch — man verzeihe uns hier
diese dehnbaren Worte — zwischen Idealismus und
Realismus, zwischen Convention und Naturwollen! Und
in der That hat denn auch unser Experiment unsere
Hypothese bestätigt . . .

Die Mystifikation als solche glückte glänzend. So durchaus durchsichtig sie auch gehalten war, und so leicht
es jetzt natürlich auch Manchem geworden sein mag,
nachträglich zu behaupten, er hätte sie gleich durch-
schaut: man glaubte an die Existenz Bjarne P. Holmsens
sieben volle Monate lang und kam erst hinter seine
Nichtexistenz, nachdem bereits die Verfasser selber
kein Hehl mehr aus ihr machten.

Eine der ersten „Enthüllungen" brachte die erste
Novembernummer des „Magazins für die Litteratur des In- und Auslands" in einem „Kaberlin" unterzeichneten Artikel. Der Anfang desselben
lautete:

„Der Verfasser des Dramas „Vor Sonnenaufgang",
Gerhart Hauptmann, hat auf der ersten Seite
seines Buches einen gewissen Bjarne P. Holmsen
freudig anerkannt. Es war dessen Novellencyklus
„Papa Hamlet", erschienen bei C. Reissner in Leipzig,
der, wie es in der Widmung heisst, die entscheidende
Anregung gegeben hatte. Wieder einmal, so dachte
ich — das Buch in die Hand nehmend, ist die Be-
fruchtung aus dem Ausland gekommen; es scheint
also, dass der deutsche Realismus zur Selbständigkeit
immer noch nicht reif — vielmehr noch gezwungen
ist, die französische Knechtschaft mit der des Nordens
zu wechseln.

Als ich jedoch die erste der drei Novellen durch-
gelesen hatte, erschien mir bereits die Echtheit der
norwegischen Ortsfärbung sehr zweifelhaft. Denn nur
zu bald bricht jenes urwüchsige, warme Element
eines Humors durch die Schilderung, der nur den
Germanen der Mittelzonen zu eigen ist. Und eine
Nachforschung bestätigte meinen Verdacht: es stellte
sich heraus, dass sich hinter dem Namen Holmsen
ein jungdeutscher Dichter versteckt hält, der als
Pfadfinder in dem bisher noch ziemlich dunkeln Ge-
biet des deutschen Realismus schon bekannt ist:
Arno Holz, der Dichter des „Buchs der
Zeit".

Zu diesem Absatze veröffentlichte dann die über-
nächste Nummer desselben Blattes folgenden Brief.
Wir bringen ihn hiermit abermals zum Abdruck, um
auch in Zukunft etwaigen ähnlichen Deutungen unseres
Zusammenarbeitens ein für alle Mal aus dem Wege
zu gehen.

Sehr geehrter Herr!

Gestatten Sie mir zu dem in No. 45 Ihres Blattes
erschienenen Aufsatze: „Neurealistische Novellen.

Besprochen von Kaberlin." freundlichst folgende Berichtigung:

Nachdem mich der Herr Verfasser des betreffenden Artikels — nebenbei bemerkt des weitaus eingehendsten und gediegensten, der, wenigstens in der deutschen Presse, bisher über „Papa Hamlet" erschienen ist — als Autor dieses Buches namhaft gemacht, setzt er in Form einer kleinen Fussnote hinzu:

„Johannes Schlaf soll ebenfalls, aber nur im zweiten Grad, an der Arbeit betheiligt sein."

Nun! Er soll es nicht nur, sondern er ist es auch! Und soweit wenigstens unsere, d. h. seine und meine Kenntniss der Sachlage reicht, ist es überdies durchaus ungerechtfertigt, einem von uns beiden, und zwar ganz gleichgültig welchem, eine Betheiligung „ersten" oder „zweiten" Grades zuzumessen. Im Gegentheil! Nicht allein, dass wir unsere Arbeit zu gleichen Hälften geleistet zu haben glauben, wir haben sie thatsächlich so geleistet!

Eine langjährige Freundschaft, verstärkt durch ein fast ebenso langes, nahestes Zusammenleben, und gewiss auch nicht in letzter Linie beeinflusst durch gewisse ähnliche Naturanlagen, hat unsere Individualitäten, wenigstens in rein künstlerischen Beziehungen, nach und nach geradezu kongruent werden lassen! Wir kennen nach dieser Richtung hin kaum eine Frage, und sei sie auch scheinbar noch so minimaler Natur, in der wir auseinandergingen. Unsere Methoden im Erfassen und Wiedergeben des Erfassten sind mit der Zeit die vollständig gleichen geworden. Es giebt Stellen, ja ganze Seiten im „Papa Hamlet", von denen wir uns absolut keine Rechenschaft mehr abzulegen vermöchten, ob die ursprüngliche Idee zu ihnen dem einen, die nachträgliche Form aber dem

anderen angehört, oder umgekehrt. Oft flossen uns·
dieselben Worte desselben Satzes gleichzeitig in die
Feder, oft vollendete der eine den eben angefangenen
Satz des anderen. Wir könnten so vielleicht sagen,
wir hätten uns das Buch gegenseitig „erzählt"; wir
haben es uns einander ausgemalt, immer deutlicher,
bis es endlich auf dem Papier stand. Uns nun nachträglich sagen zu wollen, das gehört dir und das dem
anderen, liegt uns ebenso fern, als es in den weitaus
meisten Fällen auch thatsächlich kaum mehr zu er-
mitteln wäre. Wir haben nicht das mindeste Interesse
daran! Unsere Freude war, dass es dastand, und die
Arbeit selbst gilt uns auch heute noch mehr als die
Arbeiter. Ein weiteres, grösseres Opus haben wir bereits wieder unter der Feder und es wird sich ja
zeigen, ob es die von uns angenommene „Einheit
unserer beiden Naturen" bestätigen wird oder nicht.
Mit der Versicherung meiner ausgezeichnetsten
Hochachtung

Ihr
ergebenster

Berlin, 1. November 1889.   Arno Holz.

Das angedeutete Werk ist dieses Drama. —
Zum Schlusse noch Eins! Wir haben uns nicht·
versagen können, aus den uns vorliegenden Kritiken
über unser Buch, das übrigens — der Kuriosität
wegen sei es erwähnt! — zur Zeit von Herrn
Harald Hansen in Christiania ins Norwegische
übersetzt wird, eine kleine Blüthenlese zusammenzu-
stellen. Möge ihre seltene Farbenpracht die Leser·
ähnlich erfreuen, wie sie uns erfreut hat! . . .

Glaubt der Verfasser ein Realist zu sein, ... dann
täuscht er sich.　　　　　C. Alberti in der „Gesellschaft".

Als Norweger ist Bjarne P. Holmsen natürlich Realist und ein
radikalerer als alle seine Landsleute.
　　　　　　　　　　　　　　　　„Hamburger Nachr."

Papa Hamlet ... une suite des scènes détachées d'un
réalisme violent.　　　　　　————　　　　„Le Temps".

Ein Trost für das patriotische Gefühl — wenn auch ein sehr klein-
licher — ist es beinahe, dass nach diesen jämmerlichen deutschen „Werken"
der vorliegende Ausländer gleichfalls nichts Rühmliches bietet.
　　　　　　　　　　　　　　　　„Bl. f. litt. Unterh."

Ein norwegischer Dichter, welcher sich bald, und mit Recht,
auch bei uns in Gunst setzen wird!
　　　　　　　　　　　　　　　　„Leipz. Tagebl."

... Ein Machwerk traurigster Sorte!
　　　　　　　　　　C. Alberti in der „Gesellschaft".

... Ein Beleg mehr für die litterarische Kraft des
Nordens!　　　　　　————　　　　„Kieler Zeitung".

Es sind drei Sittenbilder aus dem norwegischen Leben, in welchen
die Rohheit des Inhalts mit der Rohheit der Darstellung
einen tadellosen Zusammenklang bildet.
　　　　　　　　　　　　　　　　„Die Post".

Som hos den nye Kunsts Begyndere er adskilligt uklart, og mangen
en Farveklat forbliver paa hvilken som helst Afstand en Klat, men de tre
Studier efterlader dog alle det tilsigte de Indtryk. (Obgleich,
wie bei allen Anfängern der neuen Kunst, hin und wieder etwas
unklar ist, mancher Farbenklex auch auf jede Distance ein Klex bleibt,
so hinterlassen doch die Studien alle den beabsichtigten
Eindruck.)
　　　　　　Harald Hansen im „Morgenbladet" (Kopenhagen).

„Papa Hamlet" (die erste) ist ein Bild trüber gesellschaftlicher
Verhältnisse, ein trübes Motiv in jenem düstren Kolorit, über welches die
Norweger, die Leute aus dem Lande der Mitternachtssonne, so einzig ver-
fügen. Die Hauptfigur dieses Bildes ist Niels Thienwiebel, der herabge-
kommene Schauspieler, der in seinen kleinlichen, häuslichen Verhältnissen
den Hamlet spielt, anfangs aus Eitelkeit und dann, um seinen Untugenden
und Fehlern einen Mantel umzuhängen. Wenn es ihm gelegen kommt,
greift er sogar zur Methode des Wahnsinns und lässt so lange „Nordnordwest wehen", bis er auf kurze Zeit wieder aus der Klemme oder anderen
unbehaglichen Zuständen befreit ist. Das Mitzehren bei einem Freunde,

dem es ebenfalls nicht besonders geht, versteht er wie keiner. Das Bild ist überraschend einfach gehalten, aber man merkt recht, dass in dieser Einfachheit eine Kunst liegt.

„Kieler Zeitung‘.

(Die zweite) wird . . . nicht nur diejenigen, die die stofflichen Missgriffe der Jüngstdeutschen noch nicht überwinden können, mit der neueren Richtung im Grunde versöhnen, sondern überhaupt mit einigen Jahren alle Herzen erobern und ohne Zweifel eine Perle der humoristischen Litteratur werden. Denn, von der Reuter'schen Muse abgesehen, wüsste ich nichts, was nur im Entferntesten mit dem „Ersten Schultag“ verglichen werden könnte . . .“

„Magazin“.

Den tredje Studie „Et Drodsfald“ giver to Brodres Nattevaagen over en tredje Broder, som er bleven saaret i Duel og dor ud paa Formiddagen. Jeg folte under Læsningen baade den lange, kolde Nat, den gryende Morgen, hvor Livet i Byen lidt efterlidt vaagner, og den fulde Dag, da alle styrter ud og ind for at bringe den doende Hjälp. Det varudmärket, skjont jeg läste i mit Ansigts Sved! (Die dritte Studie: „Ein Tod“ schildert uns die Nachtwache zweier Kameraden bei einem dritten, der im Duell gefallen ist und am Morgen stirbt. Ich fühlte während des Lesens die lange, kalte Nacht, den grauenden Morgen, wo das Leben in der Stadt allmählich erwacht, und den vollen Tag, wo alles ein- und ausstürzt, um dem Sterbenden Hülfe zu bringen. Das war ausgezeichnet, obgleich ich es las im Schweisse meines Angesichts!

Harald Hansen im „Morgenbladet“ (Kopenhagen).

Da geht uns denn doch schliesslich die Galle über, sowohl an dem Ekel, den diese Verirrung erregen möchte, als an dem Aerger, den der Missbrauch guter Mittel hervorruft!

„Frankf. Ztg.“

Es sind keine fröhlichen Bilder, die Bjarne P. Holmsen zeigt. Sie erfreuen nicht, sie ergreifen. Wir dürfen über die Wahl seines Sujets nicht mit ihm rechten, denn er allein kann wissen, was ein Gott ihm zu sagen gegeben. Wir müssen zufrieden sein, dass in unseren Tagen ein Talent erstanden ist, welches kleine Züge so sorgsam zu beachten und festzuhalten versteht, wie einst Jean Paul, und welches zugleich eine Phantasie besitzt, wie Theodor Amadeus Hoffmann sie besessen.

„Berl. Börsencorir“.

. . . Novellen, welches ein junger Mann von fünfundzwanzig Jahren zusammengeschrieben hat, nachdem er eingesehen, dass die ihm von seinen Eltern vorgeschriebene Thätigkeit in einem Bankgeschäft seinem litterarischen Ehrgeize nicht genügte.

„Die Post".

Der Herr Verleger hat geglaubt, den Eindruck dieser Novellen, in denen entsetzlich viel geflucht und geschimpft wird, durch höchste Eleganz der Ausstattung einigermaassen abzuschwächen. Schade um das schöne Papier und den tadellosen Druck.

„Die Post".

„Papa Hamlet". Sous ce titre a paru récemment en Norvège une nouvelle qui fait assez grand bruit. Elle a été traduite en allemand, elle va l'être en anglais, peut-être le sera-t-elle en français.

„Le Temps".

Der Einband zeigt in der äussersten Ecke das Bild des Verfassers. Nicht umsonst hat sich der hübsche, junge Mann mit solcher Bescheidenheit in den Winkel gestellt — er wird wohl darin stehen bleiben.

„Blätter für litterar. Unterh."

Zulk een schrijver moet gelezen worden; jammer, dat hij aan eene oogziekte lijdende is, zoodat hij slechts met groote moeite zijn sociaalroman „Fremud" persklaar kan maken. Holmsen is wel een Noor van geboorte, maar zijn scherpe blik, zijn heldere geest, zijn onverbeterlijke humor maken hem internationaal.

„De Leeswijzer".

Wo der Uebersetzer den „grandiosen Humor" findet, bleibt unergründlich.

„Allgem. Kunstchronik".

Franzius lässt uns die Bekanntschaft mit einem jungen norwegischen Humoristen machen, der in der That eine nicht gewöhnliche Begabung besitzt und dessen Humor Franzius grandios zu nennen ein Recht hat.

„Vossische Zeitung".

Der Uebersetzer ist so naiv, in seiner Einleitung einzugestehen, dass die Schöpfungen des von ihm entdeckten schriftstellerischen Genies „in ihrer norwegischen Heimath noch lange nicht nach Gebühr gewürdigt" sind, was uns mit Hochachtung vor dem litterarischen

Geschmack der Norweger erfüllt und uns von Neuem in der Meinung bestärkt, dass auch Ibsen zu den Propheten gehört, die in ihrem Vaterlande nichts gelten. „Die Post."

Deze nieuwe Noordsche schrijver is onlangs (19. Dec.) eerst 28 jaar geworden, een leeftijd, waarop nog niet ieder auteur buiten de grenzen van zijn vaderland bekend is geworden. Toch is den jongen auteur reeds die eerte beurt gevallen! „De Leeswijzer."

Der Uebersetzer hat sich sichtlich grosse Mühe gegeben, das norwegische Original deutschen Lesern mundgerecht zu machen; aber er hat, nach unserer Meinung, seine Arbeit keinem würdigen Objekt zugewandt. „Berner Bund."

Bogen fortjener de Lovord, den dog har faaet af enkelte. Jeg kjender saa overmaade lidt tysk Literatur, at jeg slet ikke kan tale med om den, men det skulde alligevel ikke undre mig, om dette var nyt i Tyskland! (Das Buch verdient die erhaltenen Lobreden. Ich kenne die deutsche Litteratur nur sehr oberflächlich und kann also nicht recht mitreden, aber es sollte mich doch wundern, wenn dies in Deutschland nicht neu wäre!) Harald Hansen im „Morgenbladet" (Kopenhagen.)

Erheben sich die übrigen Erzählungen nicht über den Durchschnitt, die erste ist vortrefflich und rechtfertigt die Arbeit des Uebersetzers durchaus. „Voss. Ztg."

Von den drei Stücken des vorliegenden Buches ist das erste, „Papa Hamlet", fast lediglich eine Studie des Hässlichen und Unvernünftigen; dagegen hat die kleine Skizze „Der erste Schultag" und noch mehr das düstere Augenblicksbild „Ein Tod" eine eigene poetische Bedeutung. Namentlich in dem Letzteren redet die Wirklichkeit unmittelbar zu dem Leser. „Hamburger Nachrichten."

Die in dem Buche noch enthaltenen Erzählungen „Der erste Schultag" und „Ein Tod" geben der erstgenannten an Unwahrheit nichts nach. „Allgem. Kunstchronik."

Logische und psychologische Entwickelung ist bei diesem Holmsen ein überwundener Standpunkt. „Frankfurter Ztg."

Wie Papa Hamlets Stolz, der geschminkt und geliehen ist, wie sein Selbstbewusstsein, welches sich mit den goldenen Fetzen seiner Lieblings-

rolle ausstaffirt, sich einer immer öderen Wirklichkeit anbequemt, wie in
dem wirthschaftlichen Bankbruch allmählich nackter und nackter die ganz
gewöhnliche, ganz gemeine Bestie hervortritt, das ist mit einer
Meisterschaft skizzirt, welche an keiner Stelle verlegen ist, den charakteristischen Zug und für diesen das
charakteristische Wort zu finden.

„Berl. Börsencourir.“

. . . Im Uebrigen hat der Verfasser nur für den Schmutz einen
klaren Blick.   „Allg. Kunstchr.“

. . . und als sicherste Bürgen dichterischen Berufes einen
freien Humor und in glücklichen Momenten jene Prägnanz und
Keuschheit der Gestaltung und Darstellung, die mit
wenigen Strichen oft ein ganzes, grosses Gemälde an-
deutet . . .   „Hamb. Nachr.“

Der Uebersetzer giebt sich in seiner Einleitung Mühe, seinen Autor
dem Leser nahe zu bringen, er sucht die allgemeine Theilnahme für den
„originellen“ Norweger zu erwecken.
„Allgem. Kunstchr.“

Het behoeft ons geenszins te verwonderen, dat Dr. Franzius zich ge-
noopt gevoelde dit werk te vertolken, want reeds bij de eerste
regels vaet het op, dat Holmsen een origineel is.
„De Leeswijzer.“

Der junge Autor, der uns hier vorgestellt wird, . . . stellt in der
krassesten Weise die Auswüchse einer Schule dar, der man schon an sich
nicht ohne starke Vorbehalte und Bedenken entgegentreten kann. Er gehört . . . zu jenen . . . Ibseniden und Björnsterneiden, die
in der Ueberbietung der Manieren der Meister die beste
Art der Nachahmung zu suchen scheinen
„Frankfurter Zeitung.“

Forfatternes „Oversätter“ hävder i Forordet, at dette ikke er
Efterligneres Värk, og det foles a sadan. (Die „Dichter-Ueber-
setzer“ erwähnen im Vorwort, dass ihr Buch kein Werk der Nachahmung sei, und das fühlt man auch durch.)
    Harald Hansen im „Morgenbladet“ (Kopenhagen).

Il a passé deux ans en France . . . et ce séjour paraît avoir
exercé une certaine influence sur sa vocation litté-
raire. Ses procédés relèvent d'ailleurs plutôt de
l'école russe contemporaine.
„Le Temps.“

. . . Anhänger des Naturalismus, Schüler Zolas!
„Allgem. Kunstchr.“

Dem Verfasser schwebt vielleicht dasselbe Kunstziel vor, welches Hogarth mit seinen grotesken Zeichnungen sich setzte. Aber es liegt in der Verschiedenheit der Kunstmittel, — bei Hogarth das Nebeneinander der Figuren, bei Holmsen das Nacheinander der Worte, dass der Schriftsteller die Deutlichkeit des Malers nur selten zu erreichen vermag. „Berner Bund.“

... Was den impressionistisch-pessimistischen Effekt anbetrifft, so darf man dem Autor zu seinem Können gratuliren.
G. M. Conrad in der „Gesellschaft“

... ungenügende Art der Darstellung!
„Berner Bund.“

... erstaunliche Lebendigkeit der Darstellung!
„Voss. Ztg.“

... rücksichtslose aber wahre Darstellung!
„Kieler Ztg.“

Ausdrucksvoll herausgebildete Darstellung!
„Hamb. Nachr.“

Das lesen wir nicht, wir sehen es vor Augen, während das Herz zusammenkrampft, die Faust sich ballt! „Berl. Börsencourir.“

Holmsen malt mit einem dicken Borstenpinsel.
„Züricher Post.“

... Das sind die Geschehnisse, welche uns der Dichter erzählt. Die unvergleichliche Kleinmalerei, mit welcher er es erzählt, mögen nun jeder selbst geniessen.
„Leipziger Tagebl.“

Holmsen besitzt Begabung, aber noch eine weit grössere müsste zu Grunde gehen, wenn sie alle Kraft verschwendete, Schatten auf Schatten zu legen. Mit Schwarz allein lässt sich weder malen noch dichten. Nur der Wechsel von Licht, Halblicht und Dunkel giebt den Schein der Körperlichkeit, in Kunst und Leben.
Otto v. Leixner in der „Deutschen Romanztg.“

Ein äusserst wirksames und feines Colorit ist dieser Darstellung eigen. „Kieler Ztg“

Unter solchen Händen muss auch der beste Stoff zu Schanden werden, die Kunst wird geradezu entweiht und dies gar noch, ohne dass sich dafür ein ethischer oder sozialer Vorwand entdecken liesse! „Frankf. Ztg.“

7*

Die Dichter sind die einzigen Rächer der ge-
mordeten Schwachheit. Auch Holmsen ist ein
Rächer. Jede Mutter, die ihr Kind lieb hat, lese:
„Der erste Schultag“.   „Züricher Post.“

Eine pessimistische Grundansicht von allem
Menschlichen zum Verrücktwerden!
G. M. Conrad in der „Gesellschaft.“

Man ist verletzt durch die scheusslichen Bilder,
die der Verfasser vor unsere Phantasie gebracht hat. Er behandelt die
denkbar widerwärtigsten Themata mit Vorliebe.
„Berner Bund.“

Was man vor hundert Jahren an Empfindsamkeit gesündigt hat, das
wird hier zehnfach durch Brutalität wett gemacht, uns wird
auch nicht das Aeusserste von Schmutz erspart
„Frankf. Ztg.“

Quellfrischer Humor!   „Magazin.“

Scharfes Auge, milder, versöhnlicher Sinn!
„Voss. Ztg.“

Det „realistiske“ i hele Bogen er saa uskyldigt,
at man kertil Lands næppe vilde have gjort Ophæ-
velser over det. Realisme er nemlig, i alt Fald i Norge, bleve en-
stydig med Skildringer af kjønslige Udskejelser, o; af det findes der intet
i „Papa Hamlet“. Fraregnet den forste Studie er Bogen ikke engang
„häslig“ (Das speziell „Realistische“ des ganzen
Buches ist so unschuldiger Natur, dass man hier,
zu Lande kaum davon Aufhebens gemacht haben
würde. Realismus ist nämlich, wenigstens in Norwegen, gleichbedeutend
geworden mit der Schilderung gewisser Zweideutigkeiten und davo
findet sich nichts in „Papa Hamlet“. Abgesehen
von der ersten Studie ist das Buch nicht einmal
„hässlich“!
Harald Hansen im „Morgenbladet“ (Kopenhagen).

Nichts als Schmutz, Elend, Verkommenheit —
körperlich wie geistig. Ich hasse jenen schönfärbenden
falschen Idealismus, welcher Alles in erborgten Schimmer kleidet. Er ist
eine Lüge und — der Tummelplatz der kunstfertigen Kunstspieler. Aber
ebenso ist ein Todfeind echter Poesie jene sogenannte Wahrheit, welche
alle Krankheiten, seien sie des Leibes oder der Seele, auf die Gestalten
häuft und die Augen schliesst, um nichts Lichtes
sehn zu müssen. Auch das ist Lüge.
Otto v. Leixner in der „Deutschen Romanztg.“

Het is of Holmsen het leven à la Zola bestudeert heeft, maar
niet diens pessimistischen bril heeft opgezet —
zelfs in het laatste stuck, — het boek heeft er drie — waarin
hij den dood van een student zoo aangrijpend schetst, komt vaak de
humor om den hoek gluron en gaat er en lach op, die u als
een snijdend sarkasme op dit leven in de ooren klinkt.

„De Leeswijzer.“

Alles erscheint verzerrt, wie in den theergefüllten Glas-
kugeln, die man früher in Gärten hatte, aber diese Vergröberung des
Groben ist weder Portrait noch Kunstwerk, sondern einfach Ver-
sündigung an Kunst und Natur zugleich.

„Frankf. Ztg.“

„Bjarne P. Holmsen“ ist also nicht nur der-
jenige Dichter, welcher dem Realismus neue Bahnen
erschlossen, sondern er ist auch bis jetzt noch der
Einzige, der mit voller Sicherheit bis an die vorläufig
erreichbare Grenze in Stoff und Form vorgehen kann. Als
Künstler eine grosse Individualität, fordert er gänzliche Unterwerfung,
ehe sich die Feinheiten seiner Kunst dem Genusse erschliessen. Lernt der
Dichter erst noch seinen Reichthum ganz beherrschen, wird er bald unter
den deutschen Realisten eine einsame und noch lange verkannte Er-
scheinung sein. Dem wirklich eigenen Künstler bleibt das nicht erspart;
Gottfried Keller ist es ja auch so ergangen. „Magazin“.

Wandelt der noch jugendliche Autor auf der auf-
steigenden Bahn weiter, die durch die Reihenfolge der drei Studien
des vorliegenden Bandes angedeutet ist, so mag er sich in nicht
ferner Zeit einen ausgezeichneten Platz unter den Dichtern
seines Volkes gewinnen. „Hamburger Nachr.“

Für den Stil kann nur der Uebersetzer verantwortlich
gemacht werden, und letzterer scheint der Ansicht zu sein, man
müsse das Abscheuliche auch abscheulich schreiben. Man wird nicht bald
eine solche Fülle abgehackter Sätze und unschöner Worte in einem Werke
beisammen finden. Eine wahre Distellese von Geschmacklosig-
keiten. „Allgem. Kunstchronik.“

Men jeg kjender nær sagt ikke det tyske Sprog igjen.
Hvor er de lange Sütninger, hvor de lange Ord, hvor de släbende haben-
werden-sein! Det er et helt nyt Sprog! (Ich erkenne kaum
die deutsche Sprache wieder! Wo sind die langen Sätze geblieben,
wo die langen Wörter, wo die schleppenden haben-werden-sein? Es ist
eine gänzlich neue Sprache!)
Harald Hansen im „Morgenbladet“ (Kopenhagen).

. eine sehr geschickte Uebersetzung . . .
>>Hamburger Nachrichten.<<
. . . eine sehr gute Uebersetzung . . .
>>Gesellsch.<<
. . . eene goode Duitsche vertaling . . .
>>De Leeswijzer.<<
. . . die Uebersetzung . . . eine wundervoll vollendete!
>>Berliner Börsencourier.<<

Der Uebersetzer nennt Holmsen einen >>Anatomen<< von der Art der grossen modernen Schriftsteller; das ist er aber in keiner Weise, denn sein Sezirmesser ist kein Instrument, welches blosslegt, erklärt, verdeutlicht, wie es der Realismus zu thun pflegt, sondern es schabt nur allerhand Fleischfetzen und Knöchelchen auf einen Haufen zusammen, aus denen der arme Leser denn die Glieder heraussuchen mag. Gewiss kann man dem Realismus als Prinzip von allerhand Standpunkten aus Vorwürfe machen, aber der schwerste Vorwurf wäre der der Verundeutlichung statt der Verdeutlichung — denn er will ja im Prinzip nichts als die Deutlichkeit der Dinge, sei es selbst die gemeine Deutlichkeit auf Kosten der Verklärung. >>Bl. f. litt. Unt.<<

Die Technik der Darstellung ist in hohem Grade originell. Es sind fast lauter Farbenspritzer, jäh, grell, unvermittelt, die sich in der Phantasie des kunstgeübten Lesers sofort zum brennendsten Lebensgemälde zusammensetzen. Nur Bilder, keine Gedanken. Diese erschreckliche Virtuosität der Wirklichkeitsnachbildung in winzigen Ausschnitten, nur am Tragisch-Banalen geübt, macht den Leser auf die Dauer ganz nervös.
G. M. Conrad in der >>Gesellsch.<<

. . . Abgesehen, sagen wir, von dem Krassen solcher Motive, ist auch die stilistische Methode, durch welche Holmsen seine Effekte zu erreichen bemüht ist, eine höchst widerliche . . . Man ist oft viele Sätze hindurch ganz im Unklaren über den Ort der Handlung, über Personen und ihre Verhältnisse. Die Lektüre des Buches lässt daher einen sehr unbehaglichen Eindruck zurück! >>Berner Bund.<<

Aber für das Beste, für eine Errungenschaft, aus der sich noch ein Kardinalgrundsatz des epischen Verismus entwickeln kann, halte ich die Art der Darstellungsweise selbst! >>Holmsen<< beschreibt nämlich die Dinge von innen nach aussen, d. h. er konzentrirt sie so in die Lebensäusserungen, dass sie sich dem Leser durch dichterische Schlüsse von selbst erzählen . . Ich werde mich wohl hüten, eine solche Darstellungsweise im Prinzip neu zu nennen, denn sie wird bereits von vielen Realisten hie und da angewandt, aber „Holmsen" ist der Erste, der sie konsequent durchgeführt, und in diesem Sinne der Einheitlichkeit ist sein Stil, den die glücklichste Wirkung rechtfertigt, mit ganzem Recht relativ neu zu nennen. Es ist wohl möglich, dass durch die dichte Folge der die Situation fortrückenden Momente hie und da die Darstellung hüpft und dadurch Unklarheiten entstehen, aber dafür reizt dieser Stil, ja zwingt die Phantasie geradezu die entstehenden Lücken durch Mitdichten auszufüllen, wodurch der Leser in die angenehmste Spannung geräth!   „Magazin."

Holmsen valt om zoo te zeggen — met de deur in het huis, en hij laat zijne personen, alsof het reeds oude bekenden waren, zelfs zoo vlug, d. i. zonder nadere aanwijzing, met elkander spreken, dat het vaak moeilijk is, hem te volgen. En toch trekt die vreemde behandeling van zijne stof aan, vooral daar zij ook komisch is.
                                                                                „De Leeswijzer."

Die Natürlichkeit wird hier zur Affektion und — unabweisliche Folge — überschlägt sich in Inhalt und Form derart, dass an die Stelle des auch nur mässigsten Kunstgenusses eine mit Ekel gemischte Betäubung tritt!   „Frankf. Ztg."

Es würde nichts nützen, den Gang der Erzählungen hier in Hauptumrissen wiederzugeben. Das würde auch leicht genug sein, denn nicht um sonderbare Verknotungen und fremdartige, unerwartete Geschicke handelt es sich, sondern um alltägliches Menschenelend, aber mit Dichteraugen geschaut und im Dichterherzen nachgefühlt.   „Leipziger Tageblatt."

Grade wir ... grade wir haben im höchsten Grade die Pflicht, uns gegen unreife Knaben zu wenden, welche den Realismus discreditiren, indem sie seinen Namen benutzen, um ihre ganz gewöhnliche Unfähigkeit zu bemänteln, die sich hinter Grotesksprüngen à la Hanswurst versteckt. Der Realismus ist eine ernste, heilige Sache, aber keine Löwenhaut, hinter der sich Esel verstecken dürfen ... — Wir müssen auch Herrn Holmsen von unseren Rockschössen abschütteln!
                                        C. Alberti in der „Gesellsch."

Es hat schon mehr als einmal eine Zeit des Realismus gegeben, und immer war sie eine Uebergangszeit. Sie geht der Blüthe der Litteratur voraus oder sie folgt ihr, und es kann uns nicht irre machen, dass dem Realismus eine wüste Schaar von Unfähigkeiten lärmend sich aufdrängt. Dieser Haufe zerstiebt verdientermaassen wie Spreu, und wenn er sich für eine Schule hält, weil er sich schülerhaft geberdet, so wird sein Lärmen doch mit dem Tage vergessen. Aus Sturm und Drang ist Grosses hervorgegangen, nicht weil Sturm und Drang gross waren, sondern weil unter den Stürmern und Drängern sich Grosse befanden. Auch jetzt stehen wir mitten in solchem Sturm und Drang, aber zum ersten Mal sehen wir in dem Gewimmel, das bisher nur die Laufgräben der Litteraturfestung mit schlechter Makulatur füllte, ein starkes Talent, und dieses Talent hat mit diesem Gewimmel nichts gemein. Bjarne P. Holmsen wird wohl von den Realisten als einer der Ihren reklamirt, doch er weiss von ihnen so wenig, wie die Nachtigall von einer Gesangschule. „Berl. Börsencourir."

Eine merkwürdige Künstlerindividualität, wenn auch kein Realist in unserem Sinne, ist Holmsen unter allen Umständen.

C. M. Conrad, ebenfalls in der „Gesellschaft."

Allen, die sich die Menschheit und die Poesie verekeln wollen, sei dieses Buch bestens empfohlen!

Otto v. Leixner in der „Deutschen Romanztg."

... es gehört zu jener schlechten Gattung von litterarischen Neuigkeiten, welche durch einen originellen Titel Erwartungen zu erregen suchen, welche der Inhalt nicht befriedigt! „Die Post."

... In der That ein seltsames Buch, welches sehr verschiedene Aufnahme finden wird ... Wann kommen Bücher wie „Papa Hamlet", dahin, wohin sie gehören: ins Volk?

Züricher Post."

Und unsere eigene Meinung?

„Der eine betracht's,
Der andre beacht's,
Der dritte verlacht's —
Was macht's?"

Berlin. 24. Dezember 1889.

Arno Holz.
Johannes Schlaf.

Einleitung des Uebersetzers.

———

Bei dem in jüngster Zeit namentlich auch durch die Erfolge Ibsen's noch so gesteigerten Interesse, das man seit ungefähr einem Jahrzehnt der jungen, kräftig aufstrebenden, norwegischen Litteratur in fast allen Culturländern entgegenbringt, habe ich es für eine nicht undankbare Aufgabe gehalten, meinen deutschen Landsleuten endlich auch einen Autor zugänglich zu machen, dessen Schöpfungen, obwohl zur Zeit auch in ihrer norwegischen Heimath noch lange nicht nach Gebühr gewürdigt, doch sicher danach angethan sind, in naher Zukunft die allgemeine Aufmerksamkeit auf ihn zu lenken.

Dieser Autor ist Bjarne Peter Holmsen.

Am 19. December 1860 als der dritte Sohn eines streng orthodoxen Landpfarrers in Hedemarken geboren, verlebte er seine Kindheit in der alten Handelsstadt Bergen. Ein Onkel von ihm, ein Bruder seiner Mutter, der dort als Rechtsanwalt thätig war, hatte ihn, um seinen Eltern, deren Nachwuchs sich unterdess noch vergrössert hatte, eine Last abzunehmen, zu sich genommen.

Aber die Fortschritte des kleinen Bjarne auf der Lateinschule waren sehr mittelmässige. Der Onkel erlebte nur wenig Freude an ihm. Es schien keine

Aussicht vorhanden, dass er jemals sein Nachfolger
werden würde. Er ist es auch in der That nicht geworden. Ob nun nur seiner geringen Begabung für
die Humaniora zu Folge, mag freilich dahingestellt
bleiben. Thatsache jedenfalls ist es, dass der zukünftige
Autor des „Papa Hamlet", an dessen grandiosem Humor
sich die Leser dieses Buches sicher erquicken werden,
in Christiania bereits durch sein erstes Examen hoff-
nungslos durchfiel. Ein Band Gedichte, der für die
damalige Stimmung des jungen Poeten bezeichnend
genug „Eintagsfliegen" betitelt war, mochte wohl die
meiste Schuld daran getragen haben. Als psycholo-
gisch bedeutsam darf uns jedenfalls auch der Umstand
gelten, dass der junge Lyriker die weitaus grösste
Mehrzahl dieser „Eintagsfliegen", denen allzugrosse
Originalität allerdings nicht nachgerühmt werden kann,
in den Sezirsälen der Anatomie verfasst hatte. Seine
spätere Vorliebe für die nackte Realität der Dinge war
also damals noch eine, ziemlich getheilte. Erst die
Erfahrung, dass seine „Eintagsfliegen" das in Wirklichkeit gewesen waren, wofür er sie prophetischen Ge-
müths ausgegeben hatte, nämlich Eintagsfliegen, deren
kläglicher Existenz die Lumpenstampe bald ein jähes
Ende bereitet hatte, mochte den Ausschlag gegeben
haben.

Mit seinem Studium schien es nichts rechtes
werden zu wollen. Ein erneuter Versuch des Onkels,
ihn der Wissenschaft dadurch zu retten, dass er ihn
dazu beredete, sich wenigstens auf ein Semester in die
theologische Fakultät einschreiben zu lassen, scheiterte.
Damit hatte Bjarne Peter Holmsen's akademische
Laufbahn ihren Abschluss erreicht. Er war verloren
für immer . .

Nur schwer wollte jetzt sein Vater, dessen Hoffnungen sich arg enttäuscht sahen, seine Einwilligung

dazu geben, dass sein Sohn Kaufmann wurde. Erst
als der Onkel, der selber kinderlos, trotz der vielen
Sorgen, die ihm sein Neffe bereitete, doch eine innige
Neigung zu ihm gefasst hatte, sich bereit erklärte, ihn
zu diesem Zwecke ins Ausland zu schicken, konnte
er sich dazu verstehen, seine Bedenken zu über-
·winden.

Das grosse Leben draussen, die neuen Eindrücke,
die täglich geregelte Arbeit, und wohl auch nicht in
letzter Linie das mehrjährige Fernsein von der Heimath:
auf alles das baute man. Und in der That, man hatte
sich diesmal nicht verrechnet. Als der junge Bjarne
nach dreijähriger, augestrengter Thätigkeit in einem
Londoner Bankhause, der sich dann noch ein weiterer
zweijähriger Aufenthalt in Brest angeschlossen hatte,
wieder nach Bergen zurückgekehrt war, durften die
Seinen mit ihm zufrieden sein.

Diese Zufriedenheit bekam erst wieder einen
Stoss, als man schliesslich dahinter kam, dass der
junge Banquier nebenbei auch noch wieder schrift-
stellerte. Wie die meisten seiner Landsleute, die ihre
Entwicklung dem Auslande verdanken, hatte auch er
eben Ideen und Anschauungen von dort mitgebracht,
die zu den kleinen Verhältnissen seiner Heimath nicht
mehr recht passen wollten. Was natürlicher, als dass
jetzt der alte Poet in ihm wieder lebendig geworden
war; zumal auch die grossen, neuen Litteraturthaten
seines Volkes, für deren Bedeutsamkeit ihm erst jetzt
das rechte Verständniss aufgegangen war, nicht ohne
Einfluss auf ihn geblieben sein konnten.

Freilich lässt sich constatiren, dass dieser Einfluss
kein unbeschränkter war.

Bereits aus den vorliegenden Stücken, zu deren
Sammlung mich namentlich auch grade ihre unbestreit-
bare Originalität ermuthigte, wird sich der Leser da-

rüber orientiren können, wie schnell es unsrem Dichter
gelang, sich zu einer eignen Individualität emporzu-
ringen. Die vor keiner Consequenz zurückschreckende
Energie seiner Darstellungsweise, für die man sich
selbst in seiner heimischen, norwegischen Litteratur
vergeblich nach Vorbildern umsieht, scheint mir sogar
Keime in sich zu enthalten, die bei vollerer Entfaltung
weit über die Grenzen des Hergebrachten hinauswachsen
werden. Man ahnt, wie sie das lebendige Product
einer Zeit ist, von der das Wort geht, dass ihre Anatomen Dichter und ihre Dichter Anatomen sind. —

Die Uebersetzung war, wie sich aus dem Vor-
stehenden wohl bereits von selbst ergiebt, eine aus-
nehmend schwierige. Die speziell norwegischen Wen-
dungen, von denen das Original begreiflicherweise nur
so wimmelt, mussten in der deutschen Wiedergabe
sorgfältig vermieden werden. Doch glaube ich, dass
dies mir in den meisten Fällen gelungen ist. Ich habe
keine Arbeit gescheut, sie durch heimische zu ersetzen,
wo ich nur konnte.

Ueber meinen Autor hier eine Kritik zu fällen,
steht mir nicht zu. Doch bekenne ich gerne, dass das
Studium, das ich auf ihn verwandte, ihn mir um so
lieber machte, je eingehender ich mich mit ihm be-
schäftigte. Es würde mir eine Genugthuung sein, wenn
es den Lesern dieses Buches ebenso erginge.

Dass das Grundcolorit fast aller seiner Schöpfungen,
die der jugendliche Dichter freilich sammt und sonders,
bezeichnend genug, nicht etwa bereits als abgerundete
Kunstwerke, sondern nur als „Studien" zu solchen auf-
gefasst wissen will, *) ein düstres ist, wird Niemand
Wunder nehmen. Es ist eben die Mitternachtssonne
seiner nordischen Heimath, die ihren trüben Schein

---

*) Vergl. die Einl. zu: „Ein Städtchen am Fjord". Christiania 1887.

auch über sie ausgiesst. Zum Theil freilich mögen es auch Umstände rein persönlicher Natur sein, die hier mitwirken. Ein hartnäckiges Augenübel zwang den kaum Fünfundzwanzigjährigen seiner praktischen Thätigkeit zu entsagen. Und es ist nur anzunehmen, dass sich jetzt auch der Schriftsteller durch dieses Leiden beeinträchtigt fühlt.

Sein grossartig angelegter Sozialroman „Fremud", dessen Buchausgabe er soeben vorbereitet, wird erkennen lassen, ob dieses Leiden drohend genug ist, um ernstere Befürchtungen für diese Kraft aufkommen zu lassen.

Jedenfalls darf uns auch dieses schon ein Beweggrund mehr sein, für den Dichter einzutreten. Es soll ihm nicht gehen, wie seinem grossen Landsmanne Björnson, dessen beste Novelle im Original bereits in mehr als 70,000 Exemplaren verbreitet war, ehe sie volle 20 Jahre nach ihrem ersten Erscheinen endlich ins Deutsche übertragen wurde.

Dr. Bruno Franzius.

Papa Hamlet.

I.

Was? Das war Niels Thienwiebel? Niels Thienwiebel, der grosse, unübertroffene Hamlet aus Trondhjem? Ich esse Luft und werde mit Versprechungen gestopft? Man kann Kapaunen nicht besser mästen? ...

„He! Horatio!"

„Gleich! Gleich, Nielchen! Wo brennt's denn? Soll
ich auch die Scatkarten mitbringen?"

„N ... nein! Das heisst..."

— — „Donnerwetter nochmal! Das, das ist ja eine,
eine — Badewanne!"

Der arme, kleine Ole Nissen wäre in einem Haar
über sie gestolpert. Er hatte eben die Küche passirt
und suchte jetzt auf allen Vieren nach seinem blauen
Pincenez herum, das ihm wieder in der Eile von der
Nase gefallen war.

„Hä? Was? Was sagste nu?!"

„Was denn, Nielchen? Was denn?"

„Schafskopp!"

„Aber Thiiienwiebel!"

„Amalie?! Ich ..."

„Ai! Kieke da! Also döss!"

„Hä?! Was?! Famoser Schlingel! Mein Schlingel!
Mein Schlingel, Amalie! Hä! Was?"

Amalie lächelte. Etwas abgespannt.

„Ein Prachtkerl!"

„Ein Teufelsbraten! Mein Teufelsbraten! Mein Teufelsbraten! Hä! Was, Amalie? Mein Teufelsbraten!"

Amalie nickte. Etwas müde.

„Ja doch, Herr Thienwiebel! Ja doch!"

Aber Frau Wachtel mühte sich vergeblich ab. Herr Thienwiebel, der grosse, unübertroffen Hamlet aus Trondhjem, wollte seinen Teufelsbraten nicht wieder loslassen.

„Hä, oller Junge? Hä?"

„In der That, Nielchen! In der That, ein... ein ... Prachtinstitut! Ein Prachtinstitut!"

„Hoo, hoo, hoo, hopp!! Hoo, hoo, hoo, hopp!! Bumm!!!"

Der grosse Thienwiebel schwelgte vor Wonne. Er hatte sich jetzt sogar auf ein Bein gestellt. Hinten aus seinem carrirten Schlafrock klunkerten die Wattenstücken.

„Aber Thiiienwiebel!" —

„Sein oder Nichtsein, das ist hier die Frage:
Ob's edler im Gemüth, die Pfeil und Schleudern
Des wüthenden Geschicks erdulden, oder ...

oder? ... Scheusslich!"

Der grosse Thienwiebel hielt wieder inne.

„Nicht zum Aushalten das! Nicht zum Aushalten!"

Die fünf kleinen, gelben Lappen hinter dem Ofen, die dort an einer Waschleine zum Trocknen aufgehängt waren, hatten ihn wieder total aus dem Concept gebracht.

„Ekelhaft!"

Er hatte sich jetzt, die Hände in seinen Schlaf-rocktaschen vergraben, erbittert vor das Fenster auf-gepflanzt.

Der Himmel drüben über den Dächern war tiefblau; in den nassen Dachrinnen, von denen noch gerade der letzte Schnee tropfte, zankten sich bereits die Spatzen; es war ein prachtvolles Wetter zum Ausgehn.

„Armer Yorick!"

Noch um eine Nüance verdüsterter hatte sich jetzt der grosse Thienwiebel wieder rücklings über das kleine, niedrige, mit blauem Kattun überspannte Sopha ge-worfen und starrte nun über die Spitzen seiner grünen, ausgetretenen Pantoffeln weg melancholisch zu Amalien hinüber.

Ihre dünnen, lehmfarbenen Haare waren noch nicht gemacht, ihre Nachtjacke schien heute noch schmutziger als sonst und stand vorn natürlich wieder offen; der kleine, kirschrothe Spiessbürger, den sie, auf ihr Fussbänkchen gekauert, nachlässig aus einem Gummi-schlauch säugte, sah auf einmal hässlich aus wie ein kleiner Frosch.

„Armer Yorick!"

Herr Thienwiebel hatte sich wieder seufzend er-hoben und setzte jetzt seine Wanderung von vorhin wieder fort.

> „ . . . . . . oder? oder . . .
> Sich waffend gegen eine See von Plagen
> Durch Widerstand sie enden. — Sterben — schlafen —
> Nichts weiter! —"

Vor dem Fenster konnte er sich jetzt wieder nicht versagen eine kleine Pause zu machen.

8

· Die Sonne draussen ging gerade unter. Die Dächer
sahen fuchsroth aus. Aber ein Blick auf seinen alten,
abgenutzten Schlafrock unten liess ihn sich wieder zu-
sammennehmen und seinen Monolog von neuem beginnen.

„Sein oder Nichtsein, das ist hier die Frage:
Ob's edler, im Gemüth . . .

Ae, Quatsch!!"

Mit einem Ruck war jetzt der Shakespeare, den er
sich eben aus seiner Schlafrocktasche gerissen, auf den
Tisch geflogen, wo er die Gesellschaft einer Spiritus-
kochmaschine, eines braunirdenen Milchtopfs ohne
Henkel, eines alten, berussten Handtuchs, einer Glaslampe und einer Photographie des grossen Thienwiebel
in Morarahmen vorfand.

„He! Horatio! Horatio!! . . . Nicht zu Hause! Nicht
zu Hause . . ."

Total vernichtet hatte er sich jetzt wieder auf das
Sopha zurückgeschleudert und vertiefte sich nun in
den tragischen Anblick eines schmutzigen Kinder-
hemdchens, das neben einer geplatzten Schachtel
schwedischer Zündhölzchen vor ihm unten auf dem
Fussboden lag.

„Verwünscht! Wenn man wenigstens mal ausgehn
könnte, Amalie! Aber ich fürchte . . . ich fürchte . . .
die Welt ist nicht vorurtheilsfrei genug, um einen Niels
Thienwiebel in Schlafrock und Cylinder unbehelligt
seines Weges dahingehn zu lassen!"

Aber Amalie antwortete nicht einmal. Der kleine
Krebsrothe nahm ihre ganze Aufmerksamkeit in Anspruch. Sein Lutschen zog jetzt den ganzen Schlauch
zusammen.

„Ja! Es ist so! Es ist so, Amalie! Aber sie
schreiben mir noch immer nicht! Sie haben da Leute,

Leute — Leute? Pah! Stümp'rr! O Schmach, die Un-
werth schweigendem Verdienst erweist!"

Jetzt hatte Amalie, die dies Thema bereits kannte,
etwas aufgesehn.

„Ja . . . es wäre am Ende doch gut, wenn du einmal . . ."

Ihre Stimme klang heiser, belegt.

„Ja, so wird es kommen! Vielleicht . . . bei meiner
Schwachheit und Melancholie . . ."

Der kleine Krebsrothe schmatzte! Seine Flasche
war jetzt so gut wie leer.

„Ich werde selbst hingehn müssen und fürlieb
nehmen mit dem, was man mir anzubieten wagt! Das
Leben ist brutal, Amalie! Verflucht! Wenn man wenigstens einen Rock zum Ausgehen hätte!"

Sein Tenor war jetzt übergeschnappt, er hatte sich
wieder lang über das Sopha zurückgeeselt.

Grosse Pause . . .

Die Dächer draussen hatten sich allmählich braun
gefärbt. Die Sonne an dem grossen, runden Schornstein drüben war verblichen.

Frau Thienwiebel fing jetzt hinten in ihrer Ecke zu
husten an.

„Herr Gott, Niels! Ich muss ja inhaliren! Da, nimm
doch mal das Kind!"

„Natürlich! Auch noch Kinderfrau! O, ich reisse
Possen, wie kein Andrer! Was kann ein Mensch auch
andres thun, als lustig sein? Still, Krabbe!!"

Der kleine Krebsrothe schwieg wieder. Er war
noch nie so verblüfft gewesen.

„Da! Nimm's! Kau's! Friss! Verschluck's!"

Der grosse Thienwiebel hatte es jetzt sogar über
sich gewonnen, seinem ungerathnen Sprössling auch den
Schnuller in den Mund zu stopfen. Mehr war unmöglich
zu verlangen!

8*

Amalie hatte unterdessen die Ofenröhre aufgemacht
und entnahm ihr jetzt einen kleinen, grünglasirten
Kochtopf. Ein nach Salbei duftender Brodem entstieg
ihm. Nachdem sie dann noch das kleine Geschirr neben
den Ofen auf einen Stuhl und sich selbst auf die Fussbank davor gesetzt hatte, machte sie jetzt ihren Mund
auf und athmete das heisse Zeug langsam ein.

Der grosse Thienwiebel, der sich unterdess mit
seinem impertinenten, kleinen Krebsrothen auf die
Tischkante placirt hatte, sah ihr nachdenklich zu.

„Hm! Weisst du, Amalie?"

„Hm??"

„Weisst du? Wir haben eigentlich eine ganz falsche
Methode, das Kind zu nähren, Amalie!"

„Ach was!"

Ich sage, eine Methode! Eine v e r k e h r t e Methode,
Amalie!"

„Aber . . ."

„Verlass dich drauf! Eine unnatürliche, Amalie!"

„Ja, du lieber Gott . . ."

„Eine unnatürliche . . . Wir sollten das Kind nicht
mit der Flasche tränken!"

„Nich? Na, womit denn sonst?"

„Du selbst solltest es eben tränken!"

„Ich?"

„Gewiss, Amalie!"

„Ach, lieber Gott! Ich! Selbst!"

„Nun! Warum nicht?"

„Ich?? Bei meiner schwachen, kranken Brust
jetzt?"

„Ach was! Das bildest du dir ja nur ein, Amalie!
Ich sage dir, du bist völlig gesund. Du bist völlig
gesund, sage ich! . . . Uebrigens: ein Kind kann ein
für allemal nur dann gedeihen, wenn es die Mutter
selbst säugt!"

Herr Thienwiebel war jetzt ganz eifrig geworden. Seine Langeweile von vorhin schien er völlig vergessen zu haben. Er schien es sogar nicht bemerkt zu haben, dass dem kleinen, zappelnden Wurm auf seinen Knieen der Schnuller wieder heruntergekullert war.

„Verlass dich drauf, Amalie! Ich sage, die natür-türlichste Methode ist immer die beste! Denk' doch mal: was sollten denn sonst die Negerweiber anfangen! Sie haben keine Flaschen! Sie nähren eben ihre Kinder selbst, siehst du ... und, und — nun ja! Und sie gedeihen dabei! Gedeihen! Na?"

„Ja, Niels, aber ich bin doch kein Negerweib!"
Der grosse Thienwiebel lächelte überlegen.

„Ja nun, du musst ... hehe! Du musst mich eben verstehn, Amalie! He!"

Amalie hatte sich wieder tief über ihren Salbeitopf gebückt.

„Ich wollte dir damit eben nur durch ein ... ein ... nun! sagen wir durch ein Beispiel, andeuten, dass das Natürlichste immer das Vernünftigste ist. Ich sehe eben durchaus nicht ein, warum die Negerweiber etwas vor uns voraushaben sollten!"

„Aber sie sind gesund!"

„Ach was! Das bildest du dir ja nur ein, Amalie, dass Du krank bist!"

„Ich?"

„Allerdings, Amalie! Ich behaupte ..."
Amalie war jetzt ein wenig ungeduldig geworden.

„Ach was! Lass lieber das Kind nicht so schrein!"

„Auch das ist wieder nur so ein Vorurtheil von dir, Amalie! Was schadet das! Ich habe gelesen, es ist nichts gesünder! Die Lungen weiten sich dabei! Aber — e ... wie gesagt! Du solltest das Kind selbst tränken! Die heutige Cultur freilich, die Cultur der europäischen Welt ..."

Die Cultur überging Amalie. Sie hielt sich nur an
die Ermahnungen, die sie nun schon so oft zu hören bekommen hatte.

„So! So! Jawoll doch! Gewiss! Bei unserm Leben!
Den ganzen Tag lebt man von Kaffee und Butterbrot!
Ich möchte wissen, wie das arme Wurm dabei gedeihen
sollte!"

„Ha! Zu leben im Schweiss und Brodem eines
eklen Betts, gebrüht in Fäulniss, buhlend und sich
paarend über dem garst'gen Nest! Nicht wahr? Du willst
damit sagen, dass ich an unsrer Lage schuld bin,
Amalie!"

„Na! Etwa ich?"

„Weib!!?"

„Moi'n!"

Die Thür, an der es schon eine ganze Weile vergeblich geklopft hatte, wurde in diesem Augenblick
weit aufgestossen, und herein, in seinem ewigen
Havelock, der vor Zeiten wahrscheinlich einmal hecht-
grau gewesen war, den ungeheuren, schwarzen Schlapp-
hut tief in das kleine, fidele, blasse Gesichtchen gedrückt,
tänzelte jetzt der kleine Ole Nissen.

„Moi'n! Also lasst Euch nicht stören, Kinder! Bitte,
bitte! Keine Umstände, Nielchen! Keine Umstände!
Weiss schon! Probirt 'ne neue Scene ein! Also, wie
gesagt ... Donnerwetter! Ist das Biest hart!"

Er hatte sich eben mitten auf das kleine Kattun'ne
plumpsen lassen und dabei wieder in einem Haar seine
Egypter verloren, die er schief zwischen die Zähne
geklemmt hielt.

„Also, wie gesagt! Laufe da eben ganz trübselig
den Hafendamm runter. Hä? Und wer begegnet mir
da? Der Kanalinspector! Na, wer denn sonst? Der
Kanalinspector natürlich! Nobel verheirathet, Villa
in Bratsberg, no! etc. pp. Könnt Euch ja denken!

Schleift mich also natürlich sofort zu Hiddersen und
lässt vorfahren ... Na, oller Junge? Wie geht's? ...
Faul! sag ich also natürlich. Faul! ... Hm! Weisste
was? Könntest eigentlich meine Alte porträtiren! ...
Hm! Mit Jenuss, Kind! Mit Jenuss! Aber — e ...
Farben, siehst du — he, Leinwand, Rahmen also ...
Hä! Was? Nobles Putthuhn!!"

Ole Nissen liess jetzt die schönen, noblen Kronen
in seinen Taschen nur so klimpern.

„Frau Wach-tel! Frau Wachtell!! Frau Wach-
telll!!!"

Das Haus Thienwiebel schwamm wieder in Wonne.
Sein Krach war wieder auf eine Weile verschoben.

„Hä! Und dies? Ist das Butter? Und dies? Hä?
Ist das Schinken? Hä? Und dies? Hä? Platz für das
Silberzeug! Silentium!!"

Der kleine Ole war heute wieder ganz aus dem
Häuschen ...

Nachdem das „Silberzeug" dann endlich abgeräumt
und die Punschbowle zu zwei Dritteln bereits geleert
war, musste Frau Wachtel sogar noch die Scatkarten
„ranschleifen." Es war einfach herrlich! Der grosse
Thienwiebel hatte seinen türkischen Fez auf, Ole Nissen
bot seine Egypter sogar galant der alten Madame
Wachtel an, die sich aber empört vor ihnen wieder in
ihre Küche zurückflüchtete, Amalie rauchte tapfer mit.
Ihre alten Opheliajahre waren wieder lebendig in ihr
geworden.

„Ach, Thienwiebel! Niels!! Geliebter!!!"

Der grosse Thienwiebel stand da und weinte.

„Bin ich 'ne Memm'? — Ha! Rauft mir den Bart
und werft ihn mir in's Antlitz! Nein, reizende Ophelia!
Nein! Weine nicht! Mein Schicksal ruft und macht
die kleinste Ader meines Leibes so fest als Sehnen des
Nemaeerlöwen!.... Was, alter Jephta? ... Nein, glaube

nicht, dass ich Dir schmeichle! Was für Beförd'rung
hoff' ich wohl von Dir, der keine Rent' als seinen
muntren Geist, um sich zu nähren und zu kleiden
hat!"

Seine Stimme brach ab, die Hand, die er ihm auf die
Schulter gelegt hatte, zitterte. —

Zuletzt, als die alte Glaslampe nur noch wie eine
kleine Oelfunzel brannte und die prachtvollen Egypter
um ihre grüne Glocke einen schönen, silbergrauen,
fingerdicken Nebelring gelegt hatten, wurde auch der
kleine Ole Nissen gerührt.

Er hatte sich nach und nach zu der reizenden
Ophelia auf das kleine, blaue Kattunüberzogene ge-
drängt und titulirte sie nur noch „Miezchen". Jetzt
hatte er endlich auch ihre Hände zu fassen bekommen
und bedeckte sie nun mit seinen Küssen.

Der grosse Thienwiebel erhob keine Einsprache.
Er hatte segnend seine Hände über sie gebreitet und
konnte sein Herz nur noch stammelnd ausschütten.

„Der Kreis hier weiss, ihr hörtet's auch gewiss,
wie ich mit schwerem Trübsinn bin geplagt!"

Der kleine Krebsrothe hinten in seiner Ecke hatte
unterdessen seine Noth mit sich gehabt. Schon verschiedene, liebe Male hatte er sich in den Schlaf ge-
weint. Jetzt aber war er wieder aufgewacht und
konnte absolut nicht mehr seinen Gummipfropfen
finden. Die reizende Ophelia hörte ihn nicht. Sie war
längst in ihrer Sophaecke eingeschlafen. Er schrie
jetzt, als ob er am Spiesse stak.

Der grosse Thienwiebel hatte natürlich erst recht
keine Zeit für den Schurken. Er hatte den kleinen
Ole Nissen, der jetzt kaum noch seine kleinen, wasserblauen Augen aufhalten konnte, vorn an seinem Rock-
kragen zu packen bekommen und deklamirte nur
wieder:

„Er ist eine Elster, Horatio! Eine Elster! Aber,
wie ich dir sagte, mit weitläufigen Besitzungen von —
Koth gesegnet!"

III.

Es war nicht anders! Aber er hegte Taubenmuth,
der grosse Thienwiebel, ihm fehlte es an Galle . . .
Er hatte seit kurzem — er wusste nicht wodurch?
— all seine Munterkeit eingebüsst, seine gewohnten
Uebungen aufgegeben, und es stand in der That so
übel um seine Gemüthslage, dass die Erde, dieser treff-
liche Bau, ihm nur ein kahles Vorgebirge schien.
Dieser herrliche Baldachin, die Luft, dieses majestätische
Dach mit goldnem Feuer ausgelegt: kam es ihm doch
nicht anders vor als ein fauler, verpesteter Haufe von
Dünsten. Welch ein Meisterwerk war der Mensch!
Wie edel durch Vernunft! Wie unbegrenzt an Fähig-
keiten! In Gestalt und Bewegung wie bedeutend und
wunderwürdig im Handeln, wie ähnlich einem Engel;
im Begreifen, wie ähnlich einem Gotte; die Zierde der
Welt! Das Vorbild der Lebendigen! Und doch: was
war ihm diese Quintessenz vom Staube? Er hatte keine
Lust am Manne — und am Weibe auch nicht. Die
Zeit war aus den Fugen! War es zu glauben? Aber
— e — man hatte ihm noch immer nicht geschrieben.
Man war undankbar in Christiania. Armer Yorick!
Sterben, schlafen . . . vielleicht auch träumen? . . .
Einstweilen jedoch hatte es allen Anschein, als ob
gewisse Rücksichten das Elend des armen Yorick noch
zu hohen Jahren kommen lassen wollten. Jedenfalls
wenigstens durften jetzt die naseweisen Aktschüler
unten in der Akademie den grossen unübertrefflichen

Hamlet aus Trondhjem schon seit vollen vierzehn Tagen in den schönen, langen Vormittagstunden als sterbenden Krieger copiren. Das war freilich eine Entwürdigung, aber sie brachte Geld ein. Nur genügte es leider noch nicht.

Wenn der „arme Yorick" jetzt Mittags nach Hause kam und sich mit einem Appetit, als hätte er eben vierundzwanzig Stunden lang ohne aufzusehn Eichenkloben zerkleinert, über die grosse Schüssel herstürzte, die ihm die reizende Ophelia schon vorsorglich verdeckt, der Photographie des grossen Thienwiebel grade gegenüber, auf den Tisch gestellt hatte, fand sich meist nur eine etwas grün angelaufene, dünne Kartoffelsuppe drin vor, in der höchstens hie und da noch ein paar kleine, kohlschwarze Speckstückchen schwammen. Armer Yorick! . . .

Amalie schien schon seit undenklichen Zeiten ihre Nachtjacke nicht mehr in die Waschwanne gesteckt zu haben. Wozu auch grosse Toilette machen? Man war ja zu Hause.

„Nicht wahr, Thienwiebel?"

Der grosse Thienwiebel hielt es für unter seiner Würde zu antworten. Er hatte sich eben wieder in seinen alten, bequemen Schlafrock geworfen, aus dem die Watte freilich, ihrer nur noch geringen Quantität halber, nicht mehr recht klunkern konnte.

Seinen William aufgeklappt, hatte er sich jetzt wieder tiefsinnig rücklings über das kleine Blaukattunene geworfen.

> „O, schmölze doch dies allzu feste Fleisch,
> Zerging' und löst' in einen Thau sich auf!
> Oder hätte nicht der Ew'ge sein Gebot
> Gerichtet gegen Selbstmord! O Gott o Gott!
> Wie ekel, schaal und flach und unerspriesslich
> Scheint mir das ganze Treiben dieser Welt!
> Pfui! Pful darüber!"

Amalie, die sich wieder auf ihre kleine, mollige
Fussbank neben den Ofen gesetzt und eben ihre
Schmalzstulle in den Kaffee gestippt hatte, sah jetzt
etwas verwundert in die Höhe. Als aber der „arme
Yorick" dann nicht mehr weiter las und, seinen William
zugeklappt, sich jetzt sogar, ganz wider seine sonstige
Gewohnheit, mit dem Kopfe gegen die Wand gedreht
hatte, wurde ihr denn doch ein wenig unbehaglich,
zu Muth.

Eine Weile noch überlegte sie; dann aber, endlich,
hatte sie sich entschieden. Ihre Stimme klang noch
kläglicher als sonst.

„Ich will nähen gehn, Niels."

„Nein, Amalie! Niemals! Niemals! Das werde ich
nie dulden! Das wäre eine unverzeihliche Vernach-
lässigung deiner heiligsten Mutterpflichten!"

Er war wieder empört aufgesprungen.

„Nein, Amalie! Nie! Niemals!... So lang Gedächt-
niss haust in dem . . . zerstörten Ball hier!"

Er hatte sich melodramatisch vor die Stirn gestossen.

Amalie fühlte sich wieder beruhigt und biss jetzt
herzhaft in ihre Schmalzstulle . . .

„Herein?"

Es war Frau Wachtel. Sie brachte wieder die
Milch für den Kleinen.

Der grosse Thienwiebel hatte es sich nicht versagen können, ihn auf den Namen Fortinbras taufen
zu lassen.

„Na, Dickerchen? Langweilste dich? Oh, mein
Mäuseken! Oh!"

Sie fand nämlich, dass Amalie ihren heiligsten
Mutterpflichten etwas nachlässig oblag, und gestattete
sich öfters eine kleine Controle.

Frau Rosine Wachtel war nämlich im Besitze eines

guten Herzens. Und, das musste wahr sein, denn sie
sagte es selbst und vergoss jedesmal Thränen dabei.
Indessen war ihr dieser Besitz noch nicht allzu ge-
fährlich geworden. Denn es war ihr noch Niemand
durchgebrannt und sie war noch immer zu ihrem Geld
gekommen; und das war oft ein Stück Arbeit gewesen.
Frau Rosine Wachtel konnte das Jeden versichern...

„Ach, du Würmeken! Ach, mein Putteken! Hab'n
se dir so in'n Korb jestochen!"

Die gute Frau Wachtel war ganz gerührt. Aber
plötzlich, aus irgend einem Grunde, wahrscheinlich,
weil draussen auf dem Flur eben Jemand die Treppe
heraufzukommen schien, hielt sie es jetzt doch für
besser, sich schnell noch mal nach ihrer Küche um-
zusehn ...

Der grosse Thienwiebel, der etwas ungeduldig gewartet hatte, bis ihr runder, trivialer Rücken endlich
hinter der Thür verschwunden war, weil er wieder
etwas wie einen Monolog in sich verspürte, war jetzt
tragisch auf das kleine, runde Spiegelchen über der
Kommode zugetreten, aus dem ihm nun sein schöner,
edelgeformter Apollokopf melancholisch zunickte.

„Armer Freund! Wie ist dein Gesicht betroddelt,
seit ich dich zuletzt sah!"

Amalie bekümmerte sich nicht mehr um ihn. Sie
kannte ihren grossen Gatten.

„Armer Freund!"

War das sein Haar? Sein schönes, berühmtes, blau-
schwarzes Haar? Eine grausame Natur der Dinge hatte
ihm nun schon seit Wochen verwehrt, es sich brennen
zu lassen. In die Stirn, in diese erhabene Wölbung
majestätischer Gedanken fiel es ihm nun in Strähnen,
dick und feist, wie sie selber, diese schale, engbrüs-
tige Zeit.

„Armer Freund!"

Nachdem er sich so zu der erhabenen Mission, die
ihm vorschwebte, genügend präparirt zu haben glaubte,
drehte er sich jetzt gemessen nach dem kleinen, gelben
Korb um, der dicht neben dem Bett quer über zwei
Stühle gestellt war.

„Armes, kleines Menschenkind! Welch böser Stern
verdammte dich in dieses Elend!"

Das arme, kleine Menschenkind zappelte ihn an
und lachte.

„Aber still! Still! Ich will alles einsetzen! Ich will
meine ganze Kraft einsetzen! Ich werde arbeiten,
Freund! Ich werde arbeiten! Ich werde dem Schicksal
die Stirn bieten; ich werde ihm abtrotzen, dass du in
dieser herben Welt dereinst jene Stellung einnimmst,
die deinen Talenten gebührt . . . Ja! So macht Gewissen
Feige aus uns allen. Der angebornen Farbe der Ent-
schliessung wird des Gedankens Blässe angekränkelt;
und Unternehmungen voll Mark und Nachdruck, durch
diese Rücksicht aus der Bahn gelenkt, verlieren so der
Handlung Namen!"

Seine Stimme bebte, seine Schlafrocktroddeln hinter
ihm, die er sich zuzubinden vergessen hatte, zitterten.

Amalie hatte jetzt ihr Schmalzbrot wieder bei
Seite gelegt.

„Niels, ich will doch lieber nähen gehn!"

„Nie! Nie! Sprich nicht davon, Amalia! Bei meinem
Zorn! Sprich nicht davon!"

Amalie war wieder beruhigter denn je.

Ihr schönes Schmalzbrot war, Gottseidank, noch
nicht ganz alle. Der grosse Thienwiebel, der einigermassen aus seinem Concept gekommen war, hatte jetzt
einige Mühe, wieder hineinzukommen. Den Shakespeare, den er wieder von der Erde aufgelesen hatte,
hinten in seinen Wattenklunkern, die Finger krampfhaft um seinen rothen Saffianrücken, nickte er jetzt

wieder schmerzlich auf das kleine, verwunderte Bündelchen hinab. Es hatte die ganze Zeit über kaum zu mucksen gewagt.

„Ich weiss ... ich werde sterben, Freund! Ich werde sterben! — Das starke Gift bewältigt meinen Geist. Ich kann von England nicht die Zeitung hören; doch prophezei' ich, die Erwählung fällt auf Fortinbras ... Du lebst; erkläre mich und meine Sache den Unbefriedigten!"

Der kleine Fortinbras war jetzt ganz ernsthaft geworden. Er hatte seinen grossen Papa noch nie so menschlich mit ihm reden hören.

„Den Unbefriedigten ..."

Der Regen draussen, der die braunen Dächer drüben schon seit frühmorgens wie mit Glanzlack überzogen hatte, plätscherte, aus dem Fensterblech, unter das die reizende Ophelia natürlich wieder den Wasserkasten zu hängen vergessen hatte, war er jetzt allmählich sogar die graue Tapete hinab bis mitten unter das kleine Blaukattunene gekrochen. Auf seinem kleinen Teich drunter konnten die beiden angebrannten Schwefelhölzchen bereits in aller Gemächlichkeit rundherum Gondel fahren.

Plötzlich schien den grossen Thienwiebel wieder mal irgend etwas unversehens gestochen zu haben.

„Amalie! Amalie!!"

„Was denn schon wieder, Thienwiebel!"

Sie hatte sich nicht einmal umgesehn.

„Amalie! Es ist nicht zu leugnen: Das Kind hat ganz aussergewöhnliche Fähigkeiten! Es hat mich soeben angelacht. Es unterhält sich ordentlich mit mir!"

Amalie grunzte nur verdriesslich.

„Ich wette, man kann ihm schon die Anfangsgründe des Sprechens beibringen, Amalie!"

„Hm? du! Sag mal: a! Na?! a—a—a...."

Der kleine gute Fortinbras wusste sich jetzt vor
lauter Verdutztheit gar nicht mehr zu lassen. Er hatte
seine beiden dicken Händchen rechts und links in den
Korbrand gekrallt und ähte nun, seinen Kopf nach
hinten zurückgelegt, seinen grossen Papa ganz vergnügt an.

„Nicht ä, mein Junge! Sag a! A sollst du sagen!
Also? Na? Aaaa!...."

„Ach, lass doch! Das kann er ja noch nich!"

Amalie hatte es endlich doch für angezeigt gehalten,
sich in's Mittel zu legen.

„Was?! Das kann er nicht?! Sage das nicht, Amalie!
Sage das nicht! Dafür ist er mein Junge! Hä? Bist
du mein Junge? Hä?"

„Aber er ist ja erst kaum ein Vierteljahr alt!"

„So? So? Nun, hm ... Ich will nicht mit dir
rechten, Amalie! Allein du wirst doch vorhin bemerkt
haben, dass er durchaus verstand, was ich meinte!"

Amalie gähnte. Sie gab es auf. Es hatte ja keinen
Zweck! Es war ja alles egal! So oder so!

Der grosse Thienwiebel aber war damit noch nicht
zufrieden. Er konnte seine Idee noch nicht so leicht
wieder fallen lassen.

„Nein, gewiss, Amalie! Der Junge berechtigt zu
den besten Hoffnungen!"

„Ach ...."

„Nun! Was ist denn da so Ungewöhnliches dabei,
Amalie? Du weisst: es giebt mehr Ding' im Himmel
und auf Erden, als unsere Schulweisheit sich träumt,
Amalie!"

Amalie gähnte nur wieder.

> „ . . . und nun, ihr Lieben,
> Wofern ihr Freunde seid, Mitschüler, Krieger
> Gewährt ein Kleines mir!"

Sie gewährten es ihm.

Es war wirklich zu schön von dem grossen Thien-wiebel! Aber er hatte sich jetzt tief über seinen kleinen, süssen Fortinbras, der zu so grossen Hoffnungen berechtigte, gebeugt und wollte ihn nun — o, zum ersten Mal, zum ersten Mal, seit langer, langer Zeit, Horatio! — wieder auf die kleine, bleiche Stirn küssen.

Aber es sollte nicht dazu kommen. Er war bereits wieder zurückgetaumelt, noch ehe er seine schöne That zum Austrag gebracht hatte.

„Ha!"

Seine Augen rollten, seine Fäuste hatten sich geballt, die beiden rothen Troddeln hinten an seinem Schlafrock schlotterten vor Entrüstung.

„Ha!"

Das Räthsel von der alten, lieben, guten, geschäftigen Frau Wachtel von vorhin hatte sich glänzend gelöst.

Sei's Farbe der Natur, sei's Fleck des Zufalls, kurz und gut, aber der kleine Prinz von Norwegen lag wieder seelenvergnügt mitten in seinen weitläufigen Be-sitzungen da.

IV.

Seit die schöne Frau Kanalinspektor, sorgsam in Sackleinwand genäht, endlich abgegangen war, und weitere Promenaden am Hafendamm sich nicht wieder ergiebig erwiesen hatten, war jetzt auch nebenan bei dem kleinen Ole Nissen nichts mehr zu holen. Erneute Bohrversuche bei dem famosen, noblen Putthuhn hatten auch nichts gefruchtet. Seine „Alte" schien ihm nicht sonderlich imponirt zu haben. Wenigstens hatte ihr kleiner „Tintoretto" sie bei seiner letzten officiellen Visite draussen vergeblich an den neuen, schöntapezierten Wänden gesucht. Uebrigens waren die Herrschaften leider gerade ausgegangen. Man schien eben nicht blos in Christiania allein undankbar zu sein.

Keine Hummern bei Hiddersen mehr, keine Egypter mehr, keine „Mieze" mehr! Das Letzte schmerzte den armen, kleinen Ole natürlich am meisten. Aber man konnte es der Kleinen wirklich unmöglich verdenken. Von aufgeweichten Brotkrusten liess sich nicht satt werden.

Der alten, lieben, guten Frau Wachtel aber war damit ein sehr grosser Stein vom Herzen gefallen. Sie hatte nämlich die niedliche kleine Mieze einmal dabei ertappt, als sie dem abscheulichen Ole grade Modell stand,. und da sie hierfür wirklich auch nicht das mindeste Verständniss besass, ein gewisses, kleines Vorurtheil gegen sie gefasst.

Ihr gutes Herz zu bethätigen hatte sie in letzter Zeit leider nur wenig Gelegenheit gehabt. Am unzufriedensten aber war sie jedenfalls mit den dummen Thienwiebels. Was bei der alten Schlamperei dort schliesslich rauskommen musste, konnte man sich ja an den Fingern abzählen.

Der alte, alberne Kerl flözte sich den ganzen Tag auf dem Sopha rum und trieb Faxen, das faule, schwindsüchtige Frauenzimmer hatte nicht einmal Zeit, seinem Schreisack das bisschen blaue Milch zu geben, zu fressen hatten sie alle drei nichts, und die Miethe — ach, du lieber Gott! Wenn man nicht wenigstens noch die paar Sparkreeten gehabt hätte . . .

— — Ja! Es war Wermuth! Sein Verstand war krank! Es fehlte ihm an Beförderung! Im Schoosse des Glückes? O, sehr wahr! Sie ist eine Metze! Was giebt es Neues? Als Roscius noch ein Schauspieler zu

9

Rom war ... Geharnischt, sagt Ihr? Sehr glaublich!
Sehr glaublich! — Ein Mann, der Stöss' und Gaben
mit gleichem Dank genommen, der zur Pfeife nicht
Fortunen diente, den Ton zu spielen, den ihr Finger
griff, ein Bettler, wie er ... Nichts mehr davon!!
Sprich weiter, komm auf Hekuba!

In der That, es liess sich nicht mehr läugnen: er
war jetzt wirklich zu bedauern, der grosse Thienwiebel!

O, welch' ein Schurk' und niedrer Sclav' er war!!
War's nicht erstaunlich? War's zu glauben? War's
möglich? War's nur durch Angewohnheit, die den
Schein gefäll'ger Sitten überrostet, war's Uebermass in
seines Blutes Mischung: kurz und gut, aber er kam
jetzt immer wieder auf sie zurück: auf nichts, auf
Hekuba!

Wozu sollten Gesellen, wie er, zwischen Himmel
und Erde herumkriechen? Dem Staub gepaart, dem er
verwandt, so rings umstrickt mit Bübereien ... nicht
doch, mein Fürst!! Die Mausefalle? Und wie das?
Metaphorisch! Ich bitte, spotte meiner nicht, mein
Schulfreund; Du kamst gewiss zu meiner Mutter
Hochzeit!

Armer Yorick! Denn wenn die Sonne Maden aus
einem todten Hunde ausbrütet, eine Gottheit, die Aas
küsst ... Armer Yorick!

Sein Wahnsinn war des armen Hamlet Feind. —
Amalie, die endlich ihre Drohung wahrgemacht und
in der That seit einiger Zeit etwas zu thun angefangen
hatte, was sie Tricottaillen nähen nannte, liess Alles
getrost über sich ergehen. Es hatte ja keinen Zweck!
Es war ja Alles egal! So oder so.

Der gute, kleine Ole Nissen war unendlich zart
besaitet. Da Frau Wachtel so freundlich gewesen war
und ihm nach so vielen andern geliebten Gegenständen

kürzlich auch noch seine schönen leberwurstfarbenen Pantalons ins Leihhaus getragen hatte, war er jetzt dazu verdammt, die ganzen Tage über in seinem Bett zu liegen und durch die dünnen Bretterwände durch die ganze Wirthschaft mit anzuhören.

„Ha! Büberei! Auf, lasst die Thüren schliessen! Verrath! Sucht, wo er steckt! Du betest schlecht! Ich bitt' Dich! Lass die Hand von meiner Gurgel! Kennst Du diese Mücke?!"

Armer, kleiner Ole! War es Angst oder nur Langeweile? Aber der Schweiss brach ihm oft tropfenweis durch die Stirn.

Der grosse Thienwiebel schien es ordentlich auf ihn abgesehn zu haben! Alle Nachmittag Punkt 5 Uhr versäumte er es jetzt nie, sogar seine „Bude" zu inspizieren. Diese war freilich noch erbärmlicher als seine eigene, aber sie besass dafür den Vorzug, dass man aus ihrem Fenster bequem unten auf das breite, platte, getheerte Nachbardach klettern konnte, von dem man dann eine erfreuliche Aussicht auf die verschwiegenen Brandmauern mehrerer Hinterhäuser genoss. Ein kleines, anspruchsloses Pflaumenbäumchen, dessen verkrüppelte Aestchen von Raupen und Spatzen nur so wimmelten, vervollständigte das Idyll. Der arme, kleine Ole spürte die verhängnissvolle Zeit schon immer eine ganze Weile vorher in seinen Knochen. Der grosse Thienwiebel beliebte es dann nämlich immer, gewisse Unterhaltungen mit ihm anzuknüpfen, die so geistvoll, ideentief und farbenreich waren, dass dem armen, kleinen Ole, den seine ewigen Brotkrusten schon ohnehin arg mitgenommen hatten, nur so der Kopf danach brummte.

„Ich will hier im Saale auf und abgehn, wenn es Seiner Majestät gefällt; es ist jetzt bei mir die Stunde,

9*

frische Luft zu schöpfen. Lasst die Rappiere
bringen!"

Die „Rappiere" waren zwei Leiterstücken, die man
zusammenlegen und von draussen her in das Fensterkreuz einhaken konnte.

Wenn sie „gebracht" worden waren, endete die
Geschichte natürlich stets damit, dass man sie auch
richtig einhakte und an ihnen hinabkletterte.

„Hic et ubique! Aendern wir die Stelle!"

Dann war man in „Helsingör" und promenirte auf
der „Terrasse". Der grosse Thienwiebel in Fez und
Schlafrock, der kleine Ole in Havelock und Unter-
pantalons.

„Ich will die Lieb' Euch lohnen, lebt denn wohl,
Horatio! Auf der Terrasse zwischen elf und zwölf be-
such' ich Euch ... Nicht wahr? Ihr — e ... seid ein
— Fischhändler?!"

Scham, wo war Dein Erröthen!

Der arme, kleine Ole wusste zuletzt selbst nicht
mehr: war eigentlich er verrückt, oder Nielchen.

Aber er hätte sich nicht so zu härmen brauchen.
Der grosse Thienwiebel wusste nur zu gut, was er that.
Er war nur „toll aus Methode". Er war nur toll bei
Nordnordwest; wenn der Wind südlich war, konnte
er sehr wohl einen Kirchthurm von einem Leuchtenpfahl
unterscheiden.

Die ewige Aktsteherei unten in der alten, dummen
Akademie war ihm eben nachgerade langweilig geworden, und da er der alten, lieben, guten Frau Wachtel
doch unmöglich zutrauen durfte, dass sie ihn noch
länger gratis beherbergte, wenn er sich jetzt diese
„Quelle köstlicher Dukaten" so sans façon wieder zu-
stopfte, war er eben eines schönen Tages auf die grossartige Idee verfallen, sich hier in dieser herben Welt

voll Müh' nach und nach für wirklich übergeschnappt
auszugeben.

„Ha! Heisa Junge! Komm, Vögelchen! Komm!
Ich muss nach England; wisst Ihr's? Himmel und
Erde! Es ist nur eine Thorheit, aber es ist eine Art
von schlimmer Vorbedeutung, die vielleicht ein Weib
ängstigen würde. Was? Eine Ratte? Die Spitze auch
vergiftet? Nein! Nein, schöne Dame! Nicht nur mein
düstrer Mantel, gute Mutter, noch die gewohnte Tracht
von ernstem Schwarz, noch stürmisches Geseufz be-
klemmten Odems: nein: Auch die Schmeichelsalb'!
Ich hab's geschworen! Weglöschen von der Tafel der
Erinnerung will ich all' jene thörichten Geschichten!
Nie beuge sich dieses Kniees gelenke Angel, wo
Kriecherei Gewinn bringt! Ich trotze allen Vorbe-
deutungen: es waltet eine besondere Vorsehung über
dem Fall eines Sperlings. In Bereitschaft sein ist alles.
Wetter! Denkt ihr, dass ich leichter zu spielen bin
als eine Flöte? Nennt mich, was für ein Instrument
ihr wollt! Ihr könnt mich zwar verstimmen, aber nicht
auf mir spielen . . .“

Ha! Was? Ein königliches Bubenstück!

Dem kleinen Fortinbras schien dieses königliche
Bubenstück am wenigsten zu imponiren. Ja, aus gewissen Anzeichen glaubte sein grosser Papa manchmal
sogar schliessen zu dürfen, dass er noch nicht einmal
recht Notiz von ihm genommen hatte.

Am auffälligsten zeigte sich dies aber regelmässig
dann, wenn es sich um die „ersten Elemente der Gesangskunst“ handelte. Denn der „arme Yorick“ war
durchaus nicht gewillt, seinem schrecklichen Wahnsinn
zu Liebe auch die seltnen Talente seines zu so grossen
Hoffnungen berechtigenden Söhnchens verkümmern zu
lassen.

Es war ausgemacht! Es war ausgemacht, o reizende
Ophelia! Ja! Sagen wir Ophelia! Teufel! Warum
sollten wir nicht Ophelia sagen? Kurz und gut: es
war ausgemacht. Es sollte ihn und seine Sache den
Unbefriedigten erklären ... Den Unbefriedigten! ...

Sobald er daher nur irgendwie merkte, dass der
kleine Ole nebenan wieder einmal eingeschlafen und die
gute Frau Wachtel wieder mal ausgegangen war und
so „die Beiden, denen er wie Nattern traute,‟ ein Zeit-
lang wieder „unschädlich‟ gemacht waren, ging der
Tanz los.

Seines Kummers „Kleid und Zier‟ war dann plötzlich wie abgefallen von dem grossen Thienwiebel.

Seine „Einbildungen, schwarz wie Schmiedezeug
Vulkans,‟ hatten den armen Yorick verlassen, er war
wieder „zahm, Herr!‟

„Hört doch! Ich bin wieder zahm, Herr! Sprecht!
Ich bin wieder zahm!‟

Aber der kleine, verstockte Fortinbras wollte nicht.
Er hatte sich wieder nur in Ermanglung seines Gummi-
pfropfens, den ihm die reizende Ophelia verbummelt
hatte, seinen grossen Zeh in den Mund gestopft und
sog nun, dass es ihm aus den kleinen, mattrosa Mund-
winkelchen nur so tropfte. Die ersten Elemente der
Gesangskunst liessen ihn heute augenscheinlich noch
kälter als sonst.

Empört hatte sich jetzt der grosse Thienwiebel
wieder in die Höhe gerückt. Die beiden rothen Troddeln hinten an seinem Schlafrock zuzubinden hatte er
natürlich wieder vergessen.

„Amalie! Ich bemerke soeben zu meinem grössten
Erstaunen, Fortinbras ist störrisch!‟

Amalie, die jetzt ihre kleine, mollige Fussbank der
Tricottaillen wegen zu ihrem grossen Leidwesen vom
Ofen ans Fenster hatte verlegen müssen, war grade

dabei, sich ihre erste Nadel für heute einzufädeln. Sie
hatte wieder so lange inhaliren müssen . . .

„Störrisch?"

„Wie ich Dir sage, Amalie! Störrisch!"

„Ach, nich doch!"

„Amalie? Ich sage Dir noch einmal — störrisch!
Fortinbras ist störrisch! Stör-risch!!"

„Ach, red' doch nich! Wo soll er denn störrisch
sein!"

„Amalie?!"

Amalie sah sich nicht einmal um. Sie zuckte kaum
mit den Achseln.

„So! So! Also, Du glaubst mir nicht mehr, wenn
ich Dir etwas sage! Du misstraust mir! In der That!
In der That! Ich hätte mir das denken können! Sag's
doch lieber gleich! Wozu die Umstände! Du bedauerst, dass ich mich nicht noch schneller aufreibe!"

Amalie nieste. Sie wollte ihren Schnupfen gar
nicht mehr los werden. Mitten im Sommer.

„Natürlich! Wie sollte man auch nicht! Man vertreibt sich die Zeit mit — Niesen! Man trinkt Kaffee
und vertreibt sich die Zeit mit — Niesen! In der That!
In der That! Andre Leute mögen unterdess zusehn,
wie sie fertig werden! . . . Aber, ich werde es Dir beweisen, Amalie! Hörst Du? Ich werde es Dir beweisen,
dass Fortinbras störrisch ist! — — Du! Sag a . . . a . . .
Nun? Wird's bald? . . . Na? . . . A! . . . Du Schlingel!
A! . . . A!! . . . Ha! Siehst Du?! Wie ich Dir sagte,
wie ich Dir sagte, Amalie! Der Lümmel brüllt, als
wenn ihm der Kopf abgeschnitten wird! Er ist
störrisch! Habe ich Recht gehabt?! — Willst Du still
sein, Du Zebra?! Gleich bist Du still!"

Jetzt endlich war Amalie an ihrem Fenster plötzlich etwas aufmerksamer geworden.

„Du willst ihn doch nicht etwa — schlagen?"

„Gewiss will ich das, Amalie! Ein Kind darf nicht
eigenwillig sein! Ein Kind bedarf der Erziehung,
Amalie! Eine leichte Züchtigung ..."

„Niels!?"

„Ach was! Aus dem Weg! Aus dem Weg, sage
ich! ... Da, Du in-famer Schlingel! Da, Du in ...
Amaaalie!"

„Gewiss, Du alter Esel! Du glaubst wohl, Du
kannst hier am Ende thun, was Du Lust hast? Du
gehörst ja in die Verrücktenanstalt! Wie kann man
denn 'n Kind von 'nem halben Jahr so malträtiren?!
Wie kann man es schlagen!"

„Amaaalie!!"

War's möglich?! War es zu glauben?! War das
seine Backe?!

„Amaaalie!!!..."

V.

„Wirthschaft, Horatio! Wirthschaft! Das Gebackne
vom Leichenschmaus gab kalte Hochzeitsschüsseln. E
— doch, um auf der ebenen Heerstrasse der Freundschaft zu bleiben: was macht Ihr auf Helsingör?"

Der grosse Thienwiebel hatte wieder gut auf der
ebenen Heerstrasse der Freundschaft zu bleiben; was
sollte der kleine Ole gross machen auf Helsingör? Was
er nun schon seit Wochen machte: Firmenschilder
pinseln! Das rentirte sich nämlich famos, weisst
du!"

Abel Gröndal: Materialwaarenhandlung, auch Hä-
ringe — Lars Brodersen: Canariensieen und Hanf-
saamen — Jacob Lorrensen: Alle Sorten Rauch-, Schnupf-
und Kautabak — etc. pp. Hä?! Was?! Noble Putt-
hühner!!

Die schönen Leberwurstfarbenen waren wieder zu
Ehren gekommen, die prachtvollen Egypter wurden
wieder nur so pfundweis verpafft, die verteufelte, kleine
Mieze liess die arme, liebe, alte, gute, Frau Wachtel
kaum mehr vom Schlüsselloch wegkommen.

Es war aber auch wirklich schrecklich, was es jetzt
alles dort drinnen zu sehn gab. Die vielen weissen
Salbentöpfe, in die die Farben nur so wie Butter ein-
gequetscht waren, die merkwürdig grossen Maurerpinsel,
die der geschäftige, kleine Ole kaum zu dirigiren ver-
mochte, die schönen, dicken, mannslangen Bretter, auf
denen man jetzt die wunderbarsten Sachen zu lesen
bekam, und vor allen Dingen auch jener grosse, ge-
heimnissvolle, grüne Wandschirm dicht neben dem
Ofen, hinter dem sich immer die schändliche, kleine
Mieze versteckt hielt, das alles interessirte die alte,
liebe, gute Frau Wachtel auf das lebhafteste. Noch
nie hatte sie sich mit ihrer Stellung als Zimmerver-
miether in so zufrieden gefühlt. Die drückendsten alten
Rückstände waren wieder ausgeglichen, für die dösigen
Thienwiebels brauchte ihr jetzt auch nicht mehr so
bange zu sein, ja, ja! Der liebe Herrgott!

Die reizende Ophelia war wieder in ihren alten
Stumpfsinn zurückverfallen. Sie bereute ihre Unthat
auf's Tiefste. Das Einzige, was ihr so schliesslich
noch vom Leben übrig geblieben war, war ihr Salbeitopf.

Ihr grosser Gatte verachtete sie nur noch ... Geschrieben — e ... hatte man ihm zwar unterdessen
bereits, aber — e ... wie kam's, dass sie umherstreiften?
Ein fester Aufenthalt war vortheilhafter für ihren Ruf
als ihre Einnahme! Kurz und gut, es war eben nur
eine umherziehende Truppe gewesen und der grosse
Thienwiebel hatte sich zu degradiren gefürchtet. So
lange noch der kleine Ole da nebenan da war ... kurz

und gut: er that, was ihm Beruf und Neigung hiess!
Denn ... e ... jeder Mensch hat Neigung und Beruf!

Am schlimmsten erging es jedoch entschieden dem
kleinen Fortinbras. Seine Zähnchen hatten ihm seinen
schönen Gummipfropfen ganz verleidet. Er hatte an
nichts mehr Freude; nicht einmal am Schreien mehr.

Er war ein vollendeter Pessimist geworden. An
seinem künftigen Beruf, seinen grossen Vater den Unbefriedigten zu erklären, schien ihm nur noch wenig
zu liegen. Sein kleines Züngchen war dick belegt,
seine Händchen sahen weiss wie Kuchenteig aus, er
schlief jetzt oft ganze Tage lang.

Nur heute Abend war er auffallend munter.

Die beiden hellen Lampen auf dem Tische, die vielen
Leute, der Scandal, der merkwürdig grosse Zuckerkringel, den man ihm so unerwartet in die Hand gesteckt hatte: er begriff das alles nicht. Nu blos noch'n
bisschen Streupulver!

Die Damen hatten auf dem Sopha Platz genommen,
die kleine Mieze, die sich zu den Mannsleuten rechnete,
sass dem kleinen Ole vis-à-vis, der grosse Thienwiebel
präsidirte. Die grossartige Gans mitten auf dem Tisch,
in deren knusprigen Prachtrücken er eben energisch
seine blitzende Bratengabel gestossen hatte, roch durch
das ganze, kleine Zimmer. Die beiden Lampen rechts
und links brannten durch ihren Dampf wie durch einen
Nebel. Frau Wachtel, die sich in ihrer Sophaecke wie
auf einem Präsentirteller vorkam, athmete schwer. Sie
hatte heute ihr „Seidnes" an.

„Wilkommen, all ihr Herrn! Wir wollen frisch
daran, wie französische Falkonire, auf alles losfliegen,
was uns vorkommt! Beim Himmel! Den mach' ich
zum Gespenst, der mich zurückhält! ... Ha! Seid Ihr
tugendhaft, schöne Dame?"

„Thienwiebelchen?"

Der kleine Ole, der sich eben über seinen pompösen
Flügel hergemacht hatte, blinzelte vor Entzücken. Die
kleine Mieze war heute mal wieder ordentlich zum An-
knabbern!

„Thienwiebelchen?!"

Das reizende Grübchen in ihrem rosa Fingerchen
kam jetzt so recht zur Geltung.

„Thienwiebelchen? Es giebt was!"

Aber der grosse Thienwiebel, der sich jetzt auch
die Serviette unter sein blaues Doppelkinn gestopft
hatte, fühlte sich wieder durchaus auf der Höhe der
Situation.

„Meint Ihr, ich hätte erbauliche Dinge im Sinn?
Ein schöner Gedanke, zwischen den ..."

„Nielchen!!"

Der kleine Ole hat es für die höchste Zeit gehalten.

Er hatte sich jetzt auch seinen prachtvollen Porter
eingeschenkt und schwenkte ihn nun fidel gegen die
neue Lampe.

„Putthuhn Nro. 25!"

Sein schönes Jubiläum sollte nicht so ohne Weiteres
zu Wasser werden.

„Putthuhn Nro. 25!"

Die kleine Mieze war jetzt ganz roth vor Vergnügen.
Die beiden, kleinen, silbernen Ringe in ihren Ohr-
läppchen blitzten, ihr Stumpfnäschen sah wie aus
Marzipan aus.

„Bravo, Dickchen! Es soll leben! Putthuhn
Nro. 25!"

Sie hatte ausgelassen mit ihm angestossen.

Frau Wachtel räusperte sich jetzt. Ihr Seidnes
hatte sich eben etwas geklemmt.

„Etwas — etwas Sauce gefällig, Frau Thienwiebel?"

Amalie nickte. Ihr Teller schwamm zwar schon, aber: es war ja alles egal. So oder so.

Ihr grosser Gatte drüben suchte eben wieder einzulenken.

„Nun, nun, schöne Dame! Denn — e — wenn die Sonne Maden aus einem todten Hunde ausbrütet, eine Gottheit, die ... Ha! Wilde Hölle! Wer ist, dess Gram so voll Emphase tönt?!"

Es war der kleine Fortinbras. Sein Zuckerkringel war ihm eben über den Korbrand weg auf die Stuhlkante gefallen, dort entzweigeschlagen und lag nun in kleine Stücke zerbröckelt unten auf den schmutzigen Dielen.

„Ha, mörd'rischer, blutschänd'rischer, verruchter Däne! Trink diesen Trank aus! Ich will den Wanst ins nächste Zimmer schleppen!"

Aber die besorgte kleine Mieze hatte ihre Gabel schon schnell wieder auf ihren Teller klappen lassen.

„Ach! Nicht doch, Thienwiebelchen! Nicht doch!"

Sie war aufgesprungen und bückte sich jetzt zierlich über den plumpen Korbrand.

„O, mein Zuckerpüppchen! Mein Schatz! So ein niedliches, kleines Kerlchen! Nicht wahr, Du willst auch was haben? Ach, mein Liebchen!!"

Sie hatte sich jetzt den kleinen Fortinbras auf den Schooss gesetzt und küsste ihn nur so.

„Auch was haben, Dickerchen?" Kuss! — „Auch was haben, Dickerchen?" Kuss! Kuss, Kuss, Kuss, Kuss!!

Der kleine Fortinbras juchzte. Er hatte noch nie so etwas erlebt. Er zappelte jetzt, dass es nur so eine Art hatte. Er lachte aus vollem Halse!

„Grrr ... grrr ... grrr ... äh! Grrr ... äh!"

Der grosse Thienwiebel sass da. Die Weste unten

aufgeknöpft, die Augenbrauen tragisch in die Höhe gezogen.

„Wie keck der — e — Bursch ist! ... Wahrhaftig, Horatio! Ich habe seit diesen drei Jahren darauf geachtet. Das Zeitalter wird so spitzfindig, dass der Bauer dem Hofmann auf die Fersen tritt!"

Aber der kleine Ole beachtete ihn kaum. Die kleine Mieze war ihm jetzt weit interessanter. Sie sah jetzt ordentlich wie eine kleine Hausmutter aus.

„Na, Dickerchen?"

Auch Frau Wachtel machte jetzt grosse Augen. Amalie pappte.

„Ja, mein Junge! Sie essen alle, und mein Dickerchen soll gar nichts haben! Wie? — Aber das lässt er sich nicht gefallen! Wie? — Ach, bitte, Frau Thienwiebel! Reichen Sie mir doch das Bisschen Bisquit da von der Commode her. Auch die Milch, bitte!"

Frau Thienwiebel erhob sich schwerfällig und brachte das Verlangte.

Die kleine Mieze hatte den Bisquit jetzt aufgeweicht und fing nun an, den kleinen Fortinbras damit zu füttern. Von ihrem Teller, auf dem neben den drei gebratenen Aepfeln nur noch ein paar kleine, fetttriefende Hautstückchen lagen, naschte sie kaum.

Der kleine Fortinbras stöhnte vor Behagen.

„He? Willst Du noch mehr, Dickerchen? Noch mehr?"

Der kleine Ole hatte sich jetzt neugierig über den Tischrand gebogen. Sein Schnurrbärtchen duftete nach chinesischer Tusche.

„Nein! Nein! Nu sieh doch blos, Dickerchen! Wie es dem Balg schmeckt! — Was?! Noch mehr?! — No! No! Nur nicht gleich schreien! — So!"

Frau Wachtel war jetzt ordentlich bis zu Thränen gerührt. Und wenn sie bis zu Thränen gerührt war,

vergass sie es auch nie von ihrer verstorbenen Pflege-
tochter zu erzählen. Und das kam ziemlich oft vor.

„Ja, sehn Sie! Sie war ein Engel, Frau Thienwiebel! Ein Engel!“

Frau Thienwiebel kaute.

Frau Wachtel beschrieb jetzt ausführlich die Krankheit des Engels und wie er dann gestorben war. Er
hatte Malchen geheissen und war dabei so himmlisch
geduldig gewesen.

„Ja, sehn Sie, Herr Nissen! Sie war mein Einz'ges!
Sie tröstete mich noch, als schon der Tod kam. Sie
war ein Engel!“

Sie hatte sich jetzt auch auf ihr Taschentuch be-
sonnen und drückte es sich nun abwechselnd in die
Augen.

„Ach, wein' doch nicht, Mutterchen! Wein' doch
nicht! Nun komm ich ja zum lieben Gott!“

Sie weinte jetzt, dass ihr die Thränen nur so auf
ihr Seidnes kullerten!

Der kleine Ole war bereits eine ganze Zeit lang
verlegen auf seinem Stuhl hin und her gerutscht. Er
hatte es unten auf das kleine, niedliche Füsschen unterm
Tisch abgesehn gehabt und war dabei eben auf die
alten, pflegmatischen Filzpantoffeln der reizenden
Ophelia gestossen.

Er war ordentlich roth darüber geworden.

„Ja! Sehn Sie! Sie war mein Einziges!“

Der kleine Fortinbras plantschte vor Wonne.

„Grrr ... grrr ... grrr .. ,“

Dieses freundliche, frische Gesicht mit den hellen
Augen und den blonden Löckchen über ihm — er kam
gar nicht mehr raus aus dem Lachen! Sogar sein
Streupulver hatte er vergessen!

„Grrr ... grrr ... grrr ... Aeh!“

Seine Händchen hatten jetzt in die Höhe gegrapscht,

die kleine Mieze liess von ihm ihre Stirnlöckchen zausen.

„Nein, Dickchen! Nu sieh doch blos! Nu sieh doch blos!"

Der kleine Ole schnäuzte sich. Er war wie mit Blut übergossen.

„Ja! Das glaub' ich! Das hast du wohl noch nicht so gut gehabt, Dickerchen! Wie?"

Jetzt hatte sich endlich auch Frau Wachtel über ihn gebückt. Ihr Taschentuch lag wieder sauber ausgefältelt auf ihrem Schooss, sie kitzelte ihn wohlwollend unterm Kinn.

„Ach, mein Putteken! Ach, mein Mäuseken! Hab'n se dir so lange hungern lassen!"

Ihre Stimme zitterte, sie sah noch ganz verweint aus.

Amalie tunkte grade ihre Sauce auf.

Der grosse Thienwiebel aber hatte sich nunmehr rücklinks in seinen Stuhl zurückgelehnt und starrte jetzt, die Hände in den Hosentaschen, erhaben oben in die beiden gelben Lichtklexe, die die Lampen zitternd an die Decke malten.

Denn, was ein armer Mann wie Hamlet ist .... Nichts mehr davon!

Der Rest war Schweigen . . .

Endlich war alles wieder abgeräumt. Frau Wachtel, die nicht Scat spielte, hatte sich mit ihrem Seidnen, ihrem Taschentuch und ihrer zweiten Lampe wieder hinten in ihre Küche zurückgerettet, Amalie kauerte wieder auf ihrem Fussbänkchen neben dem Ofen. Sie hatte sich noch nachträglich eine kleine Bratenschmalzstulle geschmiert.

Es war ziemlich kalt im Zimmer. Das Feuer war ausgegangen und man hatte nichts mehr nachzulegen. Der grosse Thienwiebel, dessen Schlafrock mit der Zeit

aufgehört hatte scatfähig zu sein, hatte sich statt dessen
in die rothe Bettdecke eingewickelt.

„Die Luft geht scharf; es ist entsetzlich kalt!
Tourner, Horatio!"

„Passez, Nielchen!"

„Dito, Tienchen!"

„Was denn, Schäfchen?"

„Na, wird's bald?"

„Ah so! — Da, Schäfchen!"

Na, endlich!"

Sie hatte die Cigarrette, die ihr der kleine, eifrige
Ole gereicht hatte, mit spitzen Fingern angefasst und
zog jetzt ein Gesicht, als ob ihr der Rauch lästig wäre.
Sie wusste, dass ihr das liess! Es hatte auch sofort
den Erfolg, dass ihr Dickchen einen Kuss mauste.

„Nein doch! So eine Unverschämtheit!"

Sie hatte ihn unterm Tisch mit dem Knie gestossen.

„Pique Ass! Nicht wahr, Wiebelchen?"

„Sehr wohl, schöne Dame! Sehr wohl! Vortrefflich, meiner Treu! Was wäre da zu fürchten? Ich —
e — selbst bin — e — hm! — leidlich tugendhaft..."

Der kleine Fortinbras war jetzt vollständig vergessen. „Voll Speis' und Trank in seiner Sünden
Maienblüte" lag er jetzt wieder „sicher beigepackt"
hinten in seiner dunklen Korbecke und starrte nun
trübselig drüben in den Cigarrenqualm, der in dicken
Schichten um die grüne Glocke wogte. Seit seiner
Geburt war er nicht übermässig oft aus seinem Winkel
hervorgeholt worden. Das unerwartete Glück heute
hatte ihn ganz sehnsüchtig nach dem Lichte dort gemacht. Der Schoos, der Zuckerkringel, die Löckchen
... er hatte wieder zu quäken angefangen.

Amalie rührte sich nicht. Der Bengel wollte blos

immer genommen sein. Sie hatte schon au einmal genug.

„Coeur Trumpf, Nielchen!“

„Ihr sagtet?“

„Ich sagte: Coeur Trumpf, Nielchen! Coeur Trumpf!“

„Ha, blut'ger kupplerischer Bube! Unmöglich bei diesem verwünschten Geschrei ein Wort zu verstehn! Wenn Du nicht gleich still bist, Du infames Balg, dann schlag' ich Dich blitzblau wie eine Heidelbeere!“

„Nicht doch! Das kneift ja, Ole! Au!“

„Ach was, Schäfchen! Lass doch!“

Das Sopha hatte in diesem Augenblick genug mit sich selbst zu thun.

Amalie, die auf ihrer kleinen Fussbank schon wieder halb eingenickt war, blinzelte kaum. Der grosse Thienwiebel war vor einer zweiten Ohrfeige sicher.

Er hatte sich jetzt in seiner rothen Bettdecke ergrimmt vor den Korb gestellt und brüllte nun wüthend auf das arme, kleine Bündelchen ein.

„Willst Du still sein, Du — Lausbub!?“

Aber der „Lausbub“ war's nicht. Er wollte auch mal va banque spielen. Er schrie jetzt, als wenn er seine kleinen Lungen auseinandersprengen wollte.

„Aber . . . Das ist doch wirklich unerhört! . . . Na, warte! Du . . . Du — Lindwurm, Du! Warte!“

Er prügelte ihn jetzt, dass es nur so klitschte. Als aber auch das nichts half, riss er das Kopfkissen unter ihm vor und presste es ihm auf das Gesicht.

Der kleine Fortinbras war jetzt auf einen Augenblick vollständig verstummt. Sein Geschrei war wie abgeschnitten.

Aber der grosse Thienwiebel hatte noch nicht genug.

„Nichtsnutziger Patron!“

Er hatte ihm jetzt das Kissen noch fester aufgedrückt.

Der kleine Ole hatte die kleine Mieze, die noch
ganz roth vor Aerger war, wieder losgelassen. Er war
jetzt ordentlich ängstlich geworden.

„Um Gottes Willen, Nielchen! Er erstickt ja!"

„Ach, Unsinn! So schnell geht das nicht!"

Nein! So schnell ging das auch nicht! Denn als
der grosse Thienwiebel nach einiger Zeit das Kissen
fortnahm, schnappte zwar der kleine Fortinbras ein
paar Augenblicke verzweifelt nach Luft, fing dann aber
sofort wieder von Neuem an.

„Ole!"

Empört war die kleine Mieze jetzt aufgesprungen.
Das schreckliche Kopfkissen hatte den Kleinen von
Neuem zugedeckt.

„Ole! Das leidst Du?"

„Ach was! Er weiss es ganz gut, der Lümmel! Er
soll nicht schreien! Es ist die reine Bosheit! Man bekommt das wirklich satt!"

„Pfui! Ole, komm! Lass den alten — Pavian!"

„Pa ... Pa ... Pa ..."

Der kleine Ole hatte jetzt verlegen nach seiner
Uhr gesehn.

„... Pavian?!!!"

Endlich war der grosse Thienwiebel wieder zu sich
gekommen!

„Hinaus, sag' ich!! Hinaus!!"

Aber sie waren es bereits. Einen Augenblick lang
noch hörte er sie draussen durch die Küche tappen;
dann, endlich, war nebenan bei ihnen die Thür zu-
gefallen.

Er stand da! Um seine Schultern die rothe Bettdecke, in seiner Rechten das kleine, blaugewürfelte

Kopfkissen. Drüben, in der Ofenecke, die reizende Ophelia.

„Da! Nymphe!!"

Er hatte ihr das Kissen ins Gesicht geschleudert. --

VI.

Seit ihr zweiter, unliebenswürdiger Gatte ihr vor ungefähr fünf Jahren auf der „Dicken Selma" treulos nach Canada ausgerückt war, hatte die liebe, gute, alte Frau Wachtel keinen solchen Aerger mehr auszustehn gehabt.

Nicht blos, dass seine Stiefelabsätze noch überall auf dem Sopha deutlich zu sehn waren, nicht blos, dass das Fensterkreuz von den dämlichen Leiterstücken, die jetzt natürlich zerbrochen unten auf dem Pappdach lagen, total ruinirt war, bewahre: auch die ganze Tapete war von oben bis unten mit Oelfarben beklext! Der vermaledeite, knirpsige Schmierpeter schien sich die ganze Zeit dran seine schwein'schen Pinsel ausgequetscht zu haben. Pfui Deibel ja!

Aber, das war ihr ganz recht! Warum hatte sie das ganze Pack nicht schon längst an die Luft gesetzt! Wenn's wenigstens noch die verrückten Thienwiebels gewesen wären. Aber die holte ja der Satan nicht! Die hakten fest wie Kletten an ihr!

Die alte, liebe, gute Frau Wachtel war ganz ausser sich. Aber sie hatte wirklich Pech mit ihren Mannsleuten. Der kleine Ole hatte sich in der That nicht entblödet, ihr mit Hinterlassung einiger alter „Schinken", deren Darstellungsobjecte es unmöglich zuliessen, dass man sie sich übers Sopha hing, auszukneifen.

„Solch' eine That, die alle Huld der Sittsamkeit
entstellt, die Tugend Heuchler schilt, die Rosen weg-
nimmt von unschuldvoller Liebe schöner Stirn und
Beulen hinsetzt ... Ha!"

Aber der grosse Thienwiebel suchte sich jetzt vergeblich beliebt zu machen. Seine „Schmeichelsalb'" zog
nicht mehr. Frau Rosine Wachtel verlangte jetzt
energisch ihre Miethe.

Heut' war der Siebente: wenn ihr bis zum Vier-
zehnten nicht alles bezahlt war: — raus!!

Ja! ... Sterben — schlafen — nichts weiter! Und
zu wissen, dass ein Schlaf das Herzweh und die tausend
Stösse endet, die uns'res Fleisches Erbtheil — 's ist
ein Ziel auf's Innigste zu wünschen! ... Ja! dies war
ehedem paradox! Paradox! ... Doch nun — bestätigte
es die Zeit! Armer Yorick! ...

Der grosse Thienwiebel fühlte, dass es jetzt zu
Ende war mit seiner Kraft. Er wollte nun arbeiten,
Freund! Arbeiten! Er wollte seine ganze Kraft auf-
bieten. Er — er ... er wollte ihn „suchen" gehn!
„Lasst mich! Er ist ermordet, Amalie! Er ist er-
mordet!" ...

Er hatte sich jetzt wieder seinen alten, oliven-
grünen Leibrock zurechtgeflickt und trieb sich nun
ganze Tage lang im Hafenviertel umher. — „Ha! Todt?!
Für 'nen Dukaten, todt?!" ... Er hatte wieder eine
prachtvolle Ausrede. Ein Bubenstück! Er brauchte jetzt
kaum mehr die Nächte nach Hause zu kommen. Er
schnurrte sich herum, so gut es ging. Da gab es noch
— e: Collegen! Leute! Leute? Pah, Stümp'rr! Aber
— e ... sie — e ... Nun ja! Sie sorgten für die Be-
wirthung der Schauspieler! Wetter! Es lag darin
etwas Uebernatürliches! Wenn die Philosophie es nur
hätte ausfindig machen können! ...

Aber die Philosophie machte es nicht ausfindig.
Der grosse Thienwiebel kam nie dahinter.

Er hatte sich jetzt nach und nach bis unten in
die Hafenspelunken verirrt. Mehrere Sackträger waren
bereits seine Dutzbrüder geworden. Bevor nicht „der
Hahn, der als Trompete dient dem Morgen", bereits
mehrere Male nachdrücklich gekräht hatte, kam er jetzt
selten mehr die Treppen in die Höhe gestolpert.

Amalie nähte noch immer die Trikottaillen. Der
Stumpfsinn hatte sie nach und nach zur reinen
Maschine gemacht. Die reizende Ophelia in ihr war
jetzt endgültig begraben. Für alle Zeiten! ... Ihre
Brust war noch schwächer geworden ...

Dem kleinen Fortinbras ging es noch jämmerlicher.
Sein ganzes Gesichtchen war jetzt dicht mit rothen
Pusteln betupft. Ein Schächtelchen Zinksalbe, zu dem
sich die Familie im Anfang denn doch noch aufge-
schwungen hatte, lag jetzt zusammengequetscht, ver-
staubt hinterm Ofen. Es war nicht mehr erneuert
worden.

Der grosse Thienwiebel hatte nicht so ganz Unrecht: Die ganze Wirthschaft bei ihm zu Hause war
der Spiegel und die abgekürzte Chronik des Zeitalters.

VII.

Zwölf! ...

Erschöpft hatte sie sich wieder auf ihrem Fussbänkchen zurücksinken lassen. Der Ofen hinter ihr
war eiskalt. Durch ihre Nachtjacke durch fühlte sie
deutlich seine Kacheln. Sie fröstelte!

Die letzten Töne draussen brummten und zitterten
noch, das kleine Talglicht, das in eine leere, grüne
Bierflasche gesteckt dicht vor ihr auf dem umgekippten
Kistchen mitten zwischen dem Nähzeug stand, knitterte
in der Kälte.

Frau Wachtel nebenan schnarchte, der kleine
Fortinbras hatte sich drüben in seinem Korb wieder
unruhig auf die andere Seite gewälzt. Sein Athem
ging rasselnd, stossweis, als ob etwas in ihm zerbrochen war.

Draussen auf das Fensterblech war eben wieder
ein Eiszapfen geprasselt. Dicht davor, unterm Bett,
jetzt deutlich das scharfe Nagen einer Maus.

Zwölf!

Sie hatte ihr Nähzeug wieder fallen lassen. Ihre
Finger waren krumm zusammengezogen, sie konnte sie
kaum noch aufkriegen. Um die Nägel herum waren
sie blau angelaufen. Sie hauchte jetzt in sie hinein.
Ihr Athem brodelte sich staubgrau um das kleine,
zitternde Flämmchen. Eine verspätete Fliege, die
dicht neben dem schwarzen Docht in den kleinen,
runden Talgkessel drunter gefallen war, verkohlte
langsam. Ab und zu knisterte es . . . .

. . . .

. . . .

„Halt' ihn! Halt' ihn! Hülfe!! Hülfe!!

Erschreckt war sie zusammengefahren.

Sie sah jetzt auf. Ihr schlaffes, weisses Gesicht
war noch stupider geworden.

„Hierher! Hierher! Hülfe!!"

Der gelbe Lichtklex vor ihr liess jetzt das Zimmer
dahinter noch dunkler erscheinen. Nur vom Fenster
her durch das eckige Loch in der Bettdecke, von
draussen, das matte Schneelicht.

„Hülfe! Hülfe!!"

Sie war aufgesprungen und ans Fenster gestürzt. Das kleine Talglicht hinter ihr war erloschen. Es war umgekippt und lag jetzt unter dem Nähzeug.

„Wächter!! Wächter!! Halt' ihn!! Jonas! Jonas!!"

An allen Gliedern bebend hatte sie jetzt die alte Bettdecke in die Höhe gerafft und suchte nun durch die wirbelnden Schneeflocken draussen unten auf die Strasse zu sehn. Ihre Zähne klapperten vor Frost, die Scheere, die sie noch fest in der Hand hielt, klirrte im Takt gegen die Scheibe.

Ein paar Dachgiebel hoben sich blaugrau drüben aus der Dunkelheit ab. Irgendwo in einem Fenster flimmerte noch ein Licht.

„Hurrah! Papa Svendsen! Moi'n, oller Junge! Prost Neujahr!!"

Sie athmete auf. Es hatte laut gelacht. Jetzt: eine barsche Stimme, ein Stock, der schnell noch eine Jalousie herunterrasselte, die ganze Gesellschaft war wieder um die Ecke.

Eine kleine Weile noch horchte sie.

Ab und zu von den Dächern, polternd, der Schnee, in der Ferne, leise, ein Schlittenglöckchen.

Sie hatte die Decke wieder fallen lassen. —

Einen Augenblick lang stand sie da! Das ganze Zimmer war jetzt schwarz. Nur hinter ihr, matt durch die Decke, das Schneelicht.

Sie tappte sich auf den Tisch zu. ·

Gegen die Kante stiess sie. Ein Fläschchen war umgeklirrt, es roch nach Spiritus. Das Zündholzschächtelchen hatte jetzt geraschelt, es flackerte auf! Sie leuchtete über den Tisch hin. Der schmale Goldrand um die kleine Photographie glitzerte. Die Nachtlampe stand auf dem alten, aufgeklappten Buch mitten zwischen dem Geschirr.

Jetzt ein leises Sprüh'n und Knistern, der Docht hatte gefangen. Ueber ihr, gross an der Decke, ihr Schatten.

Frau Wachtel nebenan schnarchte, der kleine Fortinbras stöhnte.

Sie hatte sich jetzt auf den Bettrand gesetzt. Die beiden Zipfel des Kopfkissens, das sie um ihre Schultern gepackt hatte, drückte sie vorn mit ihrem Kinn fest gegen ihre Brust zusammen. Ihre Arme hatten sich gegen ihren Leib gekrampft, ihre hochgezogenen Kniee waren eng aneinander gepresst. Sie zitterte über den ganzen Körper! Ihr Gesicht hatte sich verzerrt, stumpf stierte sie vor sich hin. Die Scheere, die ihr vorhin vom Tisch runtergekippt war, lag unten vor ihr auf den grauen Dielen. Sie flinkerte.

Das Lämpchen auf dem Tisch hatte jetzt leise zu zittern angefangen, die hellen, langgezogenen Kringel, die sein Wasser oben quer über die Decke und ein Stück Tapete weg gelegt hatte, schaukelten. Das Geschirr um das Glas hob sich schwarz aus ihnen ab. Die Kaffeekanne reichte bis über die Decke.

„Brrr … Ae!"

Ihre Pantoffeln waren jetzt unter den Tisch geflogen, sie hatte sich hastig unter das Deckbett gekuschelt.

Die weissen Lichtringe flutheten und flutheten, das Oel auf dem Tisch knatterte leise, ein kleines Fünkchen war eben von seinem Docht abgespritzt und schwamm nun schwarz in der dicken, goldgelben Masse.

Unter dem Deckbett drüben lag es jetzt wie ein Klumpen. An einer Stelle sah noch ihr Unterrock vor

. . . .

„Still, Hund! … Ae!!"

Er hatte sich jetzt seinen alten Cylinder, auf dem

noch der dicke Schnee lag, vom Kopf gerissen und
feuerte ihn nun wüthend drüben in die dunkle, schreiende
Ecke, wo der Korb stand. Die Thür hinter ihm war
dröhnend ins Schloss gekracht.

„Niels!!"

Das Deckbett, das jetzt quer auf den Dielen lag,
hatte zur Hälfte den Stuhl mitgerissen. Sie kniete
aufrecht mitten im Bett. Ihre Nachtjacke vorn hatte
sich ihr bis oben unter die Arme verschoben, ihr
Haar hing in Strähnen um ihr Gesicht.

„Halt's Maul! Fang' nicht auch noch an!"

Er hatte sich jetzt auch seinen alten, abgeschabten
Rock runtergezerrt. Das kleine Spiegelchen über der
Commode, gegen das er ihn geschleudert hatte, war
runtergeschurrt und lag nun zersplittert auf dem
blinkernden Wachstuch.

„Na, wird's bald?!"

Der kleine Fortinbras jappte nur noch.

„Na?!... Dein Glück, Canaille!..."

Seine Stiefeln waren jetzt dumpf gegen die kleine
Kiste neben dem Ofen gebullert. Der aufgeschlammte
Schnee dran war nass gegen die Kacheln geplatscht.
Er suchte jetzt nach den Pantoffeln.

„Ach was! Halt' Dein Maul, sag' ich!... Die Ohren
vollplärren ... Könnte mir noch grade passen!...
Sind die Sachen gepackt?!"

Das Schnarchen nebenan hatte aufgehört. Es
schubberte jetzt deutlich gegen die Thür.

„Ob Du gepackt hast?!"

„Nein, Niels ... ich ..."

Sie stotterte!

„Natürlich! Man hat ja mal wieder zur Abwechs-
lung die Schwindsucht!... Bitte, geniren Sie sich nicht,
Frau Wachtel! Treten Sie näher! Heute geht's ja woll
noch!"

Sein Schatten, der bis dahin kreuz und quer über die weisse Decke geschossen war, war jetzt verschwunden. Er hatte sich unter den Tisch gebückt.

Vom Bett her hatte es eben laut zu husten angefangen.

„Ach, Du mein lieber Gott!... Ach Gott! Ach Gott! Die arme Frau!"

Sie hatte jetzt ihr Gesicht in das Kissen gepresst und weinte.

„Nu ja! Nu ja! Nu heul' doch noch'n bisschen! Das ist ja Deine Force! Weiter kannste ja woll nischt!"

Er war eben in die Pantoffeln gefahren und suchte nun auf dem Tisch herum. Ein Messer klapperte gegen die Kochmaschine, eine Tasse war umgekippt.

„Natürlich! Keen Fippschen mehr! Für Deine Schwindsucht hast Du ja noch'n janz juten Appetit!... Herrlich! Das thut immer, als ob es Poten saugt und frisst ein'm die Haare vom Kopp' runter!"

Er hatte sich seine Fäuste in die Hosentaschen gestopft und schnaubte nun im Zimmer auf und ab.

„So'ne Zucht! So eine — Zucht!!"

Er hatte mit dem Fuss in die kleine, hohle Kiste mit dem Nähzeug gestossen. Die Flasche war auf den Boden geschlagen, das Licht bis unters Bett gekullert.

„Lächerlich!"

Er hatte jetzt auch noch die Flasche druntergestossen.

„Lächerlich!!... Wirst Du still sein?!!"

Der kleine Fortinbras hatte wieder laut zu schreien angefangen.

„Bestie!"

Mit einem Satz war er auf den Korb zu.

„Bestie!!"

Das Geschrei war wieder wie abgeschnitten.

„Alberne Komödie!"

Er hatte sich jetzt wieder nach dem Bett zu gedreht. Seine Fäuste waren geballt. Unter den Kissen hervor hatte es deutlich geschluchzt.

„Alte Heulsuse!"

Die beiden dicken Falten um seine Nase waren jetzt noch tiefer geworden, zwischen seinen verzerrten Lippen blitzten seine breiten Zähne auf.

„Ae!!"

Ueber seinen Rücken war ein Frösteln gelaufen.

„So'ne Kälte!"

Er rückte sich jetzt geräuschvoll den Stuhl zurecht.

„So'ne Kälte!! Nich mal'n paar lump'je Kohlen hat das! So'ne Wirthschaft!"

Seine Socken hatte er jetzt runtergestreift, der eine war mitten auf den Tisch unter das Geschirr geflogen.

„Na?! Willste so gut sein?!"

Sie drückte sich noch weiter gegen die Wand.

„Na! Endlich!"

Er war jetzt zu ihr unter die Decke gekrochen, die Unterhosen hatte er anbehalten.

„Nich mal Platz genug zum Schlafen hat man!"

Er reckte und dehnte sich.

„So'n Hundeleben! Nich mal schlafen kann man!"

Er hatte sich wieder auf die andre Seite gewälzt. Die Decke von ihrer Schulter hatte er mit sich gedreht, sie lag jetzt fast bloss da . . . . . .

. . . .

. . . .

Das Nachtlämpchen auf dem Tisch hatte jetzt zu zittern aufgehört.

Die beschlagene, blaue Karaffe davor war von un-

zähligen Lichtpünktchen wie übersät. Eine Seite aus
dem Buch hatte sich schräg gegen das Glas aufge-
blättert. Mitten auf dem vergilbten Papier hob sich
deutlich die fette Schrift ab: „Ein Sommernachtstraum“.
Hinten auf die Wand, übers Sopha weg, warf die
kleine, glitzernde Photographie ihren schwarzen, recht-
eckigen Schatten.

Der kleine Fortinbras röchelte, nebenan hatte es
wieder zu schnarchen angefangen.

„So'n Leben! So'n Leben!“

Er hatte sich wieder zu ihr gedreht. Seine Stimme
klang jetzt weich, weinerlich.

„Du sagst ja gar nichts!“

Sie schluchzte nur wieder.

„Ach Gott, ja! So'n ... Ae!! ...“

Er hatte sich jetzt noch mehr auf die Kante zugerückt.

„Is ja noch Platz da! Was drückste Dich denn so
an die Wand! Hast Du ja gar nich nöthig!“

Sie schüttelte sich. Ein fader Schnapsgeruch hatte
sich allmählich über das ganze Bett hin verbreitet.

„So ein Leben! Man hat's wirklich weit gebracht! ... Nu sich noch von so'ner alten Hexe raus-
schmeissen lassen! Reizend!! Na, was macht man nu?
Liegt man morgen auf der Strasse! ... Nu sag' doch?“

Sie hatte sich jetzt noch fester gegen die Wand
gedrückt. Ihr Schluchzen hatte aufgehört, sie drehte
ihm den Rücken zu.

„Ich weiss ja! Du bist ja am Ende auch nicht Schuld
dran! Nu sag' doch!“

Er war jetzt wieder auf sie zugerückt.

„Nu sag' doch! ... Man kann doch nicht so — verhungern?!“

Er lag jetzt dicht hinter ihr.

„Ich kann ja auch nicht dafür! ... Ich bin ja gar

nicht so! Is auch wahr! Man wird ganz zum Vieh bei
solchem Leben!... Du schläfst doch nicht schon?"

Sie hustete.

„Ach Gott, ja! Und nu bist Du auch noch so krank!
Und das Kind! Dies viele Nähen ... Aber Du schonst
Dich ja auch gar nicht ... ich sag's ja!"

Sie hatte wieder zu schluchzen angefangen.

„Du — hättest — doch lieber, — Niels ..."

„Ja ... ja! Ich seh's ja jetzt ein! Ich hätt's an-
nehmen sollen! Ich hätt' ja später immer noch ... ich
seh's ja ein! Es war unüberlegt! Ich hätte zugreifen
sollen! Aber — nu sag' doch!!"

„Hast Du ihn — denn nicht ... denn nicht — wenigstens zu — Haus getroffen?"

„Ach Gott, ja, aber ... aber, Du weisst ja! Er hat
ja auch nichts! Was macht man nu blos? Man kann
sich doch nicht das Leben nehmen?!"

Er hatte jetzt ebenfalls zu weinen angefangen.

„Ach Gott! Ach Gott!!"

Sein Gesicht lag jetzt mitten auf ihrer Brust. Sie
zuckte!

„Ach Gott! Ach Gott!!"

Der dunkle Rand des Glases oben quer über der
Decke hatte wieder unruhig zu zittern begonnen, die
Schatten, die das Geschirr warf, schwankten, dazwischen
glitzerten die Wasserstreifen . . . .

. . . .

„Ach, nich doch, Niels! Nich doch! Das Kind —
ist ja schon wieder auf! Das — Kind schreit ja! Das —
Kind, Niels!... Geh doch mal hin! Um Gotteswillen!!"
Ihre Ellbogen hinten hatte sie jetzt fest in die Kissen
gestemmt, ihre Nachtjacke vorn stand weit auf.

Durch das dumpfe Gegurgel drüben war es jetzt
wie ein dünnes, heis'res Gebell gebrochen. Aus den

Lappen her wühlte es, der ganze Korb war in ein Knacken gerathen.

„Sieh doch mal nach!!"

„Natürlich! Das hat auch grade noch gefehlt! Wenn das Balg doch der Deuwel holte!..."

Er war jetzt wieder in die Pantoffeln gefahren.

„Nicht mal die Nacht mehr hat man Ruhe! Nicht mal die Nacht mehr!!"

Das Geschirr auf dem Tisch hatte wieder zu klirren begonnen, die Schatten oben über die Wand hin schaukelten. —

„Na? Du!! Was giebt's denn nu schon wieder? Na?... Wo is er denn?... Ae, Schweinerei!"

Er hatte den Lutschpfropfen gefunden und wischte ihn sich nun an den Unterhosen ab.

„So'ne Kälte! Na? Wird's nu bald? Na? Nimm's doch, Kameel! Nimm's doch! Na?!"

Der kleine Fortinbras jappte!

Sein Köpfchen hatte sich ihm hinten ins Genick gekrampft, er bohrte es jetzt verzweifelt nach allen Seiten.

„Na? Willst Du nu, oder nich?! — — Bestie!!"

„Aber — Niels! Um Gotteswillen! Er hat ja wieder den — Anfall!"

„Ach was! Anfall! — — Da! Friss!!"

„Herrgott, Niels..."

„Friss!!!"

„Niels!" . . . .

„Na? Bist Du — nu still? Na? — Bist Du — nu still? Na?! Na?!"

„Ach Gott! Ach Gott, Niels, was, was — machst Du denn blos?! Er, er — schreit ja gar nicht mehr! Er... Niels!!"

Sie war unwillkürlich zurückgeprallt. Seine ganze Gestalt war vornüber geduckt, seine knackenden Finger

hatten sich krumm in den Korbrand gekrallt. Er
stierte sie an. Sein Gesicht war aschfahl.

„Die ... L — ampe! Die ... L — ampe! Die ...
L — ampe!"

„Niels!!!"

Sie war rücklings vor ihm gegen die Wand getaumelt.

„Still! Still!! K — lopft da nicht wer?"

Ihre beiden Hände hinten hatten sich platt über
die Tapete gespreizt, ihre Kniee schlotterten.

„K — lopft da nicht wer?" ·

Er hatte sich jetzt noch tiefer geduckt. Sein
Schatten über ihm pendelte, seine Augen sahen jetzt
plötzlich weiss aus.

Eine Diele knackte, das Oel knisterte, draussen auf
die Dachrinne tropfte das Thauwetter.

Tipp . . . .

. . . . Tipp . . . .

. . . . Tipp . . . .

. . . . Tipp . .

. . . .

Acht Tage später balancirte der kleine, buckelige
Bäckerjunge Tille Topperholt seinen Semmelkorb pfeifend
durch das dunkle, dickverschneite Severingässchen nach
dem Hafen runter. Die Witterung hatte wieder umge-
schlagen, seine kleine Stuppsnase sah zum Erbarmen
blau aus.

„Heil Dir, Svea! Mutter für uns alle!"

Es hatte gerade fünf geschlagen. Vor dem neuen,
grossen Schnapsladen an der Ecke der Petrikirche
stolperte er. Jesus! Seine Semmeln waren ihm in den
Rinnstein geflogen, er war mitten in den Schnee geschlagen. Aber er nahm sich nicht einmal die Zeit,
sie wieder aufzulesen. Er kam erst wieder zur Be-
sinnung, als er sich bereits drüben am Jakobiplatz

mit beiden Händen an die grosse, dick beeiste Glocke
gehängt hatte, die denn auch sofort oben die ganze
Polizeiwache alarmirte. Jesus! Jesus!!

Als der dicke Sieversen dann endlich angestapft kam,
constatirte er, dass der Mann erfroren war. „Erfroren
durch Suff!" Seinen zerbeulten Cylinder hatte ihm der
kleine, buckelige Tille vorhin grade gegen die Laterne
gequetscht. Aus seinen zerlumpten, apfelgrünen Frack-
schössen sah noch die Flasche.

Wohlan, eine pathetische Rede!

Es war der grosse Thienwiebel.

Und seine Seele? Seine Seele, die ein unsterblich
Ding war?

Lirum, Larum! Das Leben ist brutal, Amalie! Verlass Dich drauf! Aber — es war ja alles egal! So
oder so!

Der Erste Schultag.

I.

Der Herr Rector Borchert sass auf seinem Katheder und ging die eingelaufenen Briefe durch. Es waren wieder drei Stück. Der erste war auf grobem, grauem Armeleutspapier geschrieben und kaum zu entziffern.

Er lautete:

„Herr Borchert

Ich mus ser bedauern das ich Ihnen mit meine wenigkeit belästigen mus da sie mein 6 Jähries Mendchen so gebrigelhaben das nach drei Tage noch braun un blau aus sa da ich mich genöthich finde andre wege zu suchn denn das kann mol ein jeder drum bezale ich mein Schulgelt nich das is nu zu zweiten mal das das Kind zu Hause komt one ein Knopff an das kleid zu habn das andre Kindr ihr die sticken nachbringen

Frau Gorges.“

Herr Borchert hatte das Schreiben wieder sorgfältig zusammengefaltet und steckte es vorsichtig in sein Couvert zurück.

No. 167!

Mit Blaustift! Das hob sich so besser ab und war
übersichtlicher ...

An der Sieben besserte er noch ein klein wenig
nach. Der Haken hinten schien ihm noch nicht
schwungvoll genug.

So!

Der gehörte in die Schublade rechts. Die Schublade links war für die „Knubbels" reservirt —

Neben ihm stand eine Tasse Kaffee. Er nahm jetzt
einen kleinen, behaglichen Schluck draus und ritzte
dann auch den zweiten Brief auf.

Dieser war womöglich noch undeutlicher geschrieben
und nicht einmal frankirt gewesen. Aber das that
nichts. Diese reizende, kleine Sammlung war ja seine
einzige Freude ...

Er las:

„Herr Lehrer.

Ich bitte mein Sohn Emil zu enschulligen weil
er die Schule versäumt er hatt so schlimme Augen
da bitte ich schon ein Bischen Rücksicht zu
nehmen und mächte si zuchleich bitten den Kindern
nicht so ausverschämt zu hauhen des sie abge-
schunden zu hause kommen

Herzlichen Gruss

Frau Munk."

No. 203 a!

Herr Borchert hatte seine kleinen, pechschwarzen
Ferkeläugelchen prüfend dem interessanten Document
genähert.

Gelbes Conceptpapier und die Linien drauf mit dem
stumpfen Ende einer Scheere gezogen!

No. 203 a!

Das Blau drauf nahm sich sehr schön aus. Nur
den Fettfleck! Den Fettfleck hier links neben der

Unterschrift hätte sich die gute Frau Munk sparen können!

Er hatte sich jetzt hinten sein grosses, rothbaumwollnes Taschentuch aus der Rocktasche gezogen und schnäuzte sich.

Dagegen! Dieses dritte Ding! Ordentlich manierlich!

Die Linien auf dem blassrosa Couvert waren augenscheinlich zuerst mit Bleistift gezogen und dann sorgfältig nachradirt. Ausserdem wies auch die Rückseite noch ein Siegel auf, zu dessen Petschaft ein Zwölfschillingsstück gedient hatte. Es sah gradezu wohlhabend aus!

Das zierliche Briefchen lautete!

„Sehr geehrter Herr Borchert!

Ich frage gehorsamst an warum Sie mein Kind am 31. dieses Monatts das Gesicht blau geschlagen haben, oder ob Sie überhaupt das Recht dazu haben, ein Kind so zu schlagen dass es im Gesicht blau ist, denn wenn das Kind würde am Gehör davon leiden, was leicht möglich sein kann, würden und könnten Sie Ihn die Gesundheit wieder schaffen? Geehrter Herr Sie wissen vielleicht nicht wie sauer einem die Kinder werden, Ich habe mein Gott gedanckt dass ich gesunde Kinder habe und nun bin ich nich willens; dass ich, Meine Kinder von Ihn ungesund schlagen lasse, also ich bitte Sie dass nich noch einmal zu riskiren sonst konnte es etwas darauff folgen.

Hochachtungsvoll

Frau Kuhlmann
Georgenstrasse 19."

Herr Borchert lächelte.

Nummero Zweihundert und vier!

Wenn er sich nicht irrte, war diese liebenswürdige

11*

Frau Kuhlmann schon seit circa einem Vierteljahr Wittwe. Herr Kuhlmann musste ihr so eine Art Seifenladen hinterlassen haben. Hm ...

Was nun?

Er gähnte. Ein Riss oben, mitten in der weissen Decke, interessirte ihn lebhaft.

Eine kleine Weile verging.

Sssss ... ssss ... sss ...

Ein dicker, blauer Brummer stiess mit seinem Schädel fortwährend gegen das Fenster und summte.

Ah! Richtig! ... Die Noten! Er wollte ja heute noch Notenlinien ziehen.

Bon!

Er entkorkte das Tintfass. Die dicke, dumme musca domestica hatte aufgehört gegen die Scheibe zu stossen, seine Feder pflügte regelmässig über das Papier ...

In der Klasse war es ganz still. Die Vormittagssonne, die durch alle drei Fenster zugleich schien, füllte den ganzen Raum. Er war viereckig und mit einer sehr hässlichen, blauen Wasserfarbe angemalt.

Kein Kind rührte sich!

Sie hatten alle ihre kleinen, dicken Händchen fest zusammengefaltet und nun vollauf damit zu thun, ihren Athem möglichst regelmässig durch ihre kleinen, kreisrunden Naslöcherchen zu blasen. Sie brauchten dabei zugleich nicht so den fremden, aus Lack und Schulstaub gemischten Geruch in sich einzuziehen, der in dem ganzen Zimmer die einzige Luft war.

Ihre kleinen, kirschrothen Mäulerchen dabei aufzusperren, trauten sie sich nicht. Der Herr Rector Borchert, der vorn vor der grossen, schwarzen Tafel hinter dem grauenhaften, gelben Holzgestell wie ein

alter, hungriger Rabe dasass, der auf ein Stück Fleisch
lauerte, beobachtete sie zu scharf. Es war wirklich
schrecklich! Namentlich wenn man so dumm war und
vorn auf der ersten Bank sass . . .

Die Fliegen, die ihnen über die Nasen liefen, hatten
gut beissen. Die kleinen „Knubbels" zwinkerten nicht
einmal mit den Augen. Der Herr Rector Borchert hatte
es ihnen streng verboten. Sie sollten sie nur alle still
in die Tintfässer vor sich stecken und ihn nicht so an-
glupen. Sonst gab's was mit seinem Fuchsschwanz!
Oh!!

Natürlich thaten .die kleinen Würmerchen das auch
und sahen alle sehr ernsthaft aus. Nur schrecklich
roth waren sie dabei.

Ja! Es war ganz still in der Klasse . . .

Draussen, hinter dem grossen, runden Kastanienbaum, der mit seinen schönen, bunten Blüthen in einem
fort gegen das dritte Fenster schlug, funkelte eine
Thurmspitze in den Himmel.

Sonst sah man weiter nichts.

Nur drüben, hoch, auf der anderen Seite des Mark-
tes, die alte Rathhausuhr, die auf ihrem schrägen, licht-
blauen Schieferdach wie ein runder, weisser Klex lag.

Die kleine, schwarze Luke drunter war heute mit
dem grossen, goldnen Spicker drüben, der sich aber
auf der Wetterseite bereits dick mit Grünspan überzogen hatte, durch ein Seil verbunden. Dieses Seil
war dick mit Kreide beschmiert und zerschnitt den
Himmel in zwei grosse, dunkelblaue Hälften. Denn es
war heute Jahrmarkt im Städtchen.

Ari-ben-Aribell, der grösste Seilkünstler beider
Welten, wollte dort unter hohem Permiss eines ge-

strengen Herrn Bürgermeisters einem geneigten Publico
mit seinen halsbrecherischen Productionen aufwarten.
Auf dem grossen, zeisiggrünen Plakat, das der dicke
Metzelthien schon am vergangenen Sonnabend unten
an die Rathhausthür geklebt hatte, war das alles auf's
Schönste abgemalt gewesen.

Die „Knubbels" wussten das.

Ihre kleinen, verstockten Herzen schlugen, wenn sie
daran dachten.

Jeden Augenblick konnte jetzt dieser schreckliche
Ari-ben-Aribell seinen Kopf, der ganz roth und weiss
war und grade wie bei einem Teufel aussah, drüben
aus dem Rathhausdach stecken und dann mit seinen
merkwürdigen, grossen, kirschrothen Strümpfen, die
ihm hinten bis an den Popo gingen, mitten durch den
Himmel bis hoch oben grade auf die Kirchthurmspitze
klettern! Dort sollte er sich dann mitten auf die grosse,
goldne Kugel stellen und einen wirklichen, schneeweissen Vogel in die Luft werfen! Eine Taube, oder
einen Lämmergeier! Diese Taube, oder dieser Lämmergeier, flog dann dreimal rund um die ganze Stadt rum
und setzte sich dann zuletzt wieder auf seine goldpapierne Mütze zurück!

Kotel Thiel, der aber ganz und gar bucklig war
und dabei mit seinem Finger in das Plakat noch ein
grosses, rundes Loch gebohrt hatte, Kotel Thiel hatte
sogar erzählt, dass er zuletzt auch noch aus einem
grosen, unsichtbaren Sack allerlei Raritäten — Zuckerkringel, Knackmandeln und Apfelsinen! — unten unter
die Pudels werfen würde!

Die „Pudels" waren die Strassenjungens.

Ja! Die! Die!!

Zuckerkringel, Knackmandeln und Apfelsinen! Und
nun muste man hier still in der Schule sitzen und seine

Augen immerzu in die dummen, langweiligen, schwarzen Tintfässer stecken.

Es war wirklich zu schrecklich!

Die Sonne, die bis jetzt nur über die Wand und die vielen, kleinen, grünen Mützen dran gestrichen war, hatte sich unterdessen endlich auch an das Katheder herangewagt und fing nun an, dem Herrn Rector Borchert die Fäden an seinem schwarzen Rockärmel nachzuzählen.

Seine Notenfeder hatte er wieder weggelegt. Er puhlte sich jetzt mit seinem Federmesserchen die Nägel aus.

Vor ihm stand ein grosses, viereckiges Ding, in dem lauter rothe, kupferne Drähte aufgespannt waren, auf die man wieder sehr, sehr viele bunte Kugeln gespickt hatte.

Das war die Rechenmaschine.

Wenn der Herr Rector Borchert wollte, konnte er sie stellen, wie er Lust hatte. Aber er hatte heute keine. Er puhlte sich nur die Nägel aus ...

Plötzlich sah der Herr Rector Borchert auf. Hinten, dicht neben der Thür, hatte eben eine Bank geknarrt. Die „Knubbels" hatten sich alle unwillkürlich tiefer geduckt. Seine kleinen, zugekniffenen Ferkeläugelchen sahen jetzt grün aus. Der kleine Jonathan, der ihn die ganze Zeit über angeschult hatte, steckte seine grossen, blauen Jungensaugen wieder schnell in sein Tintfass.

Ari-ben-Aribell hätte jetzt getrost aus seiner Dachluke klettern können. Nicht um alle Zuckerbrätzel

der Welt hätte der kleine Jonathan nach ihm hin-
schmustern mögen.

Aber er hätte es ruhig thun können! Der Herr
Rector Borchert hatte sich schon längst wieder beruhigt. Die Sache war eben, dass das „Schweinzeug"
vor ihm Respect hatte. Und das „Schweinzeug" hatte
Respect vor ihm. Den Teufel auch!

Das „Schweinzeug" war seine Klasse. Sie anders
zu tituliren, war ihm noch nie eingefallen. Die einzelnen Individuen hiessen „Knubbels".

Ja! Es war alles wieder ganz still. Nur die Fliege,
die wieder summte, und dahinter das dunkle, dumpfe
Gebrande, das unten vom Markt her an die hohen,
festen Doppelfenster schlug. Dazwischen, ab und zu
eine Knubbelnase, die schnurchelte ...

Der kleine Jonathan sass da wie todt.

Seit heute Morgen hatte er vor dem Herrn Rector
Borchert einen furchtbaren Respect bekommen. Kotel
Thiel war nicht halb so schlimm! Schon sein Gesicht
war so grässlich! Er sah es überall!

Draussen auf dem grossen, runden Kastanienbaum,
der mit seinen Blüten wie ein Weihnachtsbaum aussah, musste es jetzt grade oben auf der Spitze um-
hertanzen.

Wipp - wapp - wipp - wapp - wipp - wapp — immerzu,
immerzu!

Auch jetzt, aus dem hässlichen, schwarzen Tintfass schwamm es in die Höhe!

Der kleine Jonathan sah es ganz genau.

Es war weiss und dick, wie aus Mehlkleister gemacht und hatte als Augen zwei kleine, funkelnde
Rosinen drin. Dabei hatten sich seine Haare wie
solche Schweinsborsten in die Höhe gesträubt und

waren knallroth. Ausserdem hatten ihm auch die Sommersprossen die ganze, dicke Nase noch mit gelben Pickeln betupft. Sicher, er sah noch scheusslicher aus, als der Schornsteinfeger Killkant!

Der kleine Jonathan war trostlos.

Nein! Lieber machte er seine Augen schon fest zu. —

Oh! Heute Morgen!

Er hatte sich so gefreut! So zum ersten Male in die Schule gehn zu dürfen und dort so klug zu werden, dass man zuletzt ein Geographiebuch hatte und Afrika draus lernte, gewiss, das war zu schön! Zu schön!

Seine neue, rothliniirte Schiefertafel war so hübsch rein abgewischt gewesen, seine Fibel in solch einen dicken, blauen Umschlag gehängt und sein Federkasten, der ganz mit Abziehbildern beklebt war, voll lauter Steingriffel.

Kaffee hatte er schon gar nicht mehr getrunken. Er hatte nur immer am Fenster gestanden und an dem schönen, bunten Blumenstrauss gerochen, den er dem Herrn Rector auf das grosse Klassenbuch legen sollte.

Gewiss! Er wollte nur noch immer in die Schule gehn! Nur noch immer in die Schule und dort so klug wie Papa werden!

Ach! Dass das so schwer war, hatte er nie gedacht!

So drei ganze, ausgeschlagene Stunden auf ein und derselben dummen Bank sitzen und dabei immer in ein und dasselbe dumme Tintfass sehn müssen, war keine Kleinigkeit. Ja! Es war sogar eine Gemeinheit! Eine richtige Gemeinheit! Man durfte nicht einmal husten!

Und dann — der schöne, schöne bunte Strauss!

Das alte Pferd hatte ihn genommen und zum Fenster
rausgeworfen!

Dummheit! hatte es gesagt, Dummheit! Blumen
stinken!

Pfui!

Und dabei hatte doch Mama sie gepflückt, und das
blaue Band drum hatte Mama auch gebunden und Mama
hatte sich so gefreut und Mama war so gut und . . .
Nein! Es war zu gemein! Zu gemein!

Der kleine Jonathan war in Thränen ausgebrochen. — —

Der kleine Bäckermeister Trimpeter, der dicht
neben ihm sass und schon seit einer halben Stunde
wirklich gar zu gerne mal „rausgegangen" wäre, nahm
die Gelegenheit wahr und weinte gleich mit.

Hinter ihm sass der kleine Lewin.

Ihm wär eben eine Fliege in's Genick gekrochen
und dann so lange auf ihm rumgetappelt, bis sie ihm
jetzt richtig mitten vorn auf dem Bauch sass.

Er hätte es natürlich am liebsten ebenso gemacht
wie der dicke, dumme Apothekerjunge. Aber der schauderhaft, dicke Fuchsschwanz, den der Herr Rector Borchert
vorn unter seinen Rock geknöpft trug, hatte ihm einen
zu gewaltigen Respect eingejagt. Er begnügte sich damit, die grauenhaftesten Gesichter zu schneiden.

Der kleine Conditor Knorr, der kleine Steuereinnehmer Zippe und der kleine Schiffszimmermeister Bohl
waren nicht halb so standhaft. Es war, als ob sie alle
nur gewartet hätten, dass einer damit anfing. Sie
weinten jetzt, dass ihnen die Thränen nur so von den
Backen runtertropften. Es war die reine Meuterei!

„Schweinzeug!"

Mit einem Ruck war jetzt der Herr Rector Borchert aufgesprungen und hatte seinen Fuchsschwanz gezückt. Die Rechenmaschine war quer über die schwarze Kathederplatte geschlagen, das kleine Federmesserchen lag unten neben dem eisernen Spucknapf auf der sandigen Diele.

„Schweinzeug!"

Er schnaubte!

Das „Schweinzeug" war wieder ganz muckchenstill geworden. Nur der Kastanienbaum draussen, der seine scharfgeränderten Zacken über die Bänke zittern liess, und die Sonne, die dazwischen glitzerte.

Der gräuliche Fuchsschwanz, mit dem der schreckliche Mensch dort oben eben auf seinen gelben Tisch geschlagen, hatte alle Thränen, die das Schweinzeug noch vergiessen wollte, mausetodt gemacht. Die kleinen Sträflinge sassen jetzt wieder alle da, wie schlecht angemalte Holzpuppen. Blos ihre Gesichter waren noch röther geworden, und ihre Augen, statt in die Tintfässer, alle auf den fürchterlichen Fuchsschwanz gerichtet!

———————

Ari-ben-Aribell, der grösste Seilkünstler beider Welten, der drüben unter seinem Rathhausdache auf diesen Moment nur gewartet zu haben schien, war hinterlistig genug, grade jetzt seinen grässlichen Hampelmannskopf aus seiner Luke zu stecken.

Seine grosse, goldpapierne Mütze reichte mit ihrer Spitze bis grade oben in's Zifferblatt. Er hatte sich seine Backen mit Mehl eingerieben und seine Nase mit Zinnober bepinselt. Um seinen Leib hatte er eine dicke Badehose aus Sammet an, die ganz kohlschwarz war und ausserdem noch mit kleinen, silbernen Flinkern bestickt.

Nachdem er sich vor dem vor Erwartung lautlosen Publico unten dreimal verbeugt und zwischendurch seine lange, goldgelbe Balancirstange eben so viele Male hoch in die Luft über sich gewirbelt hatte, setzte er jetzt seinen linken, zierlichen Schuh vorsichtig auf das straffe, weisse Seil und war bereits bis auf die Mitte desselben getänzelt, noch ehe die verblüfften Bauern unten Zeit gefunden hatten, ihre Mäuler aufzusperren.

Kein Knubbel ahnte etwas!

Die Katastrophe draussen hatte sich vollzogen, ohne dass sie auch nur an sie gedacht hatten.

Die wirklichen, schneeweissen Tauben und Lämmergeier waren jetzt alle vergessen. Nur der Fuchsschwanz existirte noch. Nur der Fuchsschwanz! Ihre grossen, erschreckten Augen hatten sie alle sperrangelweit aufgerissen.

Nur der kleine Lewin nicht! Er hatte eben mit Schrecken gemerkt, wie die schändliche Fliege ihm grade den Bauch rauf in die Höhe kroch und an seinem Nabel Halt machte.

Uaaah!

Er brach jetzt, um nicht wie die andern vorhin zu weinen und so den Herrn Rector Borchert noch mehr zu erzürnen, in ein grässliches Lachen aus.

Der kleine Jonathan wurde weiss wie Kreide.

Gewiss! Jetzt schlug er ihn todt!!

Er mochte gar nicht hinsehen.

Aber er hätte ruhig hinsehen können!

Der Herr Rector Borchert schlug den frechen Judenlümmel nicht todt. Dem Herrn Rector Borchert fiel das gar nicht ein. Der Herr Rector Borchert betrieb sein Handwerk weit gründlicher. Er hatte sein

System. Und von diesem System wich er nie ab. Der Fuchsschwanz war nur sein Schreckmittel. Sein Züchtigungsmittel, sein eigentliches Züchtigungsmittel, war sein Siegelring.

Entschieden! Man musste Grundsätze haben. Man musste sich z. B. hüten, das Schweinzeug zu schlagen. Man war überhaupt gegen alles Schlagen . . . Nein! Knuffen musste man das Schweinzeug! Knuffen! Die Handvoll Haare, die man ihm dann noch gelegentlich ausriss, zählte nicht . . .

Der kleine Lewin lachte noch immer. Aber schon so krampfhaft, dass die Augen ihm aus den Höhlen traten, und die Zähne ihm zu klappern anfingen.

Der kleine Bäckermeister Trimpeter, der jetzt an seinen schwindelnden Hoffnungen, mal rausgehn zu dürfen, vollständig verzweifelte, hatte wieder zu weinen angefangen.

„Ah!"

Der Herr Rector hatte seine dünnen Lippen noch fester zugekniffen. Er knöpfte sich jetzt seinen Fuchsschwanz wieder vorn in die Rocktasche.

„. . . B . . . Blut, kalt Blut, Borchert!"

Er hatte sich wieder schwer auf seinen Rohrstuhl gesetzt. Die Sache eilte ja nicht. Die Sache . . .

Er spielte mit seinem Siegelring. Einem sehr schönen, werthvollen Exemplar mit einem sehr schönen, werthvollen Stein drin. Glaube, Liebe, Hoffnung war in seine grüne Fläche geritzt.

Seine kleinen, zugedrückten Ferkelaugen schillerten jetzt in allen Farben. Seine Hände zitterten.

Es war sonst muckchenstill in der Klasse! Nur dieser einzige, aufrührerische, bodenlos freche Judenlümmel und dies Bäckerbalg, das ihn accompagnirte!

Er hatte sich seinen Siegelring wieder an den
Finger gesteckt und klopfte jetzt langsam mit ihm an
die Seitenwand seines Katheders.

„Knubbel! Herkommen!"

Der kleine Lewin war mechanisch aufgestanden.
Seine dünnen, wachsgelben Fingerchen hatten sich fest
um die schwarze Bank vor ihm gekrampft, seine Schultern
zuckten. Er bebte an allen Gliedern.

„Herkommen, Knubbel?!"

Die ganze Classe hatte wieder laut zu weinen angefangen. Dies grässliche Lachen, das er noch immer
ausstiess, ging allen durch Mark und Bein. Ari-ben-
Aribell, der jetzt grade draussen auf dem Kirchthurm-
knauf mitten in dem wunderschönen Grünspanklex sass
und dort mit grossem Appetit ein lebendiges Huhn ver-
schlang, nachdem er sich eben erst einen blitzblanken,
ellenlangen Degen in den Leib gestossen hatte, hatte
jetzt aufgehört für sie zu existiren. Kotel Thiel hätte
jetzt lügen können wie gedruckt. Sie hätten nicht einmal hingehört. Nein! Nur dies Lachen! Nur dies
grässliche Lachen!

Der Herr Rector Borchert hatte sich jetzt aufrecht
mitten auf sein Podium gestellt. Seine Lippen waren
weiss geworden. Seine kleinen, spitzen Zähne knurrschten,
als ob er an etwas kaute.

„Herkommen, Knubbel?!

Aber der kleine Lewin hörte nichts mehr. Er lachte
nur immer und lachte und lachte . . .

Jetzt endlich war der Geduldsfaden des Herrn
Rector Borchert mitten entzwei gerissen! Mit einem
Satz war er auf den wahnsinnigen Judenbund zuge-

sprungen, hatte ihn an seinem schmierigen Jackenkragen
zu packen gekriegt und schleifte ihn nun wuthschnaubend
auf sein Katheder.

„So ein Hund!! So ein Hund!!!"

Die „Knubbels", die wieder ganz muckchenstill geworden waren, hatten alle unwillkürlich ihre Augen
fest zugemacht. Die ganze, grosse, rothe Stube schwamm
jetzt in Blut. In Blut. Oh! . . .

„Da!!

Plötzlich, mitten durch all das grausenhafte Schnauben
und Gurgeln vorn, hatte draussen vom Flur her deutlich ein feines, schrilles Glöckchen angeschlagen.

Kein „Knubbel", der nicht jetzt seine kleinen, rosa
Oehrchen spitzte!

Das reine Christglöckchen! Es klingelte jetzt, dass
es nur so eine Art hatte.

Ja! Ja! Das war der Herr Spaarmann, der liebe,
gute Herr Spaarmann! Der Herr Spaarmann! Jetzt
brauchten sie nicht mehr zu sterben. Jetzt war die
schreckliche, schreckliche Stunde aus. Jetzt . . . Oh!
Der Herr Spaarmann! Der Herr Spaarmann!

Der kleine Bäckermeister Trimpeter, dem die vielen,
dicken Thränen schon unten bis unter den Hals gelaufen waren, athmete erleichtert auf. Jetzt durfte er
endlich, endlich mal rausgehn . . .

⸻

Der Herr Rector Borchert hatte jetzt sein neues,
schönes, rothgelb lackirtes Lineal zu packen gekriegt
und es mitten unter die „Knubbels" geschleudert.

„Raus! Raus!! Raus!!!"

Er kannte sich selbst nicht mehr!

Das infame, rotznasige Judenthier war schon längst
neben das Katheder in den Spucknapf geflogen.

Er hatte jetzt auch die grosse, stählerne Rechenmaschine zu packen gekriegt.

„Raus! Raus!! Raus!!!“

Ah! Diese Knubbels! Diese verfluchten, vermale-
deiten Knubbels!!

Aber diese „Knubbels“, diese verfluchten, vermale-
deiten „Knubbels“ waren schon längst alle die Treppe
hinuntergepoltert. Hals über Kopf! Wie es grade
gekommen war! Der kleine Conditor Knorr, der kleine
Steuereinnehmer Zippe, der kleine Schiffszimmermeister Bohl, der kleine Jonathan Grule und wie sie
alle hiessen!

Allen voran aber natürlich wieder der kleine, dicke
Bäckermeister Trimpeter!

Es war wirklich die höchste, die allerhöchste Zeit
gewesen . . .

Oh! Der Hof! Der Hof!!

Wie die warme, weiche Luft dort ihnen wohl that!
Wie die Sonne dort oben hoch auf den Dächern lag!
Auf den Dächern!! Die rothen Schornsteine drauf
rauchten, die Spatzen zwitscherten und die Sonne
schien!

Oh!! Der Hof!! Der Hof!!

Ari-ben-Aribell, der grösste Seilkünstler beider
Welten, hatte soeben seine halsbrecherischen Productionen beendet und verbeugte sich nun submissest vor
seinem geneigten Publico.

Seine grosse, goldpapierne Mütze war ihm vorn
über die fuchsrothe, dreieckige Frisur weg bis unten
tief in die breite, niedrige Stirn gerutscht, sein ganzes,
grauenhaftes Teufelsgesicht drunter bestand nur noch

aus Mehl, Schweiss und Zinober. Seine dicken, kohlschwarzen Badehosen mussten jetzt klitschnass sein.

Die „Pudels", die sich so lange wie grosse, anständige Leute betragen hatten, fingen jetzt laut zu brüllen
an. Ihre dicken, grauen, zerknitterten Tuchmützen
waren alle hoch in die Luft geflogen.

Kotel Thiel, der heute selbstverständlich schwänzte,
war natürlich wieder mitten drunter. Sein dünner,
runder, orangerother Quintanerdeckel war entschieden
der allerforscheste. Er wirbelte immer wieder und
wieder in die Höhe. Immer wieder und wieder!

„Ari-ben-Aribell, Ari-ben-Aribell!"

Der grösste Seilkünstler beider Welten verbeugte
sich wieder.

Er war nur noch Schweiss, Mehl und Zinober! Nur
noch Schweiss, Mehl und Zinober!

Die Sonne auf seiner langen, goldgelben Balancirstange glitzerte . . .

———— ———

Oben in das stille, geleerte Schulzimmer, in das
jetzt der grosse, runde Kastanienbaum draussen seinen
ganzen, scharfgezackten Schatten warf, war der stür-
mische Applaus der enthusiasmirten Jahrmarktsmenge
wie ein lauter, lang anhaltender Wuthschrei gebrochen.

Der dicke, blaue Brummer hinten an der letzten
Scheibe war entsetzt auf das breite, gelbgestrichene
Fensterbrett zurückgetaumelt. Er lag jetzt mitten in
der tiefen, ausgetrockneten Regenrinne und ampelte
dort verzweifelt mit seinen sechs dickbehaarten,
schwarzen Beinen umher.

Ab und zu versuchte er sich auch mit seinen
kleinen, graudurchäderten, glasharten Flügelchen auf-
zuhelfen. Schon mehr als einmal war ihm das auch

12

mit Hülfe seines dicken, kohlschwarzen Rüssels fast
gelungen; aber regelmässig kullerte er wieder zurück.

Noch eine kleine Weile, und er musste rechts durch
das grosse, runde Loch mitten unten in den schrecklichen, stockdunklen Wasserkasten stürzen!

Sein zorniges, abgerissenes Brummen mischte sich
abwechselnd in das scheussliche, ohrenzerreissende Gelächter, das noch immer durch das ganze, grosse Zimmer
gellte.

———

Der Herr Rector Borchert stand da wie gelähmt.
Er war mit seinem dicken, krummen Rücken schwer
gegen das grosse, gelbe Gerüst neben die offene Thür
getaumelt.

Seine schwarzen, abgeschabten Rockärmel schlotterten ihm wie um zwei lange, dünne Knochen. Seine
kleinen, unheimlichen Ferkeläugelchen stierten entsetzt
in die grosse, grellbeleuchtete Ecke neben dem Katheder.

Dort, dicht neben dem kleinen, eisernen Spucknapf.
der jetzt umgestülpt war, wand sich etwas, das mit
seinen dünnen, krummen Beinchen fortwährend zappelte
und mit seinen kleinen, geballten Fäustchen wie wild
um sich schlug. Das alte, schmierige Judenkaftanchen
war ihm hinten mitten durchgerissen, aus seinen dicken,
blauaufgeworfenen Lippen floss es wie Geifer.

Es war der kleine Lewin, der den Lachkrampf bekommen hatte. —

———

II.

„Hier, meine Herrschaften, das Paradies des Sultans von Marokko! Treten Sie ein, meine Herrschaften, treten Sie ein! Man muss so etwas gesehn haben, meine Herrschaften! Man muss so etwas gesehn haben! Die weltberühmte Miss Pepita! Geboren drei Tage hinter dem Mond in der Wüste Sahara! Wo die Bäume ohne Wurzeln wachsen! Speit 40 Fuss in die Höhe und fängt es mit ihrem Rachen wieder auf! Man muss so etwas gesehn haben! Treten Sie ein! Die Vorstellung wird sogleich beginnen! Soldaten und Kinder zahlen nur die Hälfte! Treten Sie ein! Treten Sie ein! Treten Sie ein! Treten Sie ein!"

Tschullu Wabuhu, der Mohr aus Pernambucco, konnte kaum noch jappen. Er hatte sich heute sein dickes, rundes Kartoffelgesicht mit Russ eingerieben und seinen spitzen, speckigen Bierbauch in ein dünnes, weissbaumwollenes Tricot gezwängt. Durch die weiten, groben Maschen schimmerte deutlich seine rosa Haut durch.

„Das Paradies des Sultans von Marokko! Treten Sie ein, meine Herrschaften! Treten Sie ein! Treten Sie ein! Treten Sie ein! Treten Sie ein!"

Seine Stimme überschlug sich, seine runden, weissen Froschaugen waren ihm dick aus den dunklen Höhlen gequollen.

Das Publicum, das die Bude dicht umdrängte, sperrte Nasen und Mäuler auf. Dieser Mohr aus Pernambucco imponirte ihm!

Mit einem einzigen, furchtbaren Faustschlag, der allen durch Mark und Bein fröstelte, hatte er sich eben seine hohe, spitze Filzmütze, die fingerdick mit

12*

Kreide bestrichen war, bis unten, hinten in das rothe, wulstige Genick runtergeschlagen und begann nun den bisher noch unübertroffenen, noch nie dagewesenen Kriegstanz des Königs Murri-Tschidschi-Wauwau.

„Uhahihahú, uhahihahú, ptschau! Uhahihahú, uhahihahú, ptschau!"

Seine dicken, runden Fäuste, die roth mit Ochsenblut beschmiert waren, hieben wie wüthend auf die grosse, himmelblaue Pauke ein, die ihm an einem langen, gelben Ledergurt vorn von den Schultern herab bis unten grade mitten vor den Bauch baumelte, die dünnen Bretter unter ihm krachten.

„Uhahihahú, uhahihahú, ptschau! Uhahihahú, uhahihahú, ptschau!"

Noch fünf Minuten, und er musste in die grässlichsten Zuckungen verfallen sein!

Die „Pudels" wagten kaum zu athmen. Um besser sehn zu können, hatten sie sich alle auf Spitzzehen gestellt. Pole Lackner war sogar auf eine Wagendeichsel geklettert!

Etwas weiter nach rechts, auf der anderen Seite des Podiums, stand steif wie aus Holz geschnitzt Eliza Barberini, der Stern aus Paramaibo. Er war wie eine Ballettänzerin costümirt und schlug die Triangel.

Dazwischen, hinter den dünnen, kirschrothen Portièren, grade über der kleinen, hölzernen Treppe, auf der grossen, umgekippten Zuckerkiste, die heute aber dick mit Goldbronze bepinselt war, sass Mardochai. Die schönen, langen, schneeweissen Troddeln an seinen Ohren hingen ihm unten bis auf die grosse, kohlschwarze Kasse aus Ebenholz herab, die er bewachte.

„Uhahihahú, uhahihahú, ptschau! Uhahihahú, uhahihahú, ptschau!"

Da! Jetzt! Pffff . . . bautz, rin in die Pauke!

Das Publicum, aus dessen Mitte der Stein ge-

schleudert worden war, hatte sich unwillkürlich etwas
geduckt.

Nanu? Donnerwetter! Alle Hälse waren jetzt
wieder in die Höhe gereckt. Der grosse, ziegelrothe
Kanten war der armen Pauke grade oben durch das
runde, weisse Fell mitten in den himmelblauen Bauch
geplaukscht.

„Aah!! Uhahihahú, uhahihahú, ptschau! Ptschau,
ptschau, ptschau!!"

Tschullu Wabuhu, der Mohr aus Pernambucco, hatte
plötzlich seinen bisher noch unübertroffenen, noch nie
dagewesenen Kriegstanz des Königs Murri-Tschidschi-
Wauwau mitten entzweischnappen lassen.

Sacra!! Er hatte es ganz deutlich gesehn! Die
Bestie war so ein kleiner, verschrumpelter Rotzjung'
gewesen, der einen runden, orangerothen Lateinschüler-
deckel aufgehabt hatte.

„Na wacht! Wacht!"

Er hatte seine infame Pauke hinter sich auf das
dünne, bretterne Gerüst gebullert und bohrte sich
nun mit seinem dicken, runden Niggerschädel mitten
durch die verblüfften Bauern. Seine spitze, weisse
Mütze war ihm hinten unter die kleine, hölzerne Treppe
gerollt, er hob sie nicht einmal auf!

„Wenn ick di kreeg. Kreet, wenn ick di kreeg!
Wenn ick di kreeg, wenn ick di kreeg!"

Das Publicum, welches sich von seinem Schreck
wieder erholt hatte, johlte.

„Griep em, Tschullu! Griep em! Griep em!"

Tschullu schäumte!

Links aus dem Cagliostrotheater setzte eben die
Blechmusik ein.

M-ta, m-ta, m-tata,
M-ta, m-ta, m-tata,
Bum, bum, bum!

Mardochai sass oben auf seiner Zuckerkiste und heulte. Der ganze Jahrmarkt war jetzt wie verrückt geworden! Die Meerkatzen drüben aus der Menagerie zeterten, die Löwen brüllten, die Kakadus schrieen, die Schmalzkuchen dufteten, die Schusterbuden stanken.

„Griep em, Tschullu! Griep em, griep em!"

Nur der Stern aus Paramaibo hatte sich nicht gerührt. Er stand noch immer wie aus Holz geschnitzt auf der andren Seite und schlug die Triangel. Seine langen, dünnen Beine, die noch immer in den zerplatzten, grässlich grünen Tricots staken, standen noch genau so steif da wie vorhin.

Seine spärlichen, straffen Haare hingen ihm wie ein Gewirr von langen, schwarzen Bindfäden über die gelben, knochigen Schultern.

„Griep em, Tschullu! Griep em! Griep em!"

Der Stern aus Paramaibo rührte sich nicht. Er stand nur ruhig da und schlug seine Triangel. Es ging nun schon in das siebenundvierzigste Jahr, dass er taub war ...

„Wenn ick di kreeg, Kreet, wenn ick di kreeg! Wenn ick di kreeg, wenn ick di kreeg!"

Aber Kotel Thiel war längst über alle Berge! Tschullu Wabuhu, der Mohr aus Pernambucco, konnte ihm jetzt den Buckel lang rutschen!

———

Draussen auf der sogenannten Bauernvorstadt, zwischen den letzten kleinen, verkrumpelten Häuserchen, die zu beiden Seiten der Chaussee mit ihren alten, gelben, geflickten Strohdächern bis unten in die vielen, kleinen, kreisrunden Pfützen tauchten, in denen Holzscheite, Papierkähne, Enten und Strohwische schwammen, hatten die Jahrmarktsleute ihr Barackenlager aufgeschlagen.

Dicht vor seinem Eingange, neben einer alten, umgekippten Tonne, aus der sich ein langer, dünner Theer-
faden bis unten mitten in den gelben Sand gebohrt
hatte, war Kotel Thiel endlich stehn geblieben.

„Puh, die Hitze!"

Das Diarium, das ihm von seinem schnellen Humpeln
bis unten auf den Bauch gerutscht war, hatte er sich
wieder fest unter seine Weste geknöpft.

Die ganze Bauernvorstadt war heute wie auf den
Kopf gestellt.

Hier, neben einem kleinen, dreieckigen Vorgärtchen,
über dessen graue, schiefgenagelte Bretter sich nur eine
einzige grosse, gelbe Sonnenblume bog, stand ein grosser,
rother, abgeschirrter Wagen, aus dessen beiden Blech-
schornsteinen es dick rauchte; dort, zwischen zwei
braunen, wackligen Lehmmauern hatte eine keifende
Bajazzofamilie ihr buntes, niedriges, zerrissenes Zelt
aufgeschlagen. Auf einem langen, gelben Leiterwagen,
an dem drei kleine, dürre, kohlschwarze Klepper ange-
halftert waren, hockte ein altes, weisshaariges Zigeuner-
weib und lutschte aus einer dicken, verstaubten Wein-
flasche kalten Kaffee. Ihre rothen Triefaugen hatte
sie stier aufgerissen, die gelben Münzen an ihrem
blauen Kopfputz klackerten.

Dazwischen überall kleine, ungezogene Bälge, die sich
die Gesichter mit Ziegelroth beschmiert hatten, Kobolz
schossen und dabei die vielen grossen, angeketteten
Hunde ärgerten. Die meisten baarfuss und im Hemde.
Alle aber braungebrannt und flachshaarig.

Auf einem umgekippten, kupfernen Kessel sass ein
Clown und nähte sich Schellen an seine Kappe. Dahinter, halbnackt zwischen zwei ausgespannten Woll-
tüchern kauernd, vor einem kleinen, runden Taschen-
spiegelchen, ein junges, rothhaariges Weib. Ein kleines,
splitternacktes Kind steckte sich neben ihm grade

seine kleinen, rosa Zehchen in den Mund und lachte.
Nicht weit davon in dem ausgetrockneten, staubigen
Chauseegraben, zwischen den Wurzeln einer riesigen,
dunkelgrünen Pappel, ein Brett mit der Aufschrift:
„Heute Abend bei Eintritt der Dunkelheit feenhafte
Beleuchtung." —

„Quatsch!"

Kotel Thiel hatte sich seine Hände grossspurig
in die Hosentaschen gesteckt und spuckte nun verächtlich aus.

Die kleinen, flachsköpfigen Bälge zwischen den
Tümpeln hatten eben dicht hinter der Mauer unter
Steinen und Brennnesseln einen alten, zerbrochenen
Kochtopf gefunden und tuteten nun die Nationalhymne
auf ihm. Um den ersten kleinen, blauen Tümpel herum
veranstalteten sie einen Gänsemarsch. Der Lehm unter
ihren kleinen Füssen platschte. ihre Hemden flatterten.
Ulle Lüders, der einen Dreispitz aus Strohpapier aufhatte, allen voran.

Kotel Thiel überlegte noch.

Die beiden, grossen, weissen Störche oben auf
Linkerholts Scheune waren jetzt von dem plötz-
lichen Lärm unten scheu geworden und schwammen
mit grossen, weitausgebreiteten Flügeln, die langen,
dünnen Beine wie zwei riesige, rothe Streichhölzer zurückgeklappt, nach dem fernen, grünen Stadtwalde zu.
Dort lag die Eselswiese, auf der es still war und Frösche
gab. Ihr grosses, rundes, schwarzes Nest starrte leer
hinter ihnen auf dem spitzen, weissgemauerten Giebel
in den dunkelblauen Himmel.

———————

Nee! Hier war nischt los! Partutemang nischt!

Kotel Thiel hatte wieder verächtlich in die dämliche Tonne gespuckt.

Partutemang nischt!

Er wollte jetzt durch das Thor wieder in die Stadt zurück. Aber noch ehe er die kleine, hölzerne Brücke passirt hatte, war er schon wieder stebn geblieben.

„Donnerwetter! Das . . . nee! — Du! Jung'! Rotzvieh! Du schwänzt doch nich etwa? Ich denke, Du Aff', Du ochst jetzt?!"

Der kleine Jonathan war puterroth geworden. Er war eben hinten durch das kleine, gelbe Häuschen an der Mauer dem Herrn Rector Borchert, der den armen, kleinen Judenjungen todtgeschlagen hatte, ausgerückt und wollte sich nun hinten um die Bauernvorstadt rum zu dem alten Vater Lorenz oben in den Wald schleichen. Nach Hause wollte er nie mehr zurück. Aber er hatte seine dicke, blanke Doppelkrone genommen, die ihm sein Papa heute in den Kittel gesteckt, und fest drum die Hand zugemacht.

„Na. Du Kuhjung'? Wird's bald?"

Kotel Thiel hatte ihm eins forsch auf die Schulter geschlagen.

„Na?"

Er kramte eifrig in seinen Taschen rum.

„Na? Oder willst Du Backzähne schlucken, Jungchen?!"

Der kleine Jonathan zitterte an seinem ganzen Leibe. Kotel Thiel fing sich immer Frösche!

„Na? Eins — Zwei — Himmel — und? Und? Na?"

Kotel Thiel hatte sich jetzt dicht vor ihn hingestellt und fuchtelte ihm nun mit seinem grässlichen, blanken Federmesser in einem fort vor'm Gesicht rum.

„Ach, Du! Ach, Du! Ach, Kotel! Ach, lieber, lieber Kotel!"

Der kleine Jonathan hatte jetzt laut zu weinen angefangen. Kotel Thiel schlitzte ihnen damit immer den Bauch auf!

„Nich? Na, denn nich, Du Schafskopp!"

Kotel Thiel hatte sein gräuliches Groschenmesser grossmüthig wieder zuschnappen lassen.

„Glaubst Du, dass ich nich weiss, dass Dein Vater Pillendreher is? Glaubst Du, dass ich mir an Dir die Finger schmutzig machen wer'?"

Kotel Thiel wusste sich auf einmal kaum zu lassen vor Ekel. Er hatte eben das dicke, blanke, runde Ding in seiner Hand gesehn und war sich sofort darüber klar geworden, was das sein musste. Er steckte sein Messer wieder ruhig in die Tasche. Sein Plan war gefasst.

„Glaubt der Aff', dass ich ihm den Bauch aufschlitzen wer'! Nee Du'chen! Weisst Du, was Du bist? 'n Aff' bist Du!"

Der kleine Jonathan trocknete sich noch immer mit seinen beiden Fäusten die Thränen aus den Augen. Kotel Thiel spielte immer Indianerchen! Er schluchzte nur so.

Kotel Thiel hatte sich jetzt nach allen Seiten hin vorsichtig umgesehn.

Es war Niemand in der Nähe. Nur die kleinen, halbnackten Flachsköpfe, die mit ihren kleinen, schmuddlichen Füsschen in den vielen, runden Tümpeln ringsum rumpatschten, und die paar kleinen Mädchen, die sich hinten an den kurzen, zerrissenen Hemdchen gepackt hielten, damit sie nicht mitten zu den Papierkähnen unter die Enten purzelten. Eine alte Frau, die auf einer Steinschwelle hockte, war über ihrem blauen Strickstrumpf eingeschlafen. Ihre Hornbrille war ihr über ihre kleine, eingefallne Stubbsnase auf ihr spitzes, behaartesKinn gerutscht.

Es war alles sicher.

Die bunten Gräser oben auf der Stadtmauer nickten, ihre langen, blauen Schatten fielen unten auf die rosa

Rücken zweier kleinen, dicken Ferkelchen, die sich
mit ihren spitzen Schnauzen in den gelben Sand ge-
wühlt hatten und nur noch mit den Ohren zuckelten,
wenn eine Fliege über sie wegkroch. Weiter hinten bei
den Bajazzos wurde grade ein kleiner Bengel durch-
geprügelt. Sein jämmerliches Geschrei zeterte über die
ganze Bauernvorstadt hin. Hinten, ganz fern auf der
Chaussee ein grosser weisser Mehlwagen . . .

Kotel Thiel war jetzt gradezu manierlich geworden.

„Weisst Du, Mensch? Soll ich Dir mal was sagen?"

Der kleine Jonathan sah auf. Wenn Kotel Thiel
zu einem „Mensch" sagte, brauchte man keine Angst
vor ihm zu haben.

„Ich mein' . . ."

Er war jetzt auf einmal puterroth geworden. Er
hustete.

„Ich mein' . . . also . . . Kurz und gut, Du Aff',
Du sollst mir was pumpen!"

Er hatte sich wieder die Hände mitten in die
Hosentaschen gesteckt und sah nun den kleinen Jonathan drohend an.

Der kleine Jonathan hatte seine Augen vor
Schrecken gross aufgerissen. Er war kreidebleich geworden.

„Natürlich brauchst Du Knubbeljung' nich gleich
zu denken, dass ich Dir Dein koddriges Geld nich
wieder zurückgeb'! Glaubst Du, ich bin ein Jud'?
Du giebst mir einfach von Deinem Alten noch was
Lakritzensaft zu, und dann geb' ich Dir Maikäfer für.
Na? Zu, Du Aff'! Glaubst Du, ich hab' hier so lange
Zeit, zu stehn un nich in die Schul' zu gehn? Glaubst
Du, wir haben heute keine Schul', Du Aff'? Du bist
ausgekniffen, Du Aff'! Du schwänzt! Na? Willst Du

nu oder nich? Eine ganze Schachtel voll! Eine ganze,
dicke, grosse Schachtel! Lauter Müller und Schornsteinfeger! Na?

Kotel Thiel hatte seine ganze Beredtsamkeit auf-
geboten. Er stand jetzt breitbeinig vor ihm da.

„Na?“

Die beiden, kleinen, rosa Ferkelchen, denen eben
zu gleicher Zeit zwei dicke, blaue Brummer über die
Schnauzen gekrochen waren, hatten sich jetzt beide
auf ihre runden Rücken rumgesühlt und grunzten.
Ihre acht kleinen, dicken Beine stakerten in die Luft.

Der kleine Jonathan schwankte noch.

„Maikäfer?“

„Zum Donnerwetter, ja doch! Maikäfer, Du Aff'!
Verstehst Du denn nich? Maikäfer!“

Kotel Thiel fing jetzt endlich wirklich an, die Ge-
duld zu verlieren. Er musste heute noch absolut seinen
Aufsatz einschreiben: „Der seltene Edelmuth des
Horatius Cocles!“ Er fing an: „Schon die alten
Phönizier“.

„Also, willst Du nu, oder nich? Eine ganze Schachtel
voll!“

„Auf Ehre?“

Der kleine Jonathan hatte gehört, wenn Kotel
Thiel zu einem „auf Ehre!“ sagte, dann war Alles
wirklich und auf Ernst.

„Auf Ehre?“

Kotel Thiel war wieder roth geworden.

„Natürlich, Du Aff'!` Auf was denn sonst? Ich
bin doch kein Jud'? Wenn Du nochmal sagst, Du Aff',
dass ich ein Jud' bin, dann knuff' ich Dir das Fell voll,
aber wer' Dir keine Maikäfer schenken! Glaubst Du,
ich bin ein Jud'? Wenn Du nich gleich sagst, dass ich
kein Juditzig bin . . .“

„Da!“

Der kleine Jonathan hatte seine dicke, weisse Patschhand gross aufgemacht. Er hatte sie so lange hinter seinem Rücken gehalten. Die schöne, harte, blanke Doppelkrone lag mitten drin.

„Also eine ganze, grosse, dicke Schachtel voll! Müller, Bäcker und . . .‟

„Au Knaatsch! Au Knaatsch!! Au Knaatsch!!!‟ Der kleine Jonathan stand da!

Kotel Thiel war mit seiner schönen, harten, blanken Doppelkrone die lange, dunkle Thorstrasse in die Höhe gelaufen und stand jetzt breitbeinig über dem Rinnstein. Das schöne, silberne Ding schwenkte er immer nur so rund um seine Mütze rum.

„Au Knaatsch! Au Knaatsch!! Au Knaatsch!!!‟ Der kleine Jonathan dachte nicht einmal daran seinen Mund aufzumachen.

Die bunten Gräser oben auf der Stadtmauer zitterten, unten in dem Theerstreifen spiegelte sich die Sonne.

Plötzlich war der kleine Jonathan wieder zusammengefahren. Aus dem nächsten Bauernhaus mitten unter die kleinen, halbnackten Flachsköpfe hatte sich eben ein altes, triefäugiges Weib gestürzt und bearbeitete sie nun mit einem grossen, strubbligen Besen, der auf einen rothen Birkenpfahl gespiesst war.

„Will'n ji rin un stoppen Strümp?!‟

Die kleinen Bälge liefen was sie konnten. Mutter Kerstens hinterdrein.

„Will'n ji rin un stoppen Strümp?!‟

Die beiden kleinen, rosa Ferkelchen hatten sich erschreckt unter die alte Stadtmauer geflüchtet, mitten zwischen die dicken Nesseln!

Der grosse, weisse Mehlwagen war die lange, staubige Chaussee runtergekommen und ratterte schwerfällig über die Brücke.

„Au Knaatsch! Au Knaatsch!! Au Knaatsch!!!"
Der kleine Jonathan stand da wie todt. Er sah
nur noch die Sonne, die sich unten in dem schwarzen
Theerstreifen spiegelte.

III.

Endlich am Abend, als die Sonne schon roth hinter
den stillen, schwarzen Tannen stand, wagte sich der
kleine Jonathan wieder aus seinem Versteck. Sein
ganzes, schönes, neues Kittelchen war mit Moos beklebt,
seine kleinen, kurzen Stulpstiefelchen staken voll Erde.
Er war furchtbar hungrig!

Wenn er sich jetzt nicht zu dem alten Lorenz
traute und um ein Stückchen Brod bettelte, musste er
sterben. Dann zerrissen ihn die Wölfe und die Krähen
hackten ihm die Augen aus. Dann war er so todt wie
der kleine Lewin.

Er war wieder stehn geblieben.

Ein grosser, rother Strauch hatte ihm hinten
in sein zerrissenes Kittelchen einen Dorn einge-
hakt. Die dicken, blauen Beeren dran waren gewiss
giftig.

O, er konnte nicht einmal mehr weinen!

Die Farren standen hier noch so hoch, dass sie ihm
bis über den Bauch reichten. Ein Bündel Glocken-
blumen schwamm wie eine kleine, blaue Insel drin.
Die grossen, bunten Schmetterlinge drüber waren alle
schon schlafen gegangen. Ueber einer kleinen, runden
Lichtung spielte nur noch ein dicker, dunkler Schwarm

Mücken in der goldnen Luft. Jetzt, irgendwo in der
Ferne, sang ein Vogel Bülow. Der ganze Wald roch
nach Pilzen.

Der kleine Jonathan seufzte. Er konnte sich kaum
noch weiter schleppen.

Seine Händchen waren ihm dick geschwollen, seine
langen, braunen Locken hingen ihm wirr über die kleine,
weisse Stirn und über die grossen, blauen Augen
drunter, die ihm weh thaten. Bei jedem Schritt über
die dicken, braunen Wurzeln unten stolperte er.

Der alte Lorenz war dem kleinen Jonathan sein
bester Freund. Er kam immer unten in die Apotheke
und verkaufte Kräuterchen.

. Sein kleines, rothes Häuschen stand draussen dicht
am Waldrand. Aus seinen beiden, niedrigen Fensterchen, hinter denen das ganze Jahr durch immer Gold-
lack, Fuchsien und Verbenen blühten, konnte man grade
unten auf die vielen alten, spitzen, grauen Dächer
sehn.

Oben auf seinem kleinen, kohlschwarzen Schorn-
steinchen sassen heute zwei Tauben, die sich schnäbel-
ten. Die dicken, dunklen Tannen drüber, die jetzt im
Abendwinde leise ihre spitzen, vergoldeten Kronen
schaukelten, duckten ihre starren, untersten, grünen
Aeste bis grade dicht auf ihr weiches, weisses Gefieder.
Der alte, dicke, faule Plumpsack Pluto unten lag quer
vor der Thür und schnarchte. Die kleinen, breiten
Fensterchen zu beiden Seiten blitzten, der ganze, weiche
Waldboden davor war mit Stroh bestreut. Dazwischen
die zwölf kleinen, kohlschwarzen Hühnerchen, die
nach Regenwürmern pickten und dabei in einem fort
gackerten.

Der kleine Jonathan athmete tief auf. Er hatte
sich eben hinten durch das kleine, grüne Petersilien-
gärtchen verstohlen über die graue, ausgetretne Stein-

schwelle geschlichen und stand nun mitten in dem langen,
schmalen, dunklen Flur.

Die Sonne, die von vorn her schräg durch die
runde, rissige Thür schien, deren untere, viereckige
Hälfte offen stand, lag noch auf einem Theil des Fuss-
bodens. Er war roth geziegelt. Der kleine Jonathan
hatte sich jetzt mit seinem kleinen, runden Kopf
schwer gegen die dicke, weisse Wand gelehnt. Sie
war eiskalt! Er fühlte, wie ihm sein kleines
Herz klopfte. Seine Augen hatte er fest zugemacht . . .

Rechts hinter der dünnen, braunen Thür, die in die
grosse, blaue Wohnstube führte, hörte er deutlich,
wie in das Ticken der alten Kukuksuhr etwas
schnurrte

Schnurr . . . schnurr . . . schnurr . . .

Das war das kleine, rothe Eichkaterchen drin, das
sein Bauerchen drehte.

Dazwischen über ein morsches Holz tippelte etwas
mit seinen Poten.

Tipp-tapp . . . tipp-tapp . . . tipp-tapp . . .

Immer hin und her! Immer hin und her!

Das war der alte Rabe Jacob, der wieder spazieren
ging.

Der kleine Jonathan hörte es ganz deutlich! Ab
und zu blieb er stehn und schimpfte.

„Dummkopf! Dummkopf! Dummkopf!"

Dann blieb das kleine, rothe Eichkaterchen jedesmal ganz erschreckt sitzen und alles war wieder eine
Zeit lang ganz still.

Ganz still . . .

Der kleine Jonathan hatte jetzt seine Augen wieder
gross aufgemacht.

Die zwölf kleinen, kohlschwarzen Hühnerchen
draussen, ab und zu, gackerten, der alte, dicke Pluto

der mit seinem grauen Hintertheil noch grade vorn in das rothe, warme Sonnenviertel reichte, schnarchte, die Tauben oben über dem Dache gurrten, die Tannen drüber rauschten.

Der kleine Jonathan horchte.

Das war grade wie ein Märchen! Das war wie das Haus von der alten Hexe . . .

Nur der alte Papa Lorenz liess sich nicht hören! Der sass jetzt wahrscheinlich wieder in dem grossen, ledernen Lehnstuhl neben dem Fenster und schlief. Blos, er schnarchte heute nicht!

Der kleine Jonathan schwankte noch. Endlich aber fasste er sich ein Herz.

Er stellte sich auf Spitzzehen und klinkte den runden, eisernen Drücker auf.

„Schnurr . . . schnurr . . . schnurr . . . Dummkopf!"

Er stand jetzt mitten in der Stube!

———

Die Sonne, die schräg durch das breite, niedrige Fensterchen fiel, schien dem alten Vater Lorenz grade mitten in den alten, runzligen Mund. Er stand gross auf und hatte keine Zähne mehr. Vorn auf seiner dicken, blauen Zunge sass eine kleine Fliege. Sie putzte sich eben ihre schwarzen Hinterbeinchen.

Ganz erschreckt war der kleine Jonathan stehn geblieben.

Noch nie hatte er gewusst, dass ein Mensch so die Augen aufhatte, wenn er schlief!

Der alte Papa Lorenz hatte sie starr oben auf den grossen, weissen Balken an der Decke gerichtet, von dem an dem rothen, zerrissenen Schnupftuch noch vom vergangenen Winter her das alte, leere, hölzerne Vogelbauerchen baumelte.

13

Seine runde, blaue Brille, die in der Mitte dick mit
Werg umwickelt war, sass ihm grade vorn auf der
dünnen, schneeweissen Nasenspitze. Rechts und links
auf den blanken, ledernen Lehnen seine beiden Hände.
Die Finger dran alle weit auseinandergespreizt, die
dicken, blauen Adern drum schwarz geschwollen.

Seine schöne, neue, lange Pfeife war ihm eben ausgegangen. Sie stak mitten zwischen seinen alten,
dünnen Beinen, die heute dick mit weissen Lappen umwickelt waren.

„Dummkopf!"

Der kleine Jonathan war unwillkürlich zurückgeprallt. So zornig hatte er den alten Raben Jacob noch
nie gesehn.

Die dünnen, schwarzen Federn auf seinem Rücken
hatten sich gesträubt, seine Augen funkelten.

„Dummkopf! Dummkopf! Dummkopf!"

Er hackte jetzt mit seinem grossen, schwarzen
Schnabel wie wüthend auf das breite, morsche Fensterbrett ein.

Die vielen, kleinen, bunten Blumentöpfe drauf
wackelten, von den mittelsten Fuchsien plumpten jetzt
nacheinander drei dicke, rosa Blüthen runter.

Der kleine Jonathan sah alles ganz genau! Er
hatte sich nach und nach bis hinten hinter das grüne,
wacklige Küchentischchen geflüchtet.

Die erste lag unten mitten in dem kleinen,
weissen Zuckerschälchen, die zweite hing der grossen,
himmelblauen Kaffeetasse dicht daneben noch grade
schief über den dünnen abgeschabten Goldrand, die
dritte war gleich dahinter mitten in die tiefe, runde,
grünbraune Schnupftabaksdose gefallen. Quer davor
aus dem alten, rothgefütterten Lederfutteral stak das
Rasirmesser von dem alten Vater Lorenz!

„Dummkopf! Dummkopf! Dummkopf!"

Seine beiden, alten, welken Hände waren kraftlos rechts und links über die Lehnen runtergeschlottert, seine Pfeife lag jetzt unten mitten zwischen dem blauen Blumenschatten. Das dicke, schwarze Vieh hatte sich ihm eben mitten auf dem Bauch plumpen lassen.

Der kleine Jonathan zitterte an allen Gliedern.

Der alte Papa Lorenz schlief noch immer!

Seinen dicken, schwarzen Schnabel hatte der alte Rabe Jacob mitten in die alte, blassrothe Flanelljacke gehakt. Um nicht unten in die dicke Pfeifenasche zu fallen, schlug er dabei wüthend mit den Flügeln. Sie waren kurz und an ihren Enden abgehackt. Jetzt hatte er endlich auch den ersten, grossen, runden Hornknopf zu packen gekriegt. Er biss sich dran fest! Die Nähte drumrum krachten, er kletterte langsam in die Höhe. Er konnte jetzt vor lauter Wuth nicht einmal mehr schreien. Er krächzte nur noch.

„Kraah . . . kraah . . . kraah . . .“

Der kleine Jonathan hatte sich jetzt bis ganz hinten hinter den grossen, grünen Kachelofen verkrochen. Eine entsetzliche Angst hatte ihn gepackt. Er wollte schreien! Grossvater!! Aber er konnte nicht! Seine kleine Kehle war ihm wie zugeschnürt . . .

Der alte Vater Lorenz sass noch immer da. Die kleine, schwarze Fliege aus seinem Munde war aufgesurrt und stiess jetzt mit ihren kleinen, blauen, glasharten Flügelchen fortwährend gegen den dicken, weissen Balken oben.

„Dummkopf! Dummkopf! Dummkopf!“

Das kleine, rothe Eichkaterchen in seinem Bauerchen hatte sich mit seinen krummen Pfoten vorn in die Drahtsprossen gehakt und sah neugierig nach dem Raben rüber. Der war das rothgestreifte Kissen in die Höhe bis oben auf den Lehnstuhl geklettert und sass nun dem alten Vater Lorenz grade mitten über dem Kopfe.

„Dummkopf! Dummkopf! Dummkopf!"

Seine spitze, abgelederte Brust hatt sich ihm dick aufgebläht, seine schwarzen Flügel schlugen.

Der kleine Jonathan hätte am liebsten zu weinen angefangen.

Wenn der alte Papa Lorenz jetzt nicht endlich aufwachte, hackte er ihm den Kopf ab!

„Grossvater! Grossvater!"

Ah! Jetzt endlich hatte das alte, schwarze Vieh ihn gesehn. Seine Schwanzfedern hatten sich gesträubt, seine Augen funkelten. Fast wäre es mit seinem dicken, schwarzen Schnabel vornübergewippt. Aber er hielt sich noch!

„Kraah! Kraah!! Kraah!!!"

Mit einem Ruck war es jetzt dem alten Lorenz mit seinen scharfen, spitzen Krallen auf den alten, nackten Kopf gesprungen.

„Kraah!!!"

Dem kleinen Jonathan war es eiskalt über den Rücken gelaufen.

Der alte Papa Lorenz hatte nicht einmal Muck gemacht!

Sein Kopf war lautlos vornübergewippt, die Kinnlade unten auf die rothe, eingefallne Brust gestossen, der Mund grässlich zugeklappt und die kleine, schwarze Fliege drin, die sich eben wieder auf seine Zunge gewagt hatte, begraben. Der alte Rabe Jacob aber war bis unten auf die gelben, schrunzligen Dielen mitten in die dicke, graue Pfeifenasche gekullert.

„Kraah! Kraah!!"

Er hatte sich wieder aufgerappelt und kam sehr zornig auf den kleinen Jonathan zugehumpelt.

„Kraah! Kraah!"

Ueber die Pfeife stolperte er.

„Kraah!"

Das kleine, rothe Eichkaterchen drehte wieder wie toll sein Bauerchen.

Schnurr . . . schnurr . . . schnurr . . .

Der kleine Jonathan hatte die Thür hinter sich zugeschlagen. Er wusste von nichts mehr!

Nur noch die Mama, die Mama!

Als er sich dann aber draussen über den alten, dicken Pluto weg mitten unter die kleinen, kohlschwarzen Hühnerchen stürzte, schlugen von unten aus der Stadt her grade die Glocken an. Feierabend!

Das war dem kleinen Jonathan sein erster Schultag.

Ein Tod.

Endlich, nachdem jetzt der alte Svendsen unten seine eintönige Patrouille eingestellt hatte, konnte sich auch Olaf nicht mehr länger aufrecht erhalten.

Die lange Nachtwache, der scharfe Carboldunst, der das ganze, enge, schwüle Zimmer füllte, das feine Ticken der Taschenuhr drüben vom Sophatische her, das leise, unermüdliche Brühen und Blaffen, mit dem sich das Oel in der kleinen, tiefheruntergeschraubten Lampe verzehrte, sein eigenes Blut, das ihm in den Ohren summte und zwischendurch wie fernes, dünnes Glockengeläute klang: das alles betäubte ihn!

Er hatte sich jetzt in den alten, grossen, kattunenen Lehnstuhl dicht neben dem Bett noch tiefer zurücksinken lassen.

Die glitzernde Flüssigkeit in dem halbvollen Glase neben ihm, die er vergeblich zu fixiren suchte, war jetzt in einen orangefarbnen Lichtklex verschwommen, der allmählich ins Bläuliche überging. Schliesslich war's nur noch ein braunrother Funke, der übrig blieb, zuletzt war auch der verloschen. Alles schien jetzt schwarz! Das Glas, das Bett, die Lampe, das ganze Zimmer . . .

Sein Kinn war ihm auf die Brust gefallen, er war eingeschlafen.

. . . Gottseidank! Er war wieder wach geworden. Es musste eine Maus gewesen sein!

Sein Schatten, der jetzt lang und wunderlich geknickt drüben über die weisse, niedrige Thür weg, das kleine, blaue Stück Tapete drüber und die alte, verräucherte Zimmerdecke hinfiel, brachte ihn wieder zu sich.

Er sah nach der Uhr.

Drei!

Der Kranke lag noch immer da wie todt.

Er hatte sich jetzt über ihn gebeugt.

Das trübe, grellrothe Lampenlicht zeichnete die Augenhöhle neben der spitz vorspringenden Nase wie ein tiefes, scharf umrändertes Loch in den Schädel.

„Armer Kerl!"

Das grosse, feuchte Handtuch über seiner Stirn war jetzt wieder behutsam zurechtgerückt, er war jetzt abermals in seinen Lehnstuhl zurückgefallen.

„Armer Kerl!"

Und nun wieder nur das leise, unermüdliche Brühen der Lampe, das Ticken der Uhr und Jens, der sich jetzt auf dem alten, wackligen Sopha drüben im Schlaf auf die andere Seite gedreht hatte . . .

Olaf seufzte.

Der schmutzige, gelbe Lichtfleck oben an der alten, rissigen Decke zitterte und zitterte, die Uhr tickte, das Blut summte, er war abermals eingeschlafen.

„O . . . Oolaf!!"

Unten, irgendwo auf dem todtenstillen Hofe hatten eben ohrenzerreissend ein paar Katzen aufgekreischt; jetzt war auch Jens in die Höhe gefahren.

„Um Gotteswillen! Was . . ."

„Halt's Maul! . . . Diese verfluchten Biester!"

Er war jetzt wieder total munter.

Jens gähnte.

„Ha . . . hach! Ich . . . ich glaub', ich — hab 'n bisschen geschlafen!"

Er hatte den Kneifer, der ihm auf das Sopha gerutscht war, aufgeknippst und drückte ihn jetzt wieder auf seine Stumpfnase.

„Hm!"

„Geht's besser?"

„Nein! Er schläft immer noch!"

„Hm!"

Eine Weile war Alles wieder still. Sogar die Katzen draussen hatten sich auf einen Augenblick beruhigt.

Jetzt sah auch Jens nach seiner Uhr. Sie war stehn geblieben.

„Drei! Nicht wahr?"

„Ja! Erst!!"

„Schön! . . . Ist noch Bier da?"

„Ja! Ich glaube."

Jens ging nachsehn. Seine dicken Filzsocken machten seine Schritte unhörbar. Vor dem Bette blieb er einen Augenblick stehn.

„Du! Vielleicht wird's doch besser!"

Olaf zuckte nur die Achseln.

Eins .. zwei . . . drei . . . fünf Stück noch.

„Dir auch eine?"

„Nein! Danke!"

„Aah! das thut wohl! — Uebrigens . . . scheusslicher Muff hier!"

„Ja! Zum Zerschneiden!"

„Schauderhaft! Schauderhaft!"

Er hatte sich jetzt, beide Hände in den Hosentaschen, dicht vor das Fenster gestellt.

„Dieses verdammte Viehzeug!"

Olaf, der schon eine ganze Zeit auf dem kleinen, rothgebeizten Bücherregal über der Kommode gekramt hatte, sah auf.

„Ja! Weiss Gott! Schon die ganze Nacht!"

Jens sah jetzt auf den Hof hinaus. Er hatte die Gardinen bei Seite genommen.

Drüben auf die dunkle Wand des Hinterhauses hatten die beiden Fenster ihre zwei trüben Lichtvierecke gelegt, oben auf einem Schornstein zeichneten sich die schwarzen Schattenrisse zweier Katzen deutlich gegen den blauen Nachthimmel ab. Zwei, drei Sternchen flinkerten müde über den mit einem leisen, grauen Lichte überzogenen Dächern.

„Tegnér? Hm! Na! Ist ja schliesslich egal!"

Plötzlich hatten sich Beide wieder unruhig umgedreht.

Ein scharfes Knacken war deutlich durch das todtenstille Zimmer gegangen.

„Nein!... Nein!... Es war wieder nur der dämliche Schrank!"

„Ich dachte schon... hm! Wenn's nur nicht wiederkommt!"

Jens hatte unwillkürlich tief aufgeathmet.

Seiner ganzen Länge nach hatte er sich jetzt wieder über das Sopha geworfen.

Olaf hatte sich den Tegnér dicht unter die kleine, altmodische Lampe gerückt, um deren Glocke ein grosser, gelber Zeitungsbogen gesteckt war, dessen Zipfel bis auf den Tisch herunterreichte.

Die Blätter knitterten unter seinen Händen. Den Ellbogen aufgestützt las er jetzt halblaut vor sich hin.

„Wie schön die Sonne lacht! Wie freundlich
Von Zweig zu Zweigen . . ."

Wieder knitterten die Blätter. Die Furche zwischen seinen dichten, buschigen Augenbrauen hatte sich noch tiefer gegraben.

Jens, der jetzt auf dem Bauch liegend über das Seitenkissen des Sophas weg zwischen den Arabesken der Gardinen hindurch den kleinen, grünen Stern drüben über dem Schornstein beobachtete, langweilte sich scheusslich.

„Willst Du nicht lieber 'n bisschen schlafen?"

„Nein!"

„Aber Kind! ... Warum nicht? Ich löse Dich ab!"

„Lass nur! ... Kann nicht schlafen!"

„Ae! Eigentlich! Ich auch nicht mehr!"

Ein langes Schweigen war eingetreten. Stumpf und müde starrten die Beiden vor sich hin.

„Du!"

„Ja?"

„Nichts!"

„Was denn?"

„Still! Hörst Du nichts?!"

Unten im Flur krackelte jetzt etwas an der Haus-thür herum.

„Aha!"

Schläfrig blinzelte jetzt Jens wieder nach seinem Stern hinüber.

„Hm!"

Olaf blätterte wieder weiter.

Unten hatte es unterdessen das Schlüsselloch ge-funden und drehte nun mühsam auf. Es torkelte herein.

„Du! Hör mal den!"

„Na? Ei, du Donnerwetter!"

Schwer kam es jetzt die Treppe in die Höhe ge-stapft. Am Geländer hielt es sich. Manchmal polterte es wieder ein paar Stufen zurück. Es schnaufte und

prustete. Eine tiefe, heisere Bassstimme brummte.
Jetzt, endlich kam es schwerfällig über den Flur. Ein
dicker Körper war dumpf gegen eine Thür geschlagen.
Ein abgebrochener Fluch, dann half es sich wieder
weiter.

„Heiliger Bimbam!"
Jens lachte leise.

Jetzt hatte es sich sogar gegen die Wand gestemmt
und schurrte sich daran entlang. Ein paar Kalkstücken
waren abgebröckelt und prasselten unten auf die
Dielen.

„Was?! Famose Kröte!"
„Still mal!!"

Es kam ... ja! ... es kam sogar ... auf die
Thür zu?

Jetzt ... Schwer war es dagegen gekracht! Der
dumpfe Schlag war durch das ganze Zimmer gegangen.

„Herrgott! Was ist denn das für ein Knote?!!"
Olaf war steil in die Höhe gefahren.

Auch Jens war die Sache etwas bunt geworden ...

Sie standen jetzt Beide mitten im Zimmer, die
Augen aufmerksam auf die Thür gerichtet.

Es tastete nach der Klinke.
„Das heisst ..."

Schnell, auf den Zehen, war jetzt Olaf auf die Thür
zugegangen.

Aber in demselben Augenblicke war sie auch bereits aufgeprallt, und ein unförmiger, schwarzer Klumpen über die Schwelle weg prustend ins Zimmer ge-
kugelt.

Der kühle Luftzug hatte die kleine Lampe neben
dem Bett hoch aufflackern lassen.

Jens war sofort zugesprungen.

Mit Olaf's Hülfe gelang es ihm endlich, den Betrunkenen aufzurichten.

In dem matten Schein der Lampe jetzt ein blau-
rothes, gedunsenes Gesicht, das mit seinen kleinen,
verschwommenen Augen blöde im Zimmer umherglotzte.
Unter dem eingedrückten Hut vor dünne, flachsblonde
Haare in die rothe, fette, schweisstriefende Stirn.

„Mein Herr! Bitte!“

Ein Schlucken und Schnieben war die einzige Antwort.

„Sie sind fehlgegangen!“

„Wa . . . hbf . . . wa . . . waas? Hbf! . . .“

„Sie sind fehlgegangen!“

„Ah! . . . En . . . en . . . hbf! . . . schul . . . jen . . .
i . . . hbf! . . . ich . . .“

„Bitte!“

„Hb! Hbf! . . .“

Hinterrücks war jetzt der Dicke mit seiner Verbeugung auf den Flur zurückgetaumelt. Olaf drückte
die Thür fest an und drehte den Schlüssel um . . .

„Nette Wirthschaft hier!“

Endlich hatten sie sich wieder beruhigt.

Olaf blätterte wieder zerstreut in seinem Tegnér
herum, Jens hatte sich auf das Sopha zurückgeworfen
und blinzelte wieder schläfrig vor sich hin durch die
Gardine.

Am Kopfende des Bettes, in irgend einem Winkel,
summte verschlafen ein durch das Licht aufgestörter
Brummer.

Die Taschenuhr tickte, vom Schrank her ein paar
Holzwürmchen. Jetzt, oben in der dritten Etage, klappte
endlich auch die Thür zu.

Durch die dünne Decke durch hörte man deutlich,
wie es plump auf ein Bett fiel . . .

Das matte, fahle Licht oben auf den Dächern war
jetzt ein wenig heller geworden . . .

Olaf schüttelte sich. Ihn fröstelte. Den Lampen-
docht schraubte er etwas höher. Das scharfe, todt-
blasse Gesicht des Kranken, in dessen feuchte Stirn
unter dem Handtuch vor wirr die schwarzen, nassen
Haare quollen, zeichnete sich jetzt noch schärfer.

„Ach Gott, ja!"

Müde hatte Olaf den Kopf auf seine beiden Arme
gelegt, die er gegen die Tischkante gestützt hatte.

———

Plötzlich waren sie beide erschrocken zusammengefahren!

Das Bett hatte diesmal ganz deutlich geknarrt.

Ein unruhiges Rauschen. Ein Stöhnen. Bleischwer
hatte es auf das bauschige Deckbett geklappt.

Athemlos starrten die Beiden hin . . .

„Ah! . . . aaah!! . . ."

Schnell hatte sich jetzt Olaf über den Kranken gebeugt.

„Jens! Jens!"

„Hier!"

Der Kranke war jetzt noch unruhiger geworden.
Sein Kopf drehte sich nach allen Seiten. Seine tief-
liegenden, dunklen Augen waren weit aufgerissen.
Seine Nägel kratzten scharf über den Bettbezug. Seine
blassen, bläulichen Lippen bewegten sich.

„Du! Komm her!"

„Ja!"

Aber wieder lag er jetzt regungslos. Nur seine
langen, abgemagerten Hände, die unruhig an dem Deckbett zupften. Ein paar Secunden lang war alles still . . .

Jetzt, kaum hörbar:

„Wasser . . .“

„Schnell! Schnell!“

„Da!“

Olaf hatte sich mit dem Glase wieder über das
Bett gebeugt. Vorsichtig, leise schob er dem Kranken
seinen langen, sehnigen Arm unter den Kopf. Behutsam rückte er ihn ein wenig in die Höhe und drückte
ihm das Glas an den Mund . . .

Gierig hatte der Kranke getrunken! Seine irren
Blicke waren jetzt starr auf den schmutziggelben,
bebenden Kreis oben über den weiss gestrichenen,
niedrigen Querbalken der Decke gerichtet . . .

Das leise, zitternde Klappen des leeren Glases, das
Jens auf den Tisch zurückstellte und die Taschenuhr
drüben.

„H . . . h . . . Los! Los denn doch!!“

„Du! Du!“

„Ja!“

„Auf die Mensur! Fertig! Los!!! . . . Ah! . . . Hier!
Hier! In die Seite! . . . Ah! Aaah! . . . Es schmerzt!
Es schmerzt, Olaf! Olaf! . . . Hu! Das Blut! Das Blut!
. . . Das ganze Gras . . . aaah! . . . Das ganze — Gras
. . . Das ganze Gras . . .“

Jens schüttelte sich. Es überlief ihn.

Olaf hatte sich jetzt noch tiefer über das Bett gebückt.

„Martin! Martin! Alter Junge!“

Seine Stimme zitterte etwas.

„Jens! 'N frisches Tuch!“ . . .

„Hier!“

„Ah . . . das Gras ist . . . feucht! . . . kühl . . . so
kühl . . . Wir müssen fort, Olaf . . . Die Droschke . . .
unten . . . Ruhig, Kind! Ruhig! Der Kerl soll dran
glauben!! — Wart mal! Wart mal! Der Briefträger?
Flinsberg, alter Junge! Keinen Schilling mehr, auf

Wort! ... Geld! Geld! Mutterchen hat doch geschickt
... Mutterchen! ... Aber es wird ihr schwer, Olaf! ...
Sie sagen's nur nicht ... sagen's nur nicht! Hier, Herr
Doctor! ... Bitte! ... Wunderschön! ... das Getreide
... Die Vögel ... Ach, Herr Doctor! ... Lasst doch!
... ihr braucht mich doch nicht zu halten ... ich kann
ja allein ... nicht doch! ... Lasst doch!!"

Er wand sich. Olaf hatte jetzt beide Arme um ihn
geschlungen.

„Nein! Nicht doch! Lass doch, Jens! ... Mach
keinen Unsinn! Gieb meine Mappe her! ... Ich muss
in's Colleg! ... Sauf's! Sauf's! ... Rest weg! ...
Donnerwetter! So 'ne wüste Zecherei! ... Aber ...
aber ... nicht, nicht doch! ... Lass doch — los!! ...
Ach — lass doch nur! Lass!! ... Silentium! Wir
wollen eins singen!"

Mit seinen abgemagerten Armen schlug er jetzt wild
in der Luft herum. Seine langen, schmalen Hände
schlenkerten in den dürren Gelenken.

Olaf stöhnte.

„Wir singen eins! ... Das erste Lied! ..., Seite
... Nein doch! ... Lass! ... Lass!! ... Lass doch
— loos!!!"

„Jens! ... Fass ... mit — zu!"

„Los! Los!! — Loos!!! ... Lasst mich doch! Lasst
mich doch!! ... Aah! Aaahh!!"

„Fest! — Fest!! ... Er — will — raus!!!"

Ein Brett, das sich unten aus der alten Bettlade
gelöst hatte, war jetzt auf die Dielen gekracht. Sie
wurden hin und hergeschleudert ...

Endlich hatten sie Martin in das zerwühlte Bett
wieder niedergezwängt. Er lag jetzt erschöpft da.
Er schwatzte nur noch halblaut vor sich hin. Das
runtergezerrte Deckbett hatte Jens wieder sorgsam über
ihm zurechtgerückt. Beide athmeten schwer ...

Draussen in der Nachbarschaft krähte jetzt ein Hahn.

„Ah! Es schmerzt! Es schmerzt ja so!! Aah!! Aaaah!!! . . . Olaf! Olaf!!"

„Ja? Mein Junge? . . . Ich bin's ja! Und Jens! . . . Wird dir besser?"

Er hatte sich wieder zu ihm niedergebeugt. Seine Brust keuchte noch. Er konnte kaum sprechen.

„Ja! — Ja . . . Die Sonne scheint so wunderschön . . . Draussen . . . Heut Abend bei Bergenhuus . . . am Strand . . . Nicht wahr, Nora? . . . Ach, schon Morgen . . . Blos ein Frosch! . . . Nicht doch . . . blos ein Frosch . . . Hier! Hier! . . . Das Gras ist so schön . . . O, nicht wahr? Wir werden uns nie vergessen? . . . Nie . . . nie . . . O, nicht wahr? . . . Noch ein Kuss? . . . Hm? . . . Gute Nacht . . . Der Mond . . . so schön . . . dort . . . über der See . . . so roth . . . so gross . . . so groooss . . ."

Er lag jetzt da, mit halbgeschlossenen Augen. Er lächelte.

„Er wird ruhig!"

„Ja . . ."

Olaf hatte sich jetzt wieder aufgerichtet. Einen Augenblick hatte er seinen Arm gerieben. Jens wischte sich mit dem Handrücken über die Stirn.

„So kühl . . . so schön . . . so . . ."

Olaf hatte Martin wieder das feuchte Handtuch fest gerückt. Jens war zur Lampe getreten.

„Vier . . . vier erst . . . h! . . ."

Er stand jetzt wieder am Fenster.

„Wenn's doch erst Tag wär'!!"

Der fahle Lichtschein draussen auf den Dächern
war jetzt heller geworden. Das erste Morgendämmern
legte ein mattgoldiges Gelb auf die moosigen, schwarz-
rothen Dachziegel und auf den viereckigen Schornstein
drüben. Der enge Hof unten lag in einem silbergrauen
Dämmerlicht. Langsam schlich sich der anbrechende
Morgen an der Fensternische entlang in das dumpfige
Zimmer. Das Glanzleder des Sophas hatte leise zu
schimmern angefangen, der unruhige Lichtfleck oben
an der Decke wurde immer blasser. Der Docht der
Lampe, von welcher Olaf den Zeitungsbogen genommen
hatte, war nur noch ein röthlich kohlender, stinkender
Ring.

Draussen krähte wieder der Hahn. Ein leiser
Windstoss strich am Fenster vorbei. In der Nachbarschaft kräuselte sich aus einem Schornstein ein
feiner, weisser Rauch in das mattblaue, eckige Stück
Himmel über den Hinterhäusern.

„Wann können sie denn da sein?"

„In zwei Stunden, denk' ich!"

Jens hatte sich wieder umgedreht.

„Du! Komm! — Schnell!"

„Nein! Nein! ... Die Bummelei hat keinen Zweck!
Wir wollen jetzt arbeiten! Arbeiten!!"

„Du!"

„Herrgott! Herrgott!"

Leise schwatzte er jetzt wieder vor sich hin.

Plötzlich hatte er sich blitzschnell, mit einem jähen
Ruck, steil aufgerichtet.

„Jens! .. Schnell! ... Schnell! ... Nie-der! Nieder! Der Ver-band!"

„Wir wollen eins singen!! ... Wir wollen eins
singen!!"

14

Martin sang ...

Seine Stimme gellte heiser durch das Zimmer.

„Fest! Halt — fest!!“

„Fttt!! Das war ein incommentmässiger Hieb!...
Bitte den Herrn Unparteiischen zu constatiren ... h!!
... h!! Hierher ... Aaaahh!! ...“

Martin war sich mit beiden Händen nach seinem
Leibe gefahren.

„Fass fest zu! Um — Gotteswillen! ... Er — reisst
sich ... den — Verband los!!“

Martin raste.

„Halt ... was ... Du — kannst!“

Jens war mit dem Kopf gegen den Bettpfosten geflogen.

„Die verfluchte Kugel! ... Es wird mir dunkel...
so dunkel .. Jens ... ich ... sterbe! ... Ich — sterbe
ja!! ... Ida! Mutterchen! ... Sie waren so stolz auf
mich ... Ah! Herr Doctor? ... Gratulire, mein lieber
Junge! ... Gratulire! ... Aber, ich ... ich will ja!...
Nein, Nora! nur ein Frosch, Kind! ... Sieh doch!...
das Meer ... es wird ... ganz schwarz ... schwarz
... Mutterchen! ... Mutterchen ... Es wird ja alles
noch gut ... gut ... Ah! Aaah!! ... Gute Nacht...
h! — h! — Gute Nacht, Herr ... H ... Herr — Doctor ...“

„Lass 'n bischen los! — Er wird ruhig!“

Jens richtete sich auf. Sein Athem ging schwer,
mühsam. Er besah sein Handgelenk. Es war blau.
Ein paar blutige Streifen zogen sich drüber hin.

„Lösch ... die ... Lampe aus! Sie kohlt!“

Erschöpft war Olaf wieder in seinen Lehnstuhl
zurück gesunken.

Im Zimmer wurde es jetzt hell. Die Messing-
thüren an dem weissen Kachelofen neben der Thür
funkelten leise. Draussen fingen die Spatzen an zu
zwitschern. Vom Hafen her tutete es.

Unten hatte die Hofthür geklappt. Jemand schlurfte
über den Hof. Ein Eimer wurde an die Pumpe gehakt.
Jetzt quietschte der Pumpenschwengel. Stossweise
rauschte das Wasser in den Eimer. Langsam kam es
über den Hof zurück. Die Thür wurde wieder zugeklappt.

Sie sahen zu dem hellen Fenster hin. Unwillkürlich hatten sie beide tief aufgeathmet.

———————

„Du! Olaf! Sieh mal!“

Olaf antwortete nicht. Er hatte nur den Kopf ein
wenig zum Bett hingedreht.

„Er liegt wie tot!“

„Ich glaube ... Hm!“

Er sah nach der Uhr.

„Wir müssen 'n neu'n Verband anlegen! Gieb doch
mal den Eisbeutel!“

Jens reichte ihm den frischen Eisbeutel vom Tisch
herüber. Behutsam legten sie Martin den neuen Ver-
band an.

Olaf brummelte etwas Unverständliches in seinen
langen, strohgelben Schnauzbart.

„Ich glaube, die Wunde ist — nicht sorgfältig genug gereinigt! Es sind sicher noch Stofffäserchen von
der Hose dringeblieben! ... Sieh mal!“

Sie hatten sich Beide auf die Schusswunde nieder-
gebückt, die Martin seitwärts im Unterleibe hatte.

„Du! Sieh doch nur! ... Er verändert sich ordentlich!“

„Hm!“

„Er liegt so still!"

„Ja! Wir müssen den Arzt holen lassen!"

„Ich will klingeln?"

„Ja!"

Hastig war Jens zur Thür gegangen. Grell tönte die Klingel unten durch das noch stille Haus ...

—————————

Der erste Sonnenstrahl blitzte jetzt goldig über die Dächer weg in das Zimmer. Er legte einen hellen Schein auf die dunkelblaue Tapete über dem Bett und zeichnete die Fensterkreuze schief gegen die Wand. Die Bücherrücken auf dem Regal funkelten, die Gläser und Flaschen auf dem Tisch fingen an zu flinkern. Die Arabesken des blanken Bronzerahmens um die kleine Photographie auf dem Tisch mitten zwischen dem weissen, auseinandergezerrten Verbandzeug und dem Geschirre glitzerten. Auf den Dächern draussen lärmten wie toll die Spatzen. Unten auf dem Hofe unterhielten sich ganz laut ein paar Frauen.

„Donnerwetter! Ist das eine wüste Wirthschaft hier!"

Jens, der zum Sopha ging, war über ein paar Stiefeln gestolpert, die mitten im Zimmer auf dem verschobenen, staubigen Teppich lagen.

„Mir ist ganz öd' im Schädel!"

Schwer hatte er sich wieder auf das knackende Sopha sinken lassen. Olaf hatte nicht geantwortet.

Jens reckte sich.

„Uebrigens ... Es war eine schneidige Mensur!"

„Ja! Sehr correct!"

„Ja! Sehr ehrenhaft! — Für Beide!"

„Eversen ist ins Ausland, nicht wahr?"

„Wahrscheinlich!"

Jens betrachtete nachdenklich die beiden blitzenden Pistolenläufe über dem Sopha. —

„Wenn sie nun kommen?"

„Hm!"

„Ae!"

Jens gähnte nervös.

„Wo bleibt denn dieser alte — Ohrwurm?!"

„Wann können sie denn hier sein?"

Olaf hatte sich vom Bett in die Höhe gerichtet.

„Ich denke, nach sechs?"

„Hm!"

. . . „Na, endlich!"

Jens war aufgesprungen. Hastig schloss er die
Thür auf.

„Guten Morgen, meine Herren!"

„Guten Morgen, Frau Brömme!"

Die kleine, dürre Frau Brömme stand mit ihrem
vorgestreckten, ängstlichen, verrunzelten Gesicht in
der Thür. Ihre kleinen, grauen Augen hatte sie halb
fragend, halb verstimmt gleich auf das Bett gerichtet.
Mit ihren dürren Fingern zupfte sie an ihrem Schürzen-
band.

„Wie steht es, Herr Doctor?"

„Schlecht! Wollen Sie schleunigst zum Arzt
schicken!"

Olaf hatte nicht vom Bette aufgesehn.

„Ach, du lieber Gott! . . . Es wird doch . . ."

„Und . . . bringen Sie, bitte, etwas frisches Wasser!"

„Ja! Sofort! Sofort! O, du lieber Gott! Du lieber
Gott!"

Die letzten Worte waren schon draussen vom Flur
gekommen.

Im Zimmer nebenan wurde es jetzt lebendig. Ein
Fenster wurde geöffnet. Jemand stimmte eine Geige.

„Der Philologe! Er steht jeden Morgen um Sechs
auf und spielt! Könnten wir nicht das Fenster ein
bischen aufmachen? Es ist zum Umkommen!"

„Ja! Etwas!"

Jens öffnete. Tief aufathmend sog er die frische
Morgenluft ein.

Weich und klagend klangen die Töne der Geige,
auf der der Philologe jetzt nebenan eine alte Volks-
ballade spielte, auf den sonnigen Hof hinaus in das
Zwitschern der Spatzen und das Gurren und Flügel-
klatschen der Tauben. Von fern, durch die klare Morgenluft, deutlich die hellen, zitternden Schläge einer
Thurmuhr.

Sie lauschten Beide. Ihre bleichen, überwachten
Gesichter waren tiefernst . . . Vor der Thür hatte es
jetzt geklirrt. Jens öffnete. Frau Brömme kam mit dem
Wassereimer und Kaffee. Vorsichtig trippelte sie auf
den Tisch zu. Sie liess kein Auge vom Bett.

„Hier . . . hier, Herr Doctor! Etwas Kaffee, meine
Herren! Du lieber Gott, ja!"

Olaf tauchte ein Handtuch in den Eimer und rang
es aus. Es plätscherte. Frau Brömme nickte.

Jens schlürfte von dem Kaffee.

„Wie der arme, junge Mann aussieht! Du mein
Gott! Ach wissen Sie, es ist eine rechte Sünde, das
Duelliren!"

„Eh! Der Arzt kommt doch bald?"

„Sofort! Sofort, Herr Doctor! Sofort! Ach Gott!
So ein junger Mann, an den seine Mutter alles ge-
wendet hat! Entschuldigen Sie! Aber sagen Sie selbst,
meine Herren! Und schliesslich, um eine Kleinigkeit,
um nichts, wenn man so nimmt! Das ist doch wahr,
meine Herren!"

Olaf und Jens hatten eine sehr reservirte Miene angenommen.

„Ach ja! Man kann was erleben, wenn man zwanzig Jahre an Studenten vermiethet hat!“

Olaf war müde in seinen Stuhl zurückgesunken.

„Ach, Sie müssen auch schön müde sein, Herr Doctor! . . . Ja, ein richtiges Buch könnte man schreiben! Glauben Sie? Nebenan wohnte mal ein Herr Eriksen, der kriegte ganz und gar das Delirium! Hier! In meinem Hause! O Gott, wenn ich noch . . .“

„Hm! . . . Wollen Sie — gleich noch etwas Eis heraufbringen!“

„Eis! Eis! Jawohl, jawohl, Herr Doctor! Sofort! O, du lieber Gott!“

Sie trippelte hinaus.

„Alte Hexe!“

Olaf hatte das zwischen den Zähnen vorgezischelt. Jens schüttelte sich. Es fröstelte ihn.

„Unheimlich!“

Nebenan klang noch immer die Ballade durch die dünne Holzwand. Im Zimmer fingen die Fliegen an zu summen . . .

„Du!“

„Was denn?!“

„Er liegt so auffallend still?“

„Ja! . . . Und . . . Herrgott! Sieh mal!! Seine Nase ist — so spitz? Und . . . die — Augen . . .“

Olaf hatte sich schnell über Martin gebückt.

Um seinen Mund lag jetzt ein krampfiges Lächeln. Die Arme lagen lang über das zerwühlte Bett hin. Das scharfe, spitzige Gesicht, auf welches jetzt schräg die Sonne fiel, war wachsbleich.

„Man . . . man spürt — den Puls gar nicht — mehr . . .“

„Was??"

„Ach . . . Er . . . er ist ja — todt??!"

„W . . .??"

„Todt!!"

„Todt?? . . . Du meinst . . . todt???"

Die Worte blieben Jens in der Kehle stecken. Er
zitterte.

„Todt?"

Es war, als ob er an dem Worte kaute.

„Es . . . es . . . ich will . . . die Wirthin . . ."

„Lass!!"

Olaf hatte sich tief über die Leiche gebeugt. Er
drückte ihr die Augen zu . . .

Eine Minute war vergangen. Sie hatten nicht gewagt sich anzusehn.

Draussen kamen jetzt leichte Schritte die Treppe
herauf. Die Wirthin sprach mit Jemand.

Sie sahen sich an.

„Es kommt wer!"

„Ach . . . wahrscheinlich — der Arzt!"

Jens zupfte an dem untersten Knopf seines Jaquetts
herum. Sein Athem keuchte leise. Unverwandt sahen
sie zur Thür hin.

Jetzt . . .

„H . . . herein . . ."

„Bitte, meine Damen! O, du lieber Gott! . . .
Bitte!"

Scheu waren sie jetzt vom Bett zurückgetreten.
Sie wagten kaum aufzusehn.

In der offenen Thür stand eine schmächtige, ält-
liche Dame in einem einfachen, schwarzen Tunika-

kleidchen. Noch halb auf dem Flur draussen ein
frisches, hübsches Gesichtchen, das ängstlich suchend,
schüchtern über ihre Schulter sah.

Leise, mit einem halben Lächeln, war sie jetzt in
das dumpfe, unfreundliche Zimmer getreten. Ihre leise
zitternde Hand, durch deren lila Zwirnhandschuh ein
schmaler Goldreif glitzerte, hatte sie halb wie fragend
erhoben . . .

Jetzt hatte sie sich über die Leiche gebeugt . . .

Draussen zwitscherten die Spatzen, die Tauben
gurrten in der blendenden Morgensonne. Vom Fenster
bis zum Bett zog sich ein lichter Balken wimmelnder
Sonnenstäubchen. Nebenan noch immer die weichen
Töne der Geige. . . . .

 .   .   .   .

 .   .   .   .

„Mama!!!“

III.

DIE FAMILIE SELICKE.

III.

DIE FAMILIE SELICKE.

orwort.

Am 8. April 1890, einen Tag später nachdem „Die Familie Selicke“ über die „Freie Bühne“ gegangen war, schrieb Theodor Fontane in der „Vossischen Zeitung“:

Die gestrige Vorstellung der „Freien Bühne“ brachte das dreiaktige Drama der Herren Arno Holz und Johannes Schlaf: Die Familie Selicke. Diese Vorstellung wuchs insoweit über alle vorhergegangenen an Interesse hinaus, als wir hier eigentlichstes Neuland haben. Hier scheiden sich die Wege, hier trennt sich Alt und Neu. Die beiden am härtesten angefochtenen Stücke, die die „Freie Bühne“ bisher brachte: G. Hauptmann's: „Vor Sonnenaufgang“ und Leo Tolstoi's: „Die Macht der Finsterniss“, sind auf ihre Kunstart, Richtung und Technik hin angesehen, keine neuen Stücke; die Stücke bezw. ihre Verfasser, haben nur den Muth gehabt, in diesem und jenem über die bis dahin traditionell innegehaltene Grenzlinie hinauszugehen, sie haben eine Fehde mit Anstands- und Zulässigkeitsanschauungen aufgenommen und haben auf diesem Gebiete dieser kunstbezüglichen, im Publikum gang und gäben Anschauungen zu reformiren getrachtet, aber nicht auf dem Gebiete der Kunst selbst. Ein bischen mehr, ein bischen weniger, das war Alles; die Frage, „wie soll ein Stück sein?" oder „sind Stücke denkbar, die von dem bisher Ueblichen vollkommen abweichen?", diese Frage wurde durch die Schnapskomödie des einen und die Knackkomödie des anderen kaum berührt. Ich darf diese Worte wählen, weil ich durch mein Eingenommensein für Beide vor dem Verdachte des Uebelwollens geschützt bin."

In seinem Buche: „Die Kunst", Berlin, Gustav Schuhr, Herbst 1890, reproducirt der Jüngere von uns diese Stelle und fährt dann fort:

„Ich citire hier diesen Absatz, weil es uns eine Freude ist, konstatiren zu können dass es grade Theodor Fontane gewesen, der die jähe Kluft, die uns von aller bisherigen Bühnenproduktion trennt, Ibsen nicht ausgeschlossen, als Erster wahrgenommen hat.

Nichts kann uns in der That mehr lächeln machen, nichts zeugt mehr von der urkomischen Verwirrung, die wir Aermsten unter unseren verehrten Herren Kollegen, den Schreibern der Zeitungen, nun einmal angerichtet haben, als wenn man uns in seiner Herzensnoth, die nach Schablonen schreit, als Nachtreter der grossen Ausländer etikettirt.

Möge man es sich daher gesagt sein lassen. In aller Ruhe, bewusst und aus unserer Ueberzeugung heraus. Uns ist darum nicht bange. Es wird dereinst erkannt werden: noch nie hat es in unserer Litteratur eine Bewegung gegeben, die von Aussen her weniger beeinflusst gewesen wäre, die so von innen heraus gewachsen, die mit einem Wort nationaler war, als eben grade diejenige, vor deren weiteren Entwicklung wir heute stehn und die mit unserm „Papa Hamlet" ihren ersten sichtbaren Ausgang genommen. Die „Familie Selicke" ist das deutscheste Stück, das unsere Litteratur überhaupt besitzt. Es ist auch nicht ein einziges Element in ihr und wäre es auch noch so

winzig, das uns von jenseits der Vogesen zugeflogen
wäre, von jenseits der Memel, oder von jenseits der
Eider. Und wenn uns nichts dafür ein Beweis gewesen wäre, nicht einmal die Thatsache selbst, die un-
erhörten Beschimpfungen, die damals auf uns nieder-
prasselten, hätten uns hinlänglich darüber die Augen
öffnen müssen. Sätze, wie: „diese Thierlautkomödie
ist für das Affentheater zu schlecht!" werden sicher
nicht allzu oft niedergeschrieben, selbst in den beweg-
testen Zeiten nicht. Und gar als das Stück erst an-
gekündigt war in den Zeitungen, als acceptirt zur Auf-
führung an der „Freien Bühne", schrieb dasselbe Blatt:
„. . . dann wird eben keine Frau, die auf Reputirlichkeit
Anspruch erhebt, sich dort sehen lassen dürfen und die
Herren werden sich in diese Vorstellungen hineinstehlen
müssen, wie man das beim Besuche zweifelhafter Lokale
thut." Mit einem Wort: Es fehlte nur noch, dass man
den Vorschlag machte, uns ins Irrenhaus zu sperren.
O bêtise!"

Nun, dieser Vorschlag ist unterdessen, wenn allerdings auch noch nicht gemacht, so doch „in der That
nur mit Mühe unterdrückt worden." Vergleiche „Die
Grenzboten."

Offen gestanden: aber es wäre uns doch lieber gewesen, der sogenannte Idealismus unserer verehrten
Herren Gegner hätte sich als etwas Anderes entpuppt.

Als was er sich entpuppt hat?

Nun, unserem Dafürhalten nach, als jene berühmte
Heine'sche Wanze, „welche stinkt, wenn man sie tödtet."

Berlin, August 1891.

Arno Holz.
Johannes Schlaf.

ERSTER AUFZUG.

Personen:

Eduard Selicke, Buchhalter.
Seine Frau.
Toni,   22 Jahre alt ⎫
Albert,   18 „   „ ⎬ ihre Kinder.
Walter, 12 „   „ ⎪
Linchen, 8 „   „ ⎭
Gustav Wendt, cand. theol., Chambregarnist bei
    ihnen.
Der alte Kopelke. _____

Zeit: Weihnachten. Ort: Berlin N.

Erster Aufzug.

Das Wohnzimmer der Familie Selicke.

(Es ist mässig gross und sehr bescheiden eingerichtet. Im Vordergrunde rechts führt eine Thür in den Corridor, im Vordergrunde links eine in das Zimmer Wendt's. Etwas weiter hinter dieser eine Küchenthür mit Glasfenstern und Zwirngardinen. Die Rückwand nimmt ein altes, schwerfälliges, grossgeblumtes Sopha ein, über welchem zwischen zwei kleinen, vergilbten Gypsstatuetten „Schiller und Goethe" der bekannte Kaulbach'sche Stahlstich „Lotte, Brod schneidend" hängt. Darunter, im Halbkranze, symmetrisch angeordnet, eine Anzahl photographischer Familienportraits. Vor dem Sopha ein ovaler Tisch, auf welchem zwischen allerhand Kaffeegeschirr eine brennende weisse Glaslampe mit grünem Schirm steht. Rechts von ihm ein Fenster, links von ihm eine kleine Tapetenthür, die in eine Kammer führt. Ausserdem noch, zwischen den beiden Thüren an der linken Seitenwand, ein Tischchen mit einem Kanarienvogel, über welchem ein Regulator tickt, und, hinten an der rechten Seitenwand, ein Bett, dessen Kopfende, dem Zuschauerraum zunächst, durch einen Wandschirm verdeckt wird. Ueber ihm zwei grosse, alte Lithographieen in fingerdünnem Goldrahmen, der alte Kaiser und Bismarck. Am Fussende des Bettes, neben dem Fenster, schliesslich noch ein kleines Nachttischchen mit Medizinflaschen. Zwischen Kammer- und Küchenthür ein Ofen; Stühle.

Frau Selicke (etwas ältlich, vergrämt, sitzt vor dem Bett und strickt. Abgetragene Kleidung, lila Seelenwärmer, Hornbrille auf der Nase, ab und zu ein wenig fröstelnd. Pause.)

Frau Selicke (seufzend): Ach Gott ja!

Walter (noch hinter der Scene, in der Kammer): Mamchen?!

Frau Selicke (hat in Gedanken ihren Strickstrumpf fallen lassen, zieht ihr Taschentuch halb aus der Tasche, blickt sich drüber und schneuzt sich).

Walter (steckt den Kopf durch die Kammerthür. Pausbacken, Pudel-
mütze, rothe, gestrickte Fausthandschuhe): Mamchen? darf ich
mir noch schnell 'ne Stulle schneiden?

Frau Selicke (ist zusammengefahren): Ach, geh, du unge-
zogner Junge! Erschrick einen doch nich immer so!
(ist aufgestanden und an den Tisch getreten). Kannst Du denn
auch gar nich'n bischen Rücksicht nehmen?! Siehst
Du denn nich, dass das Kind krank ist?

Walter (ist unterdessen auf's Sopha geklettert und trinkt nun nacheinander die verschiedenen Kaffeereste aus. Den Zucker holt er sich
mit dem Löffel extra raus): Aber ich hab' doch noch solchen
Hunger, Mamchen?

Albert (ebenfalls noch hinter der Scene, in der Kammer, deren Thür
jetzt weit aufsteht. Man sieht ihn vor einer kleinen Spiegelkommode,
auf der ein Licht brennt. Knüpft sich grade seine Kravatte um. Hemd-
ärmel): Ach was, Mutter! Jieb ihm lieber 'n Katzen-
kopp un denn is jut!

Frau Selicke (die jetzt Walter die Stulle schneidet): Na, Du,
Grosser, sei doch man schon ganz still! Du verdienst
ja noch alle Tage welche! Ich denk', Ihr seid überhaupt schon lange weg?

Albert (ärgerlich): Ja doch! Gleich! Aber ich wer'
mir doch wohl noch erst den Rock abbürschten
können?

Frau Selicke: Na ja, gewiss doch! Steh Du man
immer recht vor'm Spiegel und vertrödle recht viel
Zeit! Da werd't Ihr ja Euern lieben Vater sicher
noch finden! Der wird heute grade noch auf'm Comp-
toir sitzen!

Albert: Ach Jott! Nu thu doch man nicht wieder
so! Vor Sechs kann er ja doch heute so wie so nich
aus 'm Geschäft!

Frau Selicke: So! Na! Und wie spät denkste denn,
dass es jetz' is? (hat während des Streichens der Stulle einen
Augenblick inne gehalten, den Schirm von der Lampe gerückt, die Brille

auf die Stirn gerückt und nach dem Regulator gesehen) · · · Jetz'
is gleich Dreiviertel!

Albert: Ach, Unsinn! Die jeht ja vor!

Frau Selicke (für sich, fast weinend): Hach nee! Ich sag'
schon! Sicher is er nu wieder weg, und vor morgen
früh wer'n wir 'n ja dann natürlich nich wieder zu
sehn kriegen! Nein, so ein Mann! So ein Mann! ..

Albert (noch immer in der Kammer und vor'm Spiegel): Hurrjott,
Mutter! Räsonnir' doch nich immer so! Du weisst
ja noch gar nich!

Frau Selicke: Ach was! Lass mich zufrieden! Beruf'
mich nich immer! Ich weiss schon, was ich weiss!
(unwirsch zu Walter) Da — haste! Klapp se Dir zusammen
und dann macht, dass Ihr endlich fortkommt! Aus
Euch wird auch nischt!

(Es klingelt.)

(Einen Augenblick lang horchen beide. Frau Selicke ist zusammengefahren,
Walter starrt, die Stuhle in der Hand, mit offenem Munde über die Lampe
weg nach der Thür, die in's Entree führt.)

Frau Selicke (endlich): Na? Machste nu auf, oder nich?
(Walter hat die Stuhle liegen lassen und läuft auf die Thür zu. Er klinkt
diese auf und verschwindet im Entree.)

Albert (der eben aus der Kammer getreten ist, in der er das Licht
ausgelöscht hat. Zieht sich noch grade seinen Ueberzieher an. Aus der
Brusttasche stecken Glacees, zwischen den Zähnen hält er eine brennende Cigarette, an einem breiten, schwarzen Bande baumelt ihm ein
Kneifer herab. Modern gescheitelt. Hut und Stöckchen hat er einstweilen auf den Stuhl neben dem Sopha plazirt. Zu Frau Selicke, indem
er mit dem Fusse die Thür hinter sich zudrückt): Nanu? Das
kann doch unmöglich schon der Vater sein?

Frau Selicke (die sich wieder mit dem Kaffeegeschirr zu thun
macht, unruhig): Ach wo!

(Unterdessen ist draussen die Flurthür aufgegangen und man hört die
Stimme des alten Kopelke: „Brrr ... is det halt 'n Schweinewetter!?"
— Die Thür klappt wieder zu, und jetzt schreit Walter laut auf, ausgelassen: „Ach! Olle Kopelke! Olle Kopelke!" — „Nich doch, Kind, nich
doch; du thust mir ja weh! Du drickst mir ja! Du musst doch abber
ooch heer'n! Da — nimm mir mal lieber hier 'n bisken det Menneken
ab! ... Brrr ... nee ... Kl")

Albert (zu Frau Selicke, sich die Handschuhe zuknöpfelnd): Ach, der alte Quacksalber?!

Frau Selicke: Na, Du, Grossmaul, wirst doch nich immer gleich das Geld geb'n für'n Docter!

Albert (aufgebracht): Ach, Blech! Nich wahr? Nu fang wieder davon an! . . .

Walter (noch halb im Entree): Au, Mamchen, sieh mal! 'n Hampelmann! Mamchen, 'n Hampelmann! (Er kommt mit ihm in's Zimmer getanzt. Zum alten Kopelke zurück): Wah! den schenken Se mir?

Kopelke (behutsam hinter ihm drein. Klein, kugelrund, freundlich, Vollmondsgesicht, glattrasirt. Sammetjoppe, Pelzkappe, Wollshawl): Sachteken! Sachteken!

Albert (hat sich den Stock schnell unter den Arm geklemmt und sich den Kneifer aufgesetzt, affectirt): Ah, gut'n Abend, Herr Kopelke!

Kopelke: 'n Abend! 'n Abend, junger Herr! (Reicht Frau Selicke die Hand.) 'n Abend! (Nach dem Bett hin.) Na? Und meine kleene Patientin? Ick muss doch mal sehn kommen?

Frau Selicke (weinerlich): Ach Gott ja! Na, ich kann wohl schon sagen!

Kopelke (sie beruhigend): Ach wat, wissen Se! det . . . det . . . e . . . .

Walter (hat sich unterdessen mit seinem Hampelmann abgegeben, ihm die Zunge gezeigt, „Bah!" zu ihm gemacht und tänzelt nun mit ihm um den alten Kopelke rum, diesen unterbrechend): Olle Kopelke! Olle Kopelke!

Kopelke (sanft abwehrend): Ach, nich doch, Kind! det 's jo unjezogen! Du musst nich immer Olle Kopelke sagen! Det jeheert sick nich!

Walter (Rübchen schabend): Oh . . .! Olle Kopelke! . . .

Albert (wüthend): Hörst Du denn nich, Du Schafskopp? Du sollst still sein!

Walter (den Ellbogen gegen ihn vor): Nanu? Du hast mir doch jarnischt zu sagen?

Albert (holt mit der Hand aus).

Frau Selicke (mit dem Strickstrumpf, den sie unterdessen wieder aufgenommen hat, dazwischen): Nein! Nein! Nun sehn Sie doch blos! Die reinen Banditen! Das Kind! Das Kind! Nehmt doch wenigstens auf das Kind Rücksicht!

Albert (der sich achselzuckend wieder abgewandt hat): Natürlich! So is recht! Bestärk' ihn man noch immer! Dem lässt Du ja Alles durchgehn! Der kann ja machen, was er will! Aus dem Bürschchen erziehst Du ja schon was Rechtes! Vater hat janz recht!

Frau Selicke: Nein! Nein! Nu hören Se doch blos Und da soll man sich nich gleich schlag r ü h r e n d ärgern?

Kopelke (zu Albert): Sachteken, werther junger Herr sachteken ... (Zu Frau Selicke.) Immer in Jiete, Mutter! Det ville Jehaue und det ville Jeschumpfe nutzt zu janischt, zu reenjanischt! ... Ibrijens ... (Er hat sich mitten in die Stube gestellt und schnuppert nun nach allen Seiten in der Luft rum) ... wat ick doch jleich noch sagen wollte ... det ... det ... riecht jo hier so anjenehm nach Kafffee? ... Hm! Pf! Brrr! ... Nee, dieset Schweinewetter?! Ick bin — wahhaftijen Jott — janz aus de Puste! (Er hat sich seinen grossen, dicken Wollshawl abgezerrt und schlenkert ihn nun nach allen Seiten um sich rum.) Kopp wech! (Zu Walter, den er dabei getroffen hat.) He? Wah det Deine Neese?

Walter (der sich den Schnee von den Backen wischt, vergnügt lachend): Hohohco!

Albert (bereits äusserst ungeduldig, den Hut in der Hand): Na, jedenfalls ich jeh jetzt! Wir kommen ja sonst wahrhaftig noch zu spät!

Frau Selicke: Ja, ja! Macht man, dass Ihr fortkommt!

Kopelke (zu Albert): Aha! Wol zu Pappa'n uf't Contor?

Albert (ausweichend): Ach! ja! Das heisst . . . e . . . wir
wollten so . . . blos 'n bischen vorbeijehn:

Kopelke (ihm mit einer Handbewegung gutmüthig zublinzelnd, ver-
schmitzt): Weess schon! (Zu Frau Selicke, halb in's Ohr.) Ede-
wachten kenn ick doch? . . . (Wieder zu Albert.) Na,
denn . . . e . . . denn beeilen 'sick man! Sowat looft
weg!

Albert (schon unter der Thür stehend zu Walter, der sich eben seinen
Hampelmann an die Jacke knöpft): Na, willste nu so jut sein
oder nich?

Walter (giebt dem alten Kopelke die Hand): Atchee!

Kopelke: Atchee, mein Sohn, Atchee! Un jriess ooch
Vatern!

Frau Selicke: Na, und die Stulle? (Reicht sie ihm noch
schnell nach, Walter beisst sofort in sie hinein.) Und dann, sagt,
er soll gleich hierherkommen! Sagt, Toni is auch
schon da! Wir warten schon!

Albert (hat die Thür bereits aufgeklinkt und macht nun zum alten
Kopelke hin eine stumme, ceremonielle Verbeugung).

Kopelke: Wah mich sehr anjenehm, werther junger
Herr! Wah mich sehr anjenehm! (Die Beiden verschwin-
den. Draussen im Entree schlägt Walter hin. Schreit. Albert:
„Na, Du Ochse!")

Frau Selicke: Ei Herrgott! Was is denn nu schon
wieder . . . (Will auf die Corridorthür zu, draussen schlägt die
Flurthür zu): Hach! Gott sei Dank, dass man die Gesellschaft endlich los ist!

Kopelke (sich die Hände reibend, schmunzelnd): Jo! Wah is't!
'n bisken wiewe sind se! Abber — Jotteken doch!
det is doch nu mal nich anders! det . . .

(Vom Bett Geräusch und Husten.)

Frau Selicke (wirft ihr Strickzeug in das Kaffeegeschirr und eilt
auf das Bett zu): Ach, nein! Ich sag schon! Nu haben

sie ja das arme Kind glücklich wieder wachkrakehlt
. . . Na, mein liebes Herzchen? . . . Wie ist Dir,
mein liebes Linchen, he? (Kleine Pause. Frau Selicke hat
sich übers Bett gebeugt, leises Stöhnen.) Hast Du Schmerzen,
mein liebes Puttchen?

Linchen (feines, rührendes Stimmchen): Ma — ma — chen?

Frau Selicke: Ja, mein Herzchen? Hm?

Linchen: Ma — ma — chen?

Frau Selicke: Hast Du Appetit, mein Schäfchen? . . .
Nein? Ach, Du mein Mäuschen!

Linchen: Ich — bin — so — müde . . .

Frau Selicke: Ach, mein Herzchen! Aber nicht
wahr? Du willst jetzt noch einnehmen?! Onkel
Kopelke ist ja da!

Linchen: On — kel — Ko — pel — ke?

Kopelke (hat sein rothbaumwollenes Schnupftuch gezogen und schneuzt
sich).

Frau Selicke (halb zu ihm zurückgewandt): Wollen Sie se
mal sehn? Ich misch solange die Tropfen! (Lässt ihn
an's Kopfende treten und mischt während des Folgenden am Fussende
des Bettes, auf dem Nachttischchen, die Medicin.)

Kopelke (hat sich jetzt ebenfalls über das Bett gebeugt. Täppisch-
zärtlich): Na, Lin'ken? Kennste mir noch? Ach Jotteken doch, die Aermken! Nich wah? Det — watt
doch mal, Kind, 'n Oogenblickchen! — Det . . . thut
doch nich weh? . . . Na, sehste!! Ick sag' ja! det
. . . det is Allens man auswendig! Det 's janich so
schlimm! Uf de Woche kannste all dreist widder
ufstehn! Denn jehste for Mamma'n bei'n Koofmann!
Denn jehste mit ihr uf'n Marcht! Inholen! He?
Weesste noch? Uf'n Pappelplatz? Der mit 't Schiel-
ooge? „Jungens" sag' ick, „Bande! Wehrt ihr
wol det Meechen sind lassen?" Abber da!! Heidi!
Wat haste, wat kannste! . . . Nich wah? Nu nehmste
abber ooch sauber in? (Zu Frau Selicke, während er diese an's

Bett treten lässt): **Wat det Kind blos for'n Schwitz hat?!**

Frau Selicke (besorgt): **Nich wahr? Ach Gott ja!**

Kopelke (beruhigend): **Abber det . . . e . . . wissen Se!
. . . Det . . . det is immer so! Det is nu mal nich
anders! Det . . .** (Schneuzt sich abermals.)

Frau Selicke (kommt mit dem Löffel): **Na, Linchen? Ist
Dir wieder besser?**

Linchen: **Ach — ich — will — nicht — einnehmen!**

Frau Selicke: **O ja, meine Kleine! Du willst doch
wieder gesund werden?!**

Linchen: **Es — schmeckt — so — bitter!**

Frau Selicke: **Nicht weinen, mein Schäfchen! . . .
Komm! . . . Sonst zankt der Herr Doctor wieder!
Nicht wahr, Onkel Kopelke?**

Kopelke (eifrig nickend): **Ja, ja, Kindken! Det muss nu
mal so sind! Det jeheert sick!**

Frau Selicke: **Nicht wahr? Hörst Du? Komm, mein
Liebling! Ja?**

Linchen: **Es — schmeckt — so — bitter!**

Frau Selicke: **Aber nachher kannst Du ja wieder
spazieren gehn, mein Mänschen?! Und Emmchen
zeigt Dir auch ihre Bilderbücher! Ja? . . . Komm!
. . . Na, nu mach doch, Linchen! . . . Du musst doch
aber auch folgen! . . . Gucke doch! . . . Ich verschütte
ja das ganze Einnehmen? . . .** (Sie hat ihr leise die Hand
unter's Köpfchen geschoben).

Linchen: **Au! Au! . . . Du — ziepst — mich!**

Frau Selicke: **Oh! . . . Na so! . . . Nicht wahr? . . .
Fest! Drück' die Augen zu! . . . Schlucke! Tüchtig!
. . . Siehst Du? . . . Nicht weinen, nicht weinen!
. . . So! Nicht wahr? Nu is alles wieder gut! Nu
is alles vorbei!**

Linchen (dreht sich jetzt unruhig in ihren Kissen rum und hustet
gequält).

Frau Selicke: **Mein armes, armes Herzchen! Der alte,**

böse Husten! . . . So! . . . Nu rücken wir blos noch
'n bischen das Kissen höher, nicht wahr? und dann
schläfst Du schön wieder ein! (Bückt sich über sie und
küsst sie.) Ach, Du mein süsses Puttchen! (Nachdem sie
den Wandschirm jetzt noch näher an's Bett gerückt, zum alten Kopelke.) Ach, Gott nein! Nu sagen Se doch blos? Muss
man da nich rein verzweifeln? Das geht nu schon
Tage lang so! Sie wacht geradezu nur noch auf
Minuten auf!

Kopelke (die Hände in den Taschen seiner Joppe, nachdenklich vor
sich hin): Hm! . . .

Frau Selicke: Und aus dem Doctor wird man auch
nicht mehr klug! Der sagt einem ja nichts! Der
kommt kaum noch! Und . . . und . . . na ja, wenn
wir Sie nicht noch hätten . . .

Kopelke (leichthin): Jo! . . . na! . . . Wissen Se: det
kommt jo bei mir nich so druf an! (Begütigend) det
verseimt mir jo weiter nich! det's jo man immer so
in Vorbeijehn! det — ach wat! det hat jo janischt
zu sagen! det's jo Mumpitz!! . . . Abber det, wissen
Se, det mit de Docters, verstehn Se, da hab'n Se
eejentlich woll nich so janz Unrecht! Ick . . . nu
ja! Se wissen ja! Ick bin man sozusagen 'n janz
eenfacher Mann . . . Abber det kann 'k Ihn' versichern: jeholfen hab 'k schon manchen! . . . . . Jott!
Ick kennt jo wat bei verdienen! Wat meen'n Se woll!
Abber sehn Se . . . will 'k denn? Ick . . . nu ja!
Ick bin nu mal so! (eifrig) Wissen Se? de Hauptsach'
is jetz': man immer scheen warm halten! det Ibrije,
verstehn Se, det Ibrije jiebt sick denn janz von
alleene! Janz von alleene! Ick sag: man blos nich
immer so ville mang der Natur fuschen, sag ick! . . .
Det mit die olle Medizin da zun Beispiel . . .
(Es klopft an Wendts Thür.)

Frau Selicke: Bitte, Herr Wendt, bitte! Treten Sie nur ein!

Wendt (ist mehr als mittelgross und sehr schlank. Feine, bleiche Gesichtszüge, das halblange, schwarze Haar einfach hinten übergekämmt. Dunkle, peinlich saubere Kleidung, kein Pastoralschnitt. Die Thür hinter sich schliessend zu Frau Selicke): Verzeihen Sie! Ich dachte . . . (Zum alten Kopelke, ihm die Hand reichend.) Ah! 'n Abend, Herr Kopelke! Wie geht's?

Kopelke (geschmeichelt): 'n Abend, werther junger Herr! Och, ick danke! Immer noch uf een langet un een kurzet Been! . . . Is mich sehr anjenehm . . . is mich sehr anjenehm . . . (Hört nicht auf, Wendt's Hand zu schütteln).

Wendt (zu Frau Selicke rüber): Fräulein Toni wollte doch heute etwas früher kommen?

Frau Selicke (die Achseln zuckend): Ja! Na — Sie wissen ja! Wie das so is!

Kopelke (Wendt zublinzelnd und ihm scherzhaft mit dem Finger drohend): Freilein Toni? Na wachten Se man, Sie kleener Scheeker! . . . Frau Selicken? Ick sage: passen Se mir ja uf die beeden jungen Leite uf! (Wieder zu Wendt.) Det is mich doch schon lange so? . . . he? Sie?

Frau Selicke (lächelnd): Ach, lieber Gott, ja!

Wendt (der ebenfalls gelächelt hat, zum alten Kopelke): Na, aber Scherz bei Seite! Ich wollte ihr mal — da sehn Sie mal! — das da zeigen! (Er hat ein grosses, zusammengeknifftes Papier aus der inneren Brusttasche gezogen und es dem alten Kopelke überreicht.)

Kopelke: Oh! . . . He! . . . Na — ick . . . e . . . Se meen'n, ick soll det hier — lesen, meen'n Se?

Wendt (aufmunternd): Gewiss, gewiss, Herr Kopelke! Ich bitte Sie sogar darum!

Kopelke: Oh! . . . He! . . . Na, ick — bin so frei! (Ist mit dem Papier zur Lampe getreten. Zu Frau Selicke.) Man . . . e . . . Hab'n Se da nich wo Ihre Brille, Frau Selicken?

Frau Selicke (umhersuchend): Meine Brille? Ach Gott
ja! ich . . .

Kopelke (sie ihr von der Stirn nehmend): Lassen Se man, ick
hab ihr schon! (Setzt sie sich auf.) So! Na! Nu kann't
losjehn! (Hat das Papier sorgfältig entfaltet und liest es nun, die
Arme weit von sich weg. Nach einer kleinen Pause, über die Brille
zu Wendt hinüber schielend): Nanu?

Wendt (der ihn lächelnd beobachtet): Na?

Frau Selicke (neugierig): Was denn?

Wendt (lächelnd): Ja, ja, Frau Selicke!

Frau Selicke (wie ungläubig): Ach?

Kopelke (hat das Papier unterdessen wieder sorgfältig zusammengefaltet und giebt es nun wieder an Wendt zurück. In komischem Pathos):
Nee, wissen Se! Det kennen Se von mir nich ver-
langen! Dazu jratulieren Se sick man alleene!

Wendt (lachend, das Papier wieder einsteckend): Na, na!

Frau Selicke (zum alten Kopelke): Was denn? Was denn,
Herr Kopelke?

Kopelke (zu Frau Selicke, komisch): Paster! Landpaster!
Mit'ne Bienenzucht un 'ne lange Feife! (Wieder zu
Wendt.) Nee, wissen Se! Da kennen Se sagen, wat
Se wollen, verstehn Se, abber for die Brieder sind
Se ville zu schade!

Frau Selicke (die Hände zusammenschlagend): Aber Herr
Kopelke?!

Kopelke: Ach wat! (Hat sich wieder sein Schnupftuch hervor-
gezogen und schneuzt sich.)

Wendt (ihm vergnügt auf die Schulter klopfend): Na, lassen Sie
man! 'n hübsches Weihnachtsgeschenk bleibt's doch!
Was, Frau Selicke?

Frau Selicke (immer noch ganz erstaunt): Ach, nein! . . .
wahrhaftig? Also Sie sollen jetzt wirklich Pastor
werden?

Wendt: Nun ja! Und . . . wie Sie sehn! Ich freue
mich sogar von Herzen drüber!

Frau Selicke: Ach ja! Und Sie waren ja auch immer so fleissig! Ich habe Sie wahrhaftig manchmal recht bedauert! Wenn ich so denke, so die ganzen letzten Wochen, Tag und Nacht, immer hinter den Büchern . . .

Wendt: Ach, ich bitte Sie! Was hing aber auch nicht alles davon ab? Alles! Alles! Geradezu Alles! — Und dann, was ich Ihnen noch gleich sagen muss, ich reise jetzt natürlich nicht erst Drittfeiertag, sondern schon morgen!

Frau Selicke: Schon morgen?

Wendt: Ja! Na, die Sachen sind ja schon alle so gut wie gepackt, und . . . e . . . aber ich vergesse ganz! (Zum alten Kopelke): Sie sprachen vorher von Linchen?

Kopelke: Ick? Nu ja! Ick . . . det heesst . . . ick . . . e . . (sieht zu Frau Selicke hinüber).

Frau Selicke: Aber setzen Sie sich doch, Herr Kopelke! Woll'n Se sich nicht setzen? Ich mach Ihnen noch schnell 'ne Tasse Kaffee!

Kopelke (zu Wendt): Hm . . . ja . . . sehn Se, ick . . . (Plötzlich zu Frau Selicke): 'ne Tasse Kaffie? (In sich hineinschmunzelnd, sich vergnügt die Hände reibend): Hm! . . . 'ne Tasse Kaffie is jo wat sehr wat Scheenet! Wat sehr wat Scheenet! . . . Abber . . . Nee, Frau Selicken! Nee! Heite nich! Det verlohnt sick nich! Wahhaftijen Jott! Abber ick muss heite noch unjelogen hinten in de Druckerei! . . . Se wissen ja! Det mit de ollen, deemlichen Krankenkassen! . . .

Frau Selicke (nach der Küche hin): Na, denn werd' ich wenigstens noch'n paar Kohlen unterlegen! (Mit einem Blick auf die Uhr): Toni muss ja jeden Augenblick kommen! (Verschwindet durch die Küchenthür, hinter der bald darauf ein Licht aufblitzt). 'n Augenblickchen!

Kopelke (mit krummgezogenem Buckel, sich schmunzelnd die Hände reibend, ihr nachsehend): Scheeniken! Scheeniken!

Wendt (langt seine Cigarrentasche vor): Aber ich darf Ihnen
doch wenigstens 'ne Cigarre anbieten?

Kopelke: Oh! . . . He! . . . Na! Ick bin so frei, von
Ihr jietijet Anersuchen — mbf! — Jebrauch zu machen,
werther, junger Herr! Abber . . . e . . . (winkt Wendt
zu sich heran; dieser beugt sich ein wenig zu ihm, Olle Kopelke hält
ihm die hohle Hand ans Ohr) . . . ick meen man! Ick be-
raube Ihnen!

Wendt: O, ich bitte Sie!

Kopelke: Na, wissen Se! So'n junger Student hat
det ooch nich immer so dicke! . . . Na, ick meen
man!

Wendt: Junger Student?! Oho!

Kopelke: A so! (Blinzelt ihm zu.) Na! Ibrijens bin ick
darin durchaus keen Unmensch! (Kneift sich mit den
Fingernägeln die Spitze von der Cigarre und blickt sich über die Lampe.)
Abber . . . nee, wissen Se! (Mit einem Blick zum Bett hin.)
Ick weer ihr man doch lieber draussen roochen! Se
nehmen mir det doch nich iebel?

Wendt: Bewahre, Herr Kopelke! Im Gegentheil!
Hier hätten Sie sie ja doch so wie so nicht rauchen
können! Selbstverständlich!

Kopelke: Ja, un denn — na ja! wat ick also noch
sagen wollte! . . . Se mee'n, mit det Kind, mee'n Se?

Wendt: Ja! Ich . . . e . . . Sie können sich ja denken,
wie mich das unmöglich gleichgültig lassen kann!
. . . Der Arzt scheint sich ja, wenigstens so viel ich
darüber weiss, überhaupt nicht äussern zu wollen . . .

Kopelke (klopft sich mit der Cigarre auf dem Daumen herum): Ja,
wissen Se! Offen jestanden! Abber det kann ick den
Mann eejentlich janich verdenken! Denn Se könn'n
sagen, wat Se wollen — ick bin man sozesagen 'n
janz eenfacher Mann, verstehn Se! Abber det kann
'k Ihn'n sagen: mit det Kind is't retour jejangen!
Schon wenn se een'n immer so anseht, verstehn Se!

16

— wahrhaft'jen Jott, abber so wat kann eenen durch
un durch jehn!

Wendt (finster): Hm . . . Also Sie meinen, dass wirklich
Gefahr vorliegt?

Kopelke (ausweichend): Jott! det nu jrade! Det will
ick nu jrade nich jesagt haben! Abber, wie det so
is, verstehn Se! Et mangelt hier den Leiten an't
Neethichste, wissen Se! (Macht die Bewegung des Geldzählens.)
Die kennen ooch man nich immer so, wie se wollen!

Wendt (geht erregt ein paar Mal auf und ab): Ach Gott, ja! . . .
Na! Es wird ja mal . . . anders werden!

Kopelke: Ja! Wenn eener immer ville Jeld hat,
wissen Se, denn mag't ja wol noch jehn! Ja, det
liebe Jeld! . . . Neh'm Se mir mal zun Beispiel!
Ick wah ooch nich uff'n Kopp jefallen als Junge!
Ick wah immer der Erste in de Schule! Wat
meen'n Se woll?! . . . Abber de Umstände, wissen
Se! de Umstände! Et half nischt! Vatter liess
mir Schuster weer'n! . . . Freilich, mit die Schusterei
is det nu ooch nischt mehr heitzudage! Die ollen
Fabriken, wissen Se! Die ollen Fabriken rujeniren
den kleenen Mann! . . . Sehn Se! So bin ick eejentlich,
wat man so 'ne verfehlte Existenz nennt! Nu bin
ick sozesagen alles un janischt! . . . Ja! . . . Da
bring 'k mal een'n durch'n Prozess, da wird mal'n
bisken jeschustert, dann mal mit de Homöopathie
und denn mit det Silewettenschneidern, wie det jrade
so kommt, verstehn Se! Ja! . . . Freilich! Se haben
alle nischt, die armen Deibels, den'n ick . . . . .

(Die Uhr schlägt sechs.)

Wat?! Sechsen schon?! Hurrjott! . . . (Wickelt sich schnell
den Shawl um) . . . den'n ick jeholfen hab' meen' ick!
. . . (Umhersehend): Hanschuh'n hat ick ja wol zufällig
keene nich gehappt? . . . Na, abber man krepelt sick
so durch! (Wendt's Hand schüttelnd): Wah mich sehr an-

jenehm, werther junger Herr, wah mich sehr anjenehm!.... Dunnerwettstock, det wird ja die aller-
heechste Eisenbahn! (Macht ein paar eilige Schritte auf die
Corridorthür zu, besinnt sich dann aber wieder und kehrt aber): Na,
ick kann ja denn ooch mal jleich hinten rum! (Schon
in der Küchenthür): Un denn, det ick det nich verjesse:
Verjniegte Feierdage! Morjen frieh seh ick Ihn' doch
noch?

Wendt: O, danke, danke! Natürlich!

Kopelke: Scheeniken! Atchee! (Klinkt die Küchenthür auf.)
'n Abend, Frau Selicken!

Frau Selicke (hinter der Szene in der Küche): Was? Sie
wollen schon gehn?

Kopelke (während er die Küchenthür wieder hinter sich zudrückt):
Na, wat meen'n Se woll? . , .

Wendt (einen Augenblick allein. Sieht sich zuerst aufathmend im
Zimmer um und tritt dann vorsichtig an das Bett Linchens. Eine kleine
Weile beobachtet er sie, dann klingelt es plötzlich im Corridor und er
geht hastig aufmachen): Ah, endlich!

Toni (trit ein. Sie trägt ein grosses, in ein schwarzes Tuch einge-
schlagenes Bündel vor sich her. — Sie ist mittelgross, schlank, aber
nicht schwächlich. Blond. Schlichter, ein wenig ernster Gesichtsausdruck.
Einfaches, dunkles Kleid, langer, braungelber Herbstmantel. Schwarze,
gestrickte Wollhandschuhe).

Wendt (mit ihr zugleich eintretend und nach dem Bündel fassend):
Geben Sie!

Toni (abwehrend): Ach, lassen Sie . . . ich kann ja . . .

Wendt (nimmt ihr das Packet ab): Geben Sie doch! (Indem er
es aufs Sopha trägt). Und das haben Sie vom Alexander-
platz bis hierher getragen?

Toni (sich die Handschuhe ausziehend, nickt lächelnd. Etwas scherzhaft-
wichtig): Getragen: Ja!

Wendt: Bei der . . . .?

Toni: Nun — ja! Es war etwas unbequem bei der
Kälte! (Hat die Handschuhe auf den Tisch zwischen das Kaffeezeug
gelegt und tritt nun, indem sie sich ihren Mantel aufknöpfelt, an das

16*

Bett Linchens) Sie schläft? Ach, das arme Puttelchen! (Ist wieder etwas zurückgetreten). Aber . . . nein! Ich will doch erst lieber — ich habe die Kälte noch so in den Kleidern! (Zu Wendt, der ihr jetzt behilflich ist, den Mantel abzulegen). Danke; danke schön, Herr Wendt! Wollen Sie so gut sein, da an den Nagel? (Reicht ihm auch noch ihren Hut hin und stellt sich nun an den Ofen). Ach, ist der schön!

Wendt (der ihr unterdessen Hut und Mantel an die kleine Kleiderknagge zwischen der Korridorthür und dem Wandschirm gehängt hat). Wissen Sie auch, Fräulein Toni, dass ich heute schon auf Sie gewartet habe?

Toni: Ach nein! Wirklich? Auf mich?

Wendt (hat sich, die Arme gekreuzt, mit dem Rücken gegen den Tisch ihr gegenüber gestellt, aber so, dass das Licht der Lampe noch auf sie fällt): Ja. Und na? Rathen Sie mal, weshalb!

Toni (lächelnd): Ach, das rath' ich ja doch nicht! Sagen Sie's mir lieber!

Wendt: Ja? Soll ich's sagen?

Toni: Ja.

Wendt (zieht das Papier aus der Tasche und reicht es ihr): Na . . . da! Lesen Sie mal!

Toni: Was denn? (Sie hat sich, noch immer am Ofen, mit dem Papier etwas gegen die Lampe gebückt und liest nun): Ah! Grade heute zum heiligen Abend! (hat das Papier sinken lassen und sieht einen kleinen Augenblick in die Lampe. Langsam, leise): Ja! Das ist ja recht schön! Da können Sie sich recht freuen!

Wendt: Nicht wahr?

Frau Selicke (aus der Küche, deren Thür sie eben aufgemacht hat): Wo bleibst Du denn so lange? (Mit einem Blick auf das Bündel auf dem Sopha) Ach, Du hast wieder . . . Armes Mädchen! . . . Wart'! Ich bring Dir gleich noch 'n bischen heissen Kaffee! (Sie will wieder in die Küche zurück.

Toni (die unterdessen das Papier auf den Tisch gelegt hat, auf sie zu-

tretend): Mutterchen?! — Wart' mal! . . . Hier! (Man
hört Geld klappern.) Eins — zwei — drei . . .

Frau Selicke: Ach, Gott ja! . . Das liebe Bischen
. . . das wird wieder weg sein, man weiss nicht, wie!

Toni: Ist denn der Arzt dagewesen?

Frau Selicke: Ach, nein! Du weisst ja! Der alte
Kopelke!

Toni: So? Was sagt er denn?

Frau Selicke: Bist Du ihm nicht unten begegnet?
Er sagt . . . (zuckt die Achseln) nichts Bestimmtes! Man
wird ja aus keinem Menschen mehr klug! (Plötzlich)
Ach Gott! Ich hab' so eine Ahnung! Du sollst sehn,
wir behalten sie nicht! (Schluchzt.)

Toni (tröstend): Ach Gott, Mutterchen! (Nach einer Weile).
Ist denn der Vater noch nicht da?

Frau Selicke (wieder beruhigt): Ach, der!

Toni (abermals nach einer kleinen Pause): Und die Jungens?

Frau Selicke: I! die wolltn'n vom Komptoir abholen!
Aber die treiben sich ja doch wieder auf dem Markt
rum, die Schlingels! Das ist ja doch die Hauptsache!
Die können's auch nicht satt kriegen! . . . Na, ich
will nun . . . Du bist ja ganz durchfroren! (Geht wieder
in die Küche zurück.)

Toni (die wieder zum Ofen getreten ist): Dann reisen Sie nun
wohl bald?

Wendt (der unterdessen ans Fenster getreten war und die ganze Zeit
über auf den Hof hinab gesehn hatte. Er hat sich wieder umgedreht
und sieht nun, sich mit den Händen hinten aufs Fensterbrett stützend,
wieder zu Toni hinüber): Ja! Morgen!

Toni (leicht erschreckt): Morgen schon?

Wendt: Ja!

Toni (nach einer kleinen Pause): Ach, die Handschuhe! (Holt
sie und tritt mit ihnen an das kleine Tischchen links, in dessen
Schublade sie sie hineinthut. Lächelnd): Sehn Sie mal! Da hat
er wieder den Spiegel neben's Bauer gestellt . . .
Der Vogel soll denken, es is noch'n andrer da, mit

dem er sich unterhalten kann . . . Der Vater spricht
mit dem Vogel, als wenn er ein Mensch wär'!

Wendt (ist vom Fenster weggetreten und steckt nun das Papier
vom Tisch wieder in seine Rocktasche): Ja! ja! . . .

Toni: Hm? . . . Mätzchen! Mätzchen! . . . Ordentlich
zärtlich ist er mit ihm! Der Vater ist ein grosser
Thierfreund!

Wendt (der unterdess auf sein Zimmer links im Vordergrund zugegangen ist, sieht ihr, die Hand auf der Klinke, einen Augenblick lang
unentschlossen zu. Zögernd): Ja! ich . . . .

Toni (ihn unterbrechend): Ach sagen Sie doch: Wie spät
ist's denn? (Mit einem Blick auf den Regulator) der kann doch
unmöglich richtig gehn?

Wendt (der jetzt die Thür aufgeklinkt hat): Etwas nach Sechs.

Toni: Nach Sechs? Da müsste er doch nun . . .
(Seufzt.)

(Wendt geht langsam in sein Zimmer. — Toni, die ihm nachgesehn hat,
bleibt einen Augenblick in Gedanken stehn, seufzt und geht wieder auf
den Sophatisch zu. Sie nimmt das Bündel auf den Teppich runter und
knotet es auf. Frau Selicke kommt mit dem Kaffee.)

Frau Selicke: Hier! Nu trink erst! (Setzt die Kanne
auf den Tisch.)

Toni (die sich vor dem geöffneten Bündel auf dem Teppich nieder-
gekauert hat): Ja, gleich!

Frau Selicke (hat sich leicht auf den Sophatisch gestützt und sieht
ihr zu): Mäntel? . . . Da kannst Du wieder die ganzen
paar Feiertage sitzen! Ach ja! Du hast doch auch
gar nichts von Deinem Leben!

Toni (immer noch mit dem Ordnen der Zeugstücke beschäftigt): Na!
's ist doch wenigstens ein kleiner Nebenverdienst!

Frau Selicke (aufseufzend): Ach ja, ja!

Toni: Aber ein Leben auf den Strassen? Kaum zum
Durchkommen!

Frau Selicke (nickend): Das glaub ich! . . . Du wirst
Dich schön haben schleppen müssen mit dem alten

Bündel! Bist Du denn nich wenigstens ein Stück
mit der Pferdebahn gefahren?

Toni: Ach, Alles voll! Alles voll! Da war gar nicht
anzukommen!

Frau Selicke (ihr die Tasse zuschiebend): Aber Du trinkst
ja gar nicht! Trink doch erst!

Toni: Ja! (Erhebt sich und schenkt sich den Kaffee ein. Ihn schlür-
fend, von der Tasse zu Frau Selicke aufsehend): Schön warm!

Frau Selicke: Bist Du der Mohr'n vorhin begegnet?

Toni: Ja, auf der Treppe! Sie hielt mich an!

Frau Selicke: Sie wollte mal wieder horchen? Nicht
wahr?

Toni: Ja! ... Sie fing natürlich von Linchen an!
Und, was wir diesmal für'n schlechten Weihnachten
durchzumachen hätten und so, na Du weisst ja!
(Sie bückt sich wieder zu ihren Mänteln.)

Frau Selicke: Nein, solche Menschen! Um was die
sich nich alles kümmern!

Toni: Na, von mir bekommt sie nichts raus!

Frau Selicke: Die mögen schön über uns schwatzen!
... Solche Menschen! Die sollten sich doch lieber
an ihre eigne Nase fassen! Die! Die trinkt Bier
wie'n Kerl! Den richtigen Bierhusten hat sie schon!
Hast Du noch nicht gemerkt?

Toni: Na, ja! Lass doch man, Mutterchen! Lass sie
alle machen, was sie wollen! Sie geben uns ja doch
nichts dazu! (Ist aufgestanden und steht nun, die Hände unter der
Tischplatte, da.) Rück doch mal'n bischen den Tisch!
Ich möchte mir da die Mäntel zurecht legen! (Frau
Selicke hilft ihr.) Der Vater kann doch jetzt unmöglich
mehr auf dem Komptoir sein?

Frau Selicke (hat vom Tisch wieder ihren Strickstrumpf aufgenommen und sich die Brille aufgesetzt. Vom Stuhl vor dem Bette
Linchens her): I, ich dachte gar! ... Wer weiss, wo
der jetzt wieder steckt!

Toni (hinter dem Tisch auf dem Sopha die Zeugstücke ordnend): Na, er wird auf dem Weihnachtsmarkt sein und ein bischen einkaufen, für Linchen!

Frau Selicke: I, jawoll doch! Und . . . du lieber Gott, was soll nicht alles von den paar Groschen bezahlt werden! Wer weiss übrigens, ob er diesmal so viel zu Weihnachten kriegt wie sonst! . . . . Er thut wenigstens so! . . . Das heisst, auf den kann man sich ja nie verlassen! Der sagt einem ja nie die Wahrheit! . . . Andre Männer theilen ihren Frauen alles mit und berathen sich, wie's am besten geht, aber unsereiner wird ja für garnichts ästimirt! Der weiss ja alles besser! . . . Nein, so ein trauriges Familienleben, wie bei uns. . . . Pass mal auf: Der hat heute wieder ein paar Pfennige in der Tasche und kömmt nu vor morgen früh nich nach Hause!

Toni: Na, ich dachte gar! . . . das wäre doch! . . . Heute!

Frau Selicke: Na, du wirst ja sehn! Vergangne Nacht hat mir wieder mal von Pflaumen geträumt, und dann kann ich jedesmal Gift drauf nehmen, dass es Skandal giebt!

Toni: Ach Gott! darauf kann man doch aber nichts geben!

Frnu Selicke: Na. pass auf! Meine Ahnungen trügen mich nie!

Toni: Aber wie kann man blos so abergläubisch sein, Mutterchen!

Frau Selicke: Abergläubisch? Nein, gar nicht! Ich bin garnicht abergläubisch! Aber es ist doch komisch, dass es bis jetzt jedesmal eingetroffen ist!

Toni: Ach, Mutterchen!

Frau Selicke: Nein, nein! Du sollst sehn! Ich kann mich heilig drauf verlassen! (weinerlich). Pass mal auf! Pass mal auf!

Toni: Ach siehst Du, Mutterchen! Wenn Du Dich
vorher schon immer so ängstlich machst, dann ist es
ja gar kein' Wunder! . . . Mach's wie ich! Lass ihn
kommen! Widersprich ihm mit keinem Wort! . . .
Lass ihn räsonniren, soviel wie er will! Einmal muss
er dann doch aufhören und durch sein Räsonniren
wird es ja doch nicht besser.

Frau Selicke: Ach Gott ja! Eigentlich ist's auch
wahr! Man müsste garnich drauf hören! Wenn ich
nur nich so nervös wäre! Wenn ich ihn dann aber
so sehe, in seinem Zustande, und er kommt dann
auch noch mit seinen Ungerechtigkeiten, dann kann
ich mich nich halten! . . . Es ist mir rein unmöglich! . . . Dann läuft mir jedesmal die Galle über!

Toni: Siehst Du! Aber grade dadurch wird es immer
erst schlimm! Lass ihn schimpfen, die Augen rollen,
Fäuste machen. Du musst es gar nicht beachten!
Schliesslich thut er ja doch nichts! . . . Siehst Du,
Du musst mich nicht falsch verstehn! aber ich glaube,
Du hast ihn von Anfang an nicht recht zu behandeln
gewusst, Mutterchen!

Frau Selicke: Ja: 's is auch wahr! . . . Er hätte nur
so eine recht resolute haben sollen!

Toni: Ach, nein! So meinte ich's nicht! . . . Ach!

Frau Selicke: Nein! 's ist ja wirklich wahr! . . . Da
soll man sich nun nicht empören! . . . Hier liegt das
arme Kind krank, man weiss nich vor Sorgen wohin!
Andre Leute freuen sich heute, und wir . . . Na! und
denn soll man ihm auch noch freundlich entgegen-
kommen? . . . Das kann ich einfach nicht! Das kann
ich nicht!!

Toni (seufzend): Aber dann würde er sicher anders sein,
wenn Du Dich ein bischen zwängst, Mutterchen! . . .
Er ist ja im Grunde eigentlich gar nicht so schlimm,
wie er thut!

Frau Selicke: Er hat mich die ganzen Jahre her zu schlecht behandelt! Ich **kann** mich nicht überwinden, freundlich mit ihm zu sein!

Toni: Ach ja, ja! (Kleine Pause. Holt aus dem Tischchen links ihr Nähzeug vor, setzt sich einen Stuhl an den Sophatisch und beginnt zu nähen.)

Frau Selicke: Willst Du heute noch nähen?

Toni: Ja, ein bischen!

Frau Selicke: Ach! das ist nun Heiligabend! Das sind Festtage! . . . . So einen traurigen Weihnachten haben wir wirklich noch nie gehabt!

Toni: Na! Eine kleine Freude macht er Linchen und den Jungens doch! Und wir Andern? Liebe Zeit . . .

Frau Selicke (gähnt): Ach, bin ich — müde! . . . Nächtelang hat man kein Auge zugethan und mein Fuss thut auch wieder so weh. . . .

Toni: Ja! Leg Dich ein bischen hin, Mutterchen! Du strengst Dich überhaupt viel zu sehr an! Das solltest Du gar nicht!

Frau Selicke: Ja, ja! Du hast eigentlich auch recht! Ich will mich 'n bischen schlafen legen! (zum Bett hin.) Ach, mein Mäuschen! (Ist aufgestanden, hat ihr Strickzeug zusammengewickelt und es mit der Brille auf den Tisch gelegt.) Heute Nacht hat man ja doch wieder keine Ruhe! Das weiss ich schon! Ach ja! . . . (Gähnt. Schon in der Kammerthür.) Ja, und nun geht Herr Wendt auch schon zu den Feiertagen, und eh' man dann wieder 'n Miether kriegt! . . . Ach Gott ja! . . . Na! . . . (verschwindet in der Kammer.)

Toni (über ihre Arbeit gebückt, allein. Pause. Ab und zu seufzt sie. Fernes Glockengeläute, das eine Zeit lang während des Folgenden fortdauert. — Es klopft an Wendt's Thür. Toni zuckt leicht zusammen. Dann): Herein?

Wendt (tritt ein): Störe ich?

Toni: O nein! . . . Wünschen Sie etwas?

Wendt (zum Tisch tretend): Ich? . . . Nein! (Sieht ihr einen
Augenblick zu) Sie arbeiten heute noch?

Toni: Ja! 's hilft nichts! Ich muss in den Feiertagen
damit fertig werden!

Wendt: In den Feiertagen? . . . Mit . . . mit all den
Mänteln da?

Toni (lächelnd): Ja! Ein tüchtiges Stück Arbeit ist es!
. . . Hören Sie? Die schönen Weihnachtsglocken!

Wendt (während er sich ebenfalls einen Stuhl holt und diesen neben
den Tonis stellt): Ja! Die Weihnachtsglocken! Die Weihnachtsglocken!

Toni: Hören Sie das Glockengeläute nicht gern?

Wendt: Die Berliner Glocken sind schrecklich! So
eilig! So . . . so . . . eh! (macht eine Handbewegung).

Toni: Wie?

Wendt: Ach! So — nervös, mein ich!

Toni: Nervös? Ach!

Wendt: Nein! Ich höre die Glocken hier nicht gern!

Toni: Sie wollen doch aber nun Pastor werden?

Wendt: Ja!

Toni: Zu Weihnachten klingen sie immer schön, find'
ich! . . . Als ich noch ganz klein war, ging der Vater
mit uns am ersten Feiertag Morgen in die Christ-
mette. Ganz früh. Wir wurden dann tüchtig eingemummelt und jedes hatte ein kleines Wachstöck-
chen. Das wurde in der Kirche angezündet, und
wenn wir dann wieder nach Hause kamen, kriegten
wir bescheert. Ich muss immer daran denken, wenn
ich hier zu Weihnachten die Glocken höre! . . . Freilich, so schön klingen sie nicht, wie bei uns zu Hause!
(Kleine Pause. Man hört nur ein wenig stärker und näher das Geläute.)

Wendt (ein wenig erregt): Ach ja! Das . . . damals . . .
damals waren sie . . . Weihnachten war schöner damals! . . . Hm: — (Beugt sich zu ihr hin, ohne sie anzusehen.)
Toni! Sagen Sie mal!

Toni: Wie?

Wendt: Ich meine . . . hm! Ja! Ich musste — nur eben wieder daran denken — dass ich nun morgen, morgen schon von hier fortgehe!

Toni (ohne aufzusehn): Ja! Sie bekommen ja nun — eine Stellung!

Wendt: Eine Stellung! (Sich zurücklehnend.) Komme nun, sozusagen, in geordnete, bürgerliche Verhältnisse. Ja! Eine Landpfärre!

Toni: Auf's Land kommen Sie?

Wendt: Ja, auf's Land! Auf's Land!

Toni: Ach, das muss Ihnen gewiss recht angenehm sein! Es hat Ihnen ja so wie so nicht mehr recht in der Grossstadt gefallen!

Wendt: Ja, man lernt hier so viel kennen! . . . Aber nun! Landpastor also! . . . Eine lange Pfeife, wie der Herr Kopelke sagt, eine Bienenzüchterei und . . . und hahaha!

Toni (sieht auf): Sie sagen das so sonderbar! Sind Sie mit Ihrer Stellung nicht zufrieden?

Wendt: Ach, das . . . das ist ja gleichgültig!

Toni: Gleichgültig?

Wendt: Ach, das . . . Es könnte freilich — unter Umständen — recht schön sein! (Sieht Toni plötzlich voll an, diese blickt sich noch tiefer über ihre Arbeit.) Aber ich wollte ja . . . Ich meinte . . . (er beugt sich wieder zu ihr hin.) Alle die Mäntel müssen Sie nun also in den — Feiertagen nähen?

Toni (leise, ernst): Ja! Es macht freilich so mehr Mühe mit der Hand! Aber mit der Nähmaschine geht's jetzt nicht, wo Linchen krank ist.

(Pause.)

Ja, das wird nun . . .

Wendt: Wie meinen Sie?

Toni: Zwei Jahre haben . . . Sie nun . . . hier gewohnt!

Wendt: Aber die Handarbeit: . . . das fortwährende
Nähen muss doch Ihre Gesundheit sehr angreifen!

Toni (mit einem Lächeln): Ach, ich bin nicht schwächlich!
Man muss nur Ausdauer und ein bischen Geduld
haben.

Wendt (sich zusammenraffend): Geduld . . . Ja! Toni! Ich
wollte Sie nun etwas fragen! . . . Ich habe schon
einmal . . . Sie nahmen's damals für Scherz . . . und
ich sah damals auch ein, dass ich noch kein Recht
hatte . . . Aber jetzt kann ich Sie ja mit mehr Recht
fragen . . . Jetzt, wo ich in — geordnete Verhältnisse komme: Ich meine . . . wollen . . . wollen Sie
mir auf meine — Landpfarre folgen? (Das Geläute hört
auf.)

Toni: Sie . . . ob ich — Ihnen . . .

Wendt: Ja! Ob Sie mir jetzt folgen wollen?

Toni: Ach . . . (Sie bricht in Thränen aus.)

Wendt: Sie weinen?!

Toni: Warum . . . das ist — nicht recht von Ihnen,
dass Sie wieder davon — sprechen!

Wendt: Nicht recht?! . . . Warum?! . . . Toni! Jetzt?

Toni: Das — geht ja doch nicht! Das geht ja nicht!

Wendt: Das — geht nicht?!

Toni: Nein! . . . Ach Gott!

Wendt: Aber warum denn nicht?

Toni: Ach Gott!

Wendt: Es geht, Toni! Jetzt geht es! . . . Wissen
Sie: in diesen Tagen fand ich hier ein Buch!

Toni: Ein . . . Buch?

Wendt: Ein einfaches Büchelchen! . . . Zwei Bogen
gelbes Conceptpapier in ein Stück blaue Pappe ge-
heftet. Mit solchem weissen Zwirn da! Jemand
hatte es hier liegen lassen, aus Versehn!

Toni (sehr verwirrt): Ein . . . das . . .

Wendt: Ich habe darin gelesen! . . . Es waren allerlei Notizen darin! Tagebuchnotizen! Selbstbekennt-
nisse, die Eine für sich gemacht hatte, die immer so
still und bescheiden ist, alles mit sich selbst im stillen
abmacht und auskämpft! . . .

Toni (weint heftiger): Ach! . . . Warum haben Sie darin
gelesen?

Wendt (rückt näher zu ihr und sucht ihr ins Gesicht zu sehn): Ich
war sehr, sehr glücklich, als ich das Alles las!

Toni: Ach! Ich . . . aber ich darf doch hier nicht
fort!

Wendt: Du darfst nicht?! Toni! Bist Du . . . ich
meine: kannst Du's hier — aushalten?! Bist Du hier
glücklich?!

Toni (immer noch weinend): O Gott! O Gott!

Wendt (sehr erregt): Nein! Nein! Das ist unmöglich,
Toni! . . . Ich habe vorhin, drin in meinem Zimmer,
gehört, was Du mit Deiner Mutter sprachst! Ich
habe mehr als zwei Jahre hier gewohnt und alle die
Scenen mit angehört, die furchtbaren Scenen! . . .
Ich habe Euer ganzes, unglückliches Familienleben
kennen gelernt! Zwei Jahre lang hab' ich das Alles
gehört und gesehen! Zwei Jahre lang! Und es hat
mich . . . (Stöhnt auf.) Und Du! Wenn man denken
muss: zweiundzwanzig Jahre hast Du in alle dem
Elend gelebt und hast es ertragen müssen! Zweiundzwanzig Jahre! . . . Herr mein Gott! Zweiundzwanzig Jahre!

Toni (verlegen — trotzig): O, der Vater ist gut . . . ein
bischen aufbrausend, aber . . . Ach Gott! (Schluchzt.)

Wendt (verbittert): Gut! Gut! (Lacht auf, zornig.) Nein!
Nein! Du darfst nicht länger bleiben! Du darfst
nicht länger in diesem traurigen Elend leben! Hörst

Du, Du verdienst das nicht! Du passt nicht hierher!

Toni: Aber ich . . .

Wendt: Hast Du denn gar kein Bedürfniss nach
Glück?!

Toni (schüchtern, forschend): Glück?! Ich — weiss nicht!
. . . Ich — verstehe Sie nicht!

Wendt: Ach, ich spreche da! Ich . . . ich meine: hast
Du denn nicht manchmal den Wunsch gehabt, hier
wegzukommen, in ruhige, schöne Verhältnisse? Wo
Du nicht Tag für Tag — Herrgott! — T a g f ü r
T a g ! all das Elend hier vor Augen hast? Wie?

Toni: Aber . . .

Wendt (leise, etwas höhnisch): Ich habe auch d a v o n etwas
in dem kleinen, blauen Büchelchen gelesen! Siehst
Du? Ich kenne Dich ganz genau! Du bist auch
nur ein Mensch!

Toni: Ach! Warum haben Sie nur . . . (Weint von neuem.)

Wendt (fortgerissen): Nein! Es ist ja hier . . . Das
k a n n ja kein Mensch e r t r a g e n ! Dein Vater:
brutal, rücksichtslos, Deine Mutter krank, launisch;
beide eigensinnig; keiner kann sich überwinden, dem
andern nachzugeben, ihn zu verstehen, um . . . um
der Kinder willen! Selbst jetzt, wo sie nun alt geworden sind, wo sie mit den Jahren vernünftiger geworden sein müssten! Die Kinder m ü s s e n ja dabei
zu grunde gehn! Und das ist i h r e S c h u l d , die sie
gar nicht wieder gut machen können! Einer schiebt
sie auf den andern! Keiner bedenkt, was daraus
werden soll! . . . Und das nun schon lange, schrecklich lange Jahre durch! Dabei Krankheit und Sorge
. . . Furchtbar! Furchtbar!! Wenn man sich in den
Gedanken versenkt . . . tt! . . . Nein, das ist alles zu,
z u schrecklich! Das sind keine vernünftigen Menschen
mehr, das sind . . . Ae! Sie sind einfach jämmerlich

in ihrem nichtswürdigen, kindischen Hass! . . . . (Ist
aufgesprungen und geht nun mit grossen Schritten im Zimmer umher.)

Toni (schluchzend): O, wie können Sie nur so von Vater
und Mutter sprechen! Sie sind Beide so gut! Wie
können Sie das nur sagen!

Wendt (sich mässigend. Setzt sich wieder zu ihr, den Stuhl noch
näher zu ihr rückend): O, ich . . . t! . . . Höre doch nicht,
was ich schwatze! Ich . . . Nein! Ich meine . . . Du
kannst doch unmöglich hier bleiben! . . . Weine
doch nicht, liebe Toni! Missversteh mich doch nicht!
Ich meinte ja nur! . . . Sieh mal! Du musst Dich ja
bei all' dem Elend aufreiben! Es ist unerträglich,
geradezu unerträglich, dass Du — Du! — hier verkümmern sollst! . . . Und mach Dich doch nicht stärker,
als Du bist, Toni! Ich weiss es ja, Toni! Siehst
Du, ich weiss es ja, dass Du Dich hier heraussehnst!

Toni: O, wenn man mal . . . 'n bischen . . . ungeduldig
ist! . . . Das habe ich nur so — hingeschrieben!

Wendt: Nur so . . .? Ach was! Das glaubst Du ja
selbst nicht, Toni! Das war ja ganz natürlich?!
Ganz berechtigt?!

Toni: Ach sprechen Sie doch nicht mehr davon! Ich
bitte Sie! . . . Sprechen Sie nicht mehr davon!

Wendt: Siehst Du? Du hast Angst, das zu hören!
Aber doch! Grade musst Du das hören! Die Auf-
opferung muss doch ihre Grenze haben! . . . Zwei-
undzwanzig Jahre! Einen Tag nach dem andern,
Jahr aus, Jahr ein, immer dasselbe Elend, dieselbe
Noth! Das ist ja gradezu der pure Selbstmord!
Nein! Du musst hier fort! Du hast ein Recht,
an Dich und Deine Zukunft zu denken! . . . Warum
sollst Du hier verkümmern? Warum?! Was kann
Dich dazu verpflichten?! . . . Was hat Dein Vater
und Deine Mutter gethan, dass sie das verdienen?
Nun?! . . . Haben sie an Deine Zukunft gedacht?!

Toni: Ich . . . ich weiss nicht! . . . Ach, reden Sie doch nicht so! Sagen Sie doch das nicht!

Wendt: Heute, am heiligen Abend, sitzt Du da in Angst und Bangen, wo sich Jeder freut, und flickst Dich krank! Nein! Das ist — empörend!! Das . . . Sieh mal, Toni! Warum sollte es nicht gehn? Thust Du ihnen denn nicht selber einen Gefallen? Es muss ihnen doch nur lieb sein, wenn Du „versorgt" bist?! Wenn sie einen „Esser wen'ger" haben? Ist Dein Vater nicht vielleicht grade deshalb so, weil er sich über Deine Zukunft Sorge macht? Hat er Dir nicht mehr wie einmal vorgeworfen, dass Du noch hier bist?

Toni: O, das meint er ja nur so!

Wendt: Soso!

Toni: Und dann . . . die Mutter! Ich kann doch die Mutter nicht hier so allein lassen? Sie ist so krank und schwächlich! Sie kann mich gar nicht entbehren!

Wendt (eifrig, fasst ihre Hand): Ach, was das anbetrifft; sieh mal . . .

Toni (horcht auf): Warten Sie mal! (Entwindet ihm ihre Hand, steht auf und schleicht sich auf Spitzzehen zum Bett hin. Einen Augenblick beobachtet sie die Kranke, dann kehrt sie wieder zurück.) Nein! . . . Ich dachte . . . Linchen . . . (Pause) . . . Und . . . (weint noch heftiger).

Wendt (hat sie die ganze Zeit gespannt beobachtet und bricht nun seufzend zusammen): Ach Gott ja! (Sich auf seinem Stuhl wieder aufrichtend) Sieh mal! Was das anbetrifft . . . und . . . Linchen . . . Du meinst Linchen? . . . O, sie ist ja in den letzten Tagen . . . man kann doch unmöglich sagen, dass es grade schlimmer mit ihr geworden ist! . . . (schneller) Sieh mal! Wenn sie Dich nun versorgt wissen, ist ihnen doch schon eine grosse Last genommen! Und dann könnten wir sie ja auch unterstützen, nicht wahr? Und wenn erst ihre äussere Lage etwas besser ist, dann ist ja auch

17

Vieles, Vieles gleich ganz anders! Und dann . . . ja, dann sind sie ja auch mit den Jahren — dieses Zusammenleben so gewohnt geworden! Nicht wahr? Sie würden vielleicht etwas entbehren, wenn sie's anders hätten auf einmal, ich meine — versteh' mich! — wenn sie's ganz anders hätten! . . . Der Mensch gewöhnt sich ja an das Allerunglaublichste!

Toni: Ach, nein . . . nein . . .

Wendt (in höchster Aufregung, sich aber noch fassend): Toni! . . . Ich weiss nicht, Du hast so viele Bedenken, so viele . . . Sag's! Sag's grade raus! Hast Du das vielleicht — auch nur so geschrieben, dass . . . dass Du . . . mich lieb hast? Kannst Du mir nicht folgen, weil . . . Du mich . . . nicht lieb hast?

Toni: Ob ich Dich . . .? Aber . . . o Gott! Was sag ich!

Wendt (freudig): O, nicht wahr? (Drückt ihr die Hand.) Liebe!

Toni: (schluchzt nur).

Wendt (wieder sehr erregt): Und dann, liebe Toni, siehst Du? muss ich Dir noch etwas sagen! Ich bin . . . ich weiss nicht . . . aber Du musst mich recht verstehn, ich . . . ich bin so gut wie — todt! (Toni sieht ihn erschrocken an und rückt in naivem Schreck unwillkürlich ein wenig von ihm ab. Hat aufgehört zu weinen. Wendt spricht das Folgende immer noch in grösster Erregung wie zu sich selbst.) Als ich zu studiren anfing, da war ich frisch und lebendig, voll Hoffnung! Da glaubte ich noch an meinen Beruf! Da hatte ich noch Ziele, für die ich mich begeisterte! . . . Aber das hat sich alles geändert! . . . Seitdem ich hierher gekommen bin in dieses . . . in die Grossstadt, mein' ich . . . und all das furchtbare Elend kennen gelernt habe, das ganze Leben: seitdem bin ich — innerlich — so gut wie todt! . . . Ja, das hat mir die Augen aufgemacht! . . . Die Menschen sind nicht mehr das, wofür ich sie hielt! Sie sind selbst-

süchtig! Brutal selbstsüchtig! Sie sind nichts weiter
als Thiere, raffinirte Bestien, wandelnde Triebe, die
gegen einander kämpfen, sich blindlings zur Geltung
bringen bis zur gegenseitigen Vernichtung! Alle die
schönen Ideen, die sie sich zurechtgeträumt haben,
von Gott, Liebe und . . . eh! das ist ja alles Blödsinn!
Blödsinn! Man . . . man tappt nur so hin. Man ist
die reine Maschine! Man . . . eh! es ist ja alles
lächerlich! (Mit einer hastigen Bewegung zu ihr.) Siehst Du,
liebe Toni! Deshalb kannst Du und darfst Du
einfach gar nicht „Nein" sagen! Du bist meine einzige Rettung! . . . Ich könnte ohne Dich keinen Tag
mehr leben, oder ich müsste verrückt werden, einfach
verrückt! Du . . . Du bist das Einzige, woran ich
nicht zweifle! Alles Andre versteh' ich! Alles Andre
ist mir so unheimlich klar und durchsichtig! Aber Du
. . . Du?! . . . Wenn ich Dich so sehe, so still leidend,
so geduldig, da . . . möcht' ich Dich — haben!! . . .
für Dich leben, verstehst Du? Und . . . Alles Andre
. . . hahaha! . . . ich pfeife, pfeife drauf! . . . Nur
Du . . . Du!! . . . (Sieht sie an, kommt plötzlich wieder zu sich
und springt auf.) Du! . . . Was . . . was hab ich — gesprochen? Du weinst?! Mädchen! . . . Herrgott!
(Rückt ganz nahe zu ihr. Spricht das Folgende sehr sanft.) Ach,
siehst Du! Das war ja alles Unsinn, Thorheit! Ich
weiss nicht . . . tt! . . . Ich meinte . . . siehst Du?
. . . man lernt so viel kennen in der Welt, was einen
niederdrückt, missmuthig macht . . . so manchmal
mein ich! . . . Nicht wahr? . . . Deshalb wirft man
ja aber doch die Flinte nicht gleich ins Korn?! . . .
Das geht Allen so! . . Ich meinte nur: wenn zwei, so
wie wir, sich zusammenthäten, dann würd' et ihnen
leichter, das Leben zu ertragen! . . . So meint' ich!
. . . Ich habe da . . . ich weiss nicht, wie ich das
alles so hingeschwatzt habe! . . . Das ist ja alles

selbstverständlich! . . . Es ist ja weiter gar nichts dabei! . . . Es ist ganz einfach! Weine doch nicht mehr, mein liebes, liebes Mädchen! . . . Nein, ich . . . ich . . . Narr! . . . Beruhige Dich! . . . Beruhige Dich doch! . . . Hörst Du? . . . Hab' ich Dich so erschreckt?

Toni (rückt näher zu ihm, schmiegt sich an ihn): Nein, ich . . . ich bedaure Dich so!

Wendt (sie an sich drückend): Du — bedauerst mich?! Mädchen!

Toni: Kannst Du denn dann aber Pastor werden?

Wendt (glücklich): Ach das . . . das ist ja eine Form! Das ist Nebensache!

Toni: Aber wenn Du nicht glaubst, dass . . . wenn Du nicht an — Gott glaubst?

Wendt: An Gott glaubst! . . . Die Hauptsache ist, (innig) wir werden uns dort beide auf dem Lande so wohl fühlen, so wohl! Wir werden so glücklich sein! Nicht wahr?

Toni: Aber . . .

Wendt: Wir leben dann still für uns in ruhigen, schönen Verhältnissen! Wir werden ganz andre Menschen sein! Und dann sollst Du sehn, wie ich den Leuten predigen werde! Der Katechismusgott soll dann erst lebendig werden, lebendig! . . . Wir verstehen das Leben! Wir wissen, wie miserabel es ist, aber wir haben dann auch, was mit ihm versöhnt! Und das ist besser als alle Kanzelphrasen, wenn wir das den Leuten mittheilen.

Toni: Aber . . . ich weiss nicht . . . wenn Du doch nicht wirklich glaubst . . . . ?

Wendt: Kein offizieller Glaube, aber ein besserer, lebendigerer! . . . Lass nur! Du sollst sehn! . . . Denke Dir: Eine herrliche Gegend! Laubwald! Berge! Getreidefelder! Stilles, gesundes Landleben! . . . .

Unser Haus hinter der kleinen Dorfkirche, ganz von
Weinlaub umrankt, mitten in einem grossen Obst-
garten mit einem Hühnerhof. Ringsherum eine grosse,
hohe Mauer und dadrin hausen wir, wir beide, ganz
abgeschlossen von der Welt, aber ohne Hass, und das
ist die Hauptsache! Und wenn Du mir dann Sonntags in den Talar hilfst und ich durch den kleinen
Friedhof in die Sakristei spaziere, dann sollst Du
einmal sehen, was ich den Leuten predigen werde!
Sie sollen schon mit dem neuen Pastor zufrieden sein!
Nicht?!

Toni (die ihm aufmerksam, vor sich hinlächelud, zugehört hat): O,
das wäre schön!

Wendt: Ja! Nicht wahr?! Nicht wahr?!

Toni: Aber hier, was sollen sie denn hier anfangen?

Wendt: Ach, das wird dann auch alles ganz anders!
Du sollst sehn! . . . Albert hat dann ausgelernt und
verdient mit zu. Walter wird ja auch bald confirmirt
und Du, Du bist dann „versorgt“: dann werden sie
nicht mehr so viel Grund haben . . .

Toni: Ach ja! Vielleicht! . . . Ach, das wäre so schön,
so schön!

Wendt: Nicht wahr?

Toni: Ja, ja! Das ginge! Vielleicht! . . . Dann würde
es wohl hier besser werden!

Wendt: Sicher! Und dann . . . Vergiss doch nicht!
Dann sind w i r ja a u c h da!

Toni: Aber Linchen! Wenn Linchen nur nicht immer
so krank wäre?!

Wendt (hastig): Ach, siehst Du . . . sie . . . . sie ist ja . . .

Toni (zusammenschauernd): O Gott, wenn sie stirbt!

Wendt: Stirbt? (Unruhig.) Ach, wie kommst Du nur
darauf?

Toni: Ach, weisst Du! Ich (weint) habe so wenig Hoffnung!

Wendt: Aber ich bitte Dich! Du hörst ja!

Toni: Ach ja, ja! . . . Sie ist das Einzige, was Vater
und Mutter haben! Sie ist ihre einzige Freude! Wenn
sie nicht noch wäre . . . Siehst Du, das ängstigt
mich so! Das wäre zu schrecklich! Zu schrecklich!
(Vor sich hinstarrend.) Wenn sie stirbt und wenn ich dann
auch noch fort wäre . . . (Wirft sich ihm um den Hals.)
Ach nein! Nein! Das geht ja gar nicht! Das geht
ja gar nicht! Dann wäre hier Alles noch viel, viel
schlimmer . . .

Wendt (sie sanft von sich loslösend): Aber wie kommst Du
denn nur darauf, liebe Toni? Es liegt ja gar kein
— Grund vor! Nein! Wir nehmen sie dann später
zu uns, dass sie sich in der gesunden, schönen Luft
ganz erholen kann! Quäle Dich doch nicht immer
so! Es wird und muss jetzt alles besser werden!
Ich hab's so im Gefühl: wenn alles am trostlosesten
aussieht, wenn es gar nicht mehr schlimmer werden
kann, dann muss sich alles zum Guten wenden!
Nein! Du wirst glücklich werden, wir alle! Du wirst
dort auf dem Lande wieder aufleben! Es wird eine
ganz andre Welt sein! . . . Du siehst ja alles nur so
schwarz an, weil Du nie, nie in Deinem ganzen
Leben etwas andres als die Noth hier kennen gelernt hast!

Toni (aufseufzend): Ach ja! Das ist vielleicht auch wahr!

Wendt (beugt sich über sie): Also, nicht wahr, Toni?

Toni: Ja, ja! — Wenn . . .

Wendt: Still! Still! (Küsst sie.) O, nun wird die Welt
so schön werden! So schön!

Toni: Schön? . . . Ach Gott ja!

Wendt: Ja! Schön! . . . Trotz alledem! (Küsst sie.)

Toni: Lieber! (Erwiedert seinen Kuss.)

Wendt (nach einer kleinen Pause. Scherzend): Fru Pastern!

Toni (lächelnd): Ach Du!

ZWEITER AUFZUG.

Zweiter Aufzug.

— —-
.

(Dasselbe Zimmer. Es ist Nacht, durch das verschneite Fenster fällt voll
das Mondlicht Frau Selicke sitzt wieder neben dem Bett und strickt,
Toni arbeitet am Sophatisch, auf welchem hinter dem grünen Schirm die
Lampe brennt, Albert sitzt neben Ihr, liest, blättert und gähnt ab und
zu, Walter steht vorm Fenster, die Arme auf das Fensterbrett gestützt.)

Walter (vom Fenster weg zu Frau Selicke hin): Mama! Er
kömmt immer noch nich!

Frau Selicke (müde, etwas weinerlich): Ach ja! . . . Na,
heute können wir uns wieder mal auf was gefasst
machen.

Walter (sich an sie drängend, sie umfassend): Mamchen! Biste
wieder gut mit mir? . . . Ja? . . . Mamchen!

Frau Selicke: Ja! . . . Ja! . . . Wenn Du nur nich
immer so ungezogen wärst!

Walter: Ach Mamchen!

Frau Selicke: Ja! . . . Ja! . . . 's is schon gut! . . .
Lass mich nur!

Walter (immer noch schmeichelnd): Sag, Mamchen! Biste nu
aber auch wirklich ganz gut mit mir?

Frau Selicke (lächelnd, abwehrend): Naja! Ja, Du Schlingel!

Walter: Armes Mamchen! (Küsst sie und stellt sich dann
wieder vor das Fenster hin. Nach einer kleinen Pause, während welcher
Albert sich zurückgelehnt, die Arme gereckt und laut gegähnt hat.)
Du, Albert! Au, kuck mal! Drüben bei Krügers
brennt noch der Weihnachtsbaum!

Albert (hat sich faul erhoben und ist langsam, die Hände in den
Taschen, zum Fenster getreten): Ach wo, Du Peter! Is ja
man 'n Licht in der Küche! Wo soll denn jetzt
noch 'n Weihnachtsbaum brennen?

Walter (ihn unterbrechend): Halt doch mal! Horch mal!
Ging — da nich die — Hausthür?! ... (Nach einer
kleinen Pause, weinerlich.) Nee! Ach, nu kann man sich
wieder nich hinlegen!

Albert: (gähnt faul).

Frau Selicke: Leg Dich doch schlafen! Das wehrt
Dir doch Niemand!

Walter: Ach! ... (Wieder nach einer kleinen Pause.) Du,
kuck mal, Albert! Lauter goldne Flinkerchen hier
auf'm Schnee! Wah? Das sieht hübsch aus!

Albert (missgelaunt): Ja, ja!

Walter: Ob e' was mitbringt, Mamchen? 'n Baum?

Frau Selicke (ohne von ihrem Strickzeug aufzusehn): Werden
ja sehn! ... (Gähnt.) Hach ja!

Walter: Ach ja! Ich glaube! ... 'n Baum hab'n wir
doch jedes Jahr gehabt? Morgen früh könn'n wir'n
ja immer noch anputzen! Wah, Mamchen? Un wenn
wir'n dann Abends anbrennen ... wah?

Frau Selicke (müde, abgespannt): Ja, ja!

Walter: Na, un' Linchen bringt er doch auch was
mit? Linchen?

Frau Selicke: Na! Er wird wohl! (Zählt ihre Maschen,
seufzt.)

Albert (ist vom Fenster weg wieder auf den Tisch zugetreten): Nee,
so'ne Unvernunft von dem! (Mit einem Blick nach der Uhr.)
's is nu halb Zwei!

Toni (sieht in die Höhe): Sprich mal nich so vom Vater!

Albert (sich zu ihr auf's Sopha setzend und sie schmeichelnd um die
Taille fassend): Ach was, Tönchen! Sei man still! ...
's is doch wahr! Näh mir lieber nächstens mal 'n
paar Stege an die Hosen! He? ...

Toni (ihn sanft von sich abwehrend): Ach, nich doch, Albert! Red' Walter zu und geht beide zu Bett!

Frau Selicke (unwillig vom Bett herüber): Ja doch! Stör' uns nich immer und leg' Dich lieber hin für Dein unnützes Schmökern da!

Albert: Na, was soll man denn machen?

Frau Selicke: Statt den ganzen Tag, wenn Du frei hast, hier umherzuliegen, könntest Du noch 'n bischen Sprachen lernen! Das braucht 'n Kaufmann heutzutage! Aber Du hast nich 'n bischen Lerntrieb!

Albert: Ach was, Mamchen!

Frau Selicke: Na, mach' doch, was Du willst! Mir kann's egal sein! . . . Mir wird so wie so bald alles egal sein! . . . Ueberhaupt! Nenn' mich nich immer Mamchen! Was denkste Dir denn eigentlich, Du Gelbschnabel?!

Albert: Na, liebe Zeit! Was wollt Ihr denn nnr! Ich thu' doch meine Schuldigkeit im Geschäft! Da solltest Du erst mal andre junge Kaufleute sehn!

Frau Selicke: Na, ja ja! Is schon gut! Wissen ja! Lass uns nur zufrieden!

Walter: Ach, nu kömmt er immer noch nich!

Frau Selicke: Leg Dich zu Bett, Walter! Leg Dich zu Bett!

Walter: Ach nee! Ich kann ja doch nich schlafen, Mutterchen, wenn Vater nich da is!

Frau Selicke: O, und nun auch noch die Schmerzen in meinem Fusse! . . . Ich könnte laut aufschrei'n! . . . Weiter nichts wie Elend und Sorge und Aufregung hat man! Das ist das ganze bischen Leben! Wenn einen der liebe Gott doch endlich mal erlösen wollte!

Albert (geht mit gesenktem Kopfe verdriesslich auf und ab. Die Hände in den Taschen seines Jaquetts): Nein, das is auch eine Wirthschaft hier! Wenn man doch erst mal . . . be! . . .

Sitzt man bis spät in die Nacht' nein und wagt kein
Auge zuzuthun und am andern Tag is man dann janz
kaputt!

Frau Selicke: Ach, geh schlafen und predige uns
nich auch noch was vor! . . . Walter, leg Dich nun
hin!

Walter (sieht immer noch aufmerksam zum Fenster hinaus): Ach
nein, Mamachen! Ich warte noch!

Frau Selicke: Na, warte man . . .

Albert: Ae was! Ich leg mich hin!

Frau Selicke: Das machste gescheidt!

Albert (mürrisch): Jute Nacht!

Toni: Gute Nacht!

Albert (nimmt, während er am Sophatisch vorbei geht, von diesem eine
Streichholzschachtel, klappert damit und verschwindet in der Kammer,
nachdem er bereits auf der Schwelle ein Zündhölzchen angestrichen und
in das Dunkel hineingeleuchtet hat).

Frau Selicke: Walter!

Walter: Ach, Mamachen!

Frau Selicke: Ach was! Dummer Junge! . . . Dir
thut er ja nichts!

Walter: O ja!

Frau Selicke: Ach, Dummheit! . . . Leg Dich hin!
Geh! . . .

Walter: Au, unten kommt einer!

Frau Selicke (zusammenfahrend): Kommt e'?!

Walter (weinerlich): Is 'n andrer!

Frau Selicke: Nein, so ein Mann! So ein Mann! . . .
Das kann er doch wirklich nich verantworten! . . .
Walter! Geh nun!

Toni (hat ihr Nähzeug auf den Tisch gepackt, ist aufgestanden, ans
Fenster getreten und nimmt nun Walter an die Hand): Komm,
Walterchen!

Walter (hat sie von unten auf umfasst und sieht zu ihr empor):

Ach, lass mich doch! Ich hab' ja solche Angst! . . . .
Ich wart' hier lieber am Fenster!

Toni: Dann geh ich auch nicht schlafen! Na?

Walter (weinerlich): Ach! — (Macht sich von ihr nach dem Fenster
zu los.)

Toni: Komm!

Walter: Gleich! (Sieht durch das Fenster.) Jetzt! (Lässt sich
von ihr nach der Kammer führen. Schluchzt. Während die Thür auf-
geht, sieht man noch das Licht brennen, das Albert sich angesteckt hat.
Toni bückt sich, küsst Walter und drückt dann die Thür wieder
zu. „Gute Nacht!“)

Walter: Ach, lass doch die Thür 'n bischen auf!

Toni: Na ja! . . . So! . . . (Eine Weile noch sieht man durch
den Spalt das Licht, dann verlischt es. Toni macht sich still wieder an
ihre Arbeit.)

Frau Selicke: Nein! So ein komischer Junge! Sich
so abzuängstigen! . . . Ueber was man sich nich alles
ärgern muss? . . . Nein! . . . Ach! Na — ich sage
auch schon! . . .

(Kleine Pause. Im Bett Husten und Stöhnen.)

Linchen: Ma—ma—chen! . . .

Frau Selicke (beugt sich über die Kissen): Ach, da biste ja
wieder, meine Kleine?

Linchen: Warum — kommt'n Papa noch nicht?

Frau Selicke: Sei nur ruhig! . . . Weine nicht! . . .
Rege Dich nicht auf, mein Herzchen! Er kommt nun
bald! . . . Ach Gott, ja!

Linchen: Er ist wieder — betrunken! Nich wahr!

(Toni lässt ihr Nähzeug sinken und sieht vor sich hin.)

Frau Selicke: Ach nein! . . . Nein doch, mein Herzchen! . . . Er is nur einen Weg gegangen! . . . Er
bringt Dir was mit!

Linchen: Ach nein! . . . Er will Dich nachher wieder
schlagen!

Frau Selicke: Ach, aber meine Kleine! . . . Weine
doch nur nicht, mein Linchen! . . . Gott, nein! . . .

. Siehste, Du darfst Dich ja nich aufregen?! Du wirst
ja sonst nich gesund? . . . Nein, mein Mäuschen! Er
hat nur ein'n Weg gehabt!

Linchen: Bringt er mir wieder Törtchen mit?

Frau Selicke: Ja.

Linchen: Ach Mamachen! Und 'ne neue Puppe möcht'
ich auch so gerne haben!

Frau Selicke: Ja, die kriegst Du! Und auch wieder
Wein!

Linchen: Solchen süssen?

Frau Selicke: Ja.

Linchen: Aber weisst Du, Ma—machen . . . es muss
eine Puppe sein, die . . . richtig sprechen kann . . .

Frau Selicke: Ja! So eine!
(Toni hört die ganze Zeit über in Gedanken versunken zu.)

Linchen: Auch ein'n . . . Wagen . . .?

Frau Selicke: Ja?

Linchen: Au! Denn . . . fahr'n wir die Puppe immer
spazier'n . . .! Nich wahr, Tönchen?

Toni: Ja, liebes Kind!

Frau Selicke: Ja, meine Kleine! Dann gehst Du
wieder mit Tönchen spazier'n!

Linchen: Au ja! . . . Bald — Ma—machen?

Frau Selicke: Ja! Bald! Ganz bald!

Linchen: Morgen?

Frau Selicke: Morgen? Aber, liebes Kind! Du musst
Dich doch erst noch 'n bischen erholen? . . . Nich
wahr? . . . Aber diese Woche vielleicht!

Linchen: Bestimmt?

Frau Selicke: Ja! . . . Bestimmt!

Linchen: Ma—machen . . . Ja? Ich — werde doch
. . . wieder gesund?

Frau Selicke: Ja, gewiss, mein Mäuschen! . . . Freilich!
(Kleine Pause.)

Linchen: Ma—machen?...

Frau Selicke: Hm?

Linchen (lächelnd): Kranksein is hübsch!

Frau Selicke: Ach Gott!... Meine arme, dumme Kleine!... Warum denn? (Beugt sich zärtlich zu Linchen hin.)

Linchen: Weil... weil Du dann... immer... so ... gut bist...

Frau Selicke: O, aber mein Linchen!... Bin ich denn sonst nicht gut?

Linchen: Liebes Mamachen?

Frau Selicke: Was denn. meine Kleine?

Linchen: Mamachen?

Frau Selicke (rückt ihr etwas näher): Na?

Linchen: Nich wahr... Ma—machen?... Du -- zankst nich mehr... mit mir... wenn ich... erst wieder... gesund... bin...

Frau Selicke: Ach, meine... (küsst sie).

Linchen: Hast Du... mich... lieb, Ma—machen?

Frau Selicke: Ach, meine Kleine!

Linchen: Bringt Papa... ein' Baum mit... und Lichter?

Frau Selicke: Ja, Liebchen! Und morgen kommt der Weihnachtsmann!

Linchen: Ei!... Rück mich doch 'n bischen in die Höh', Ma—machen!

Frau Selicke: Willst Du denn nich wieder einschlafen, meine Kleine?

Linchen (aufgeregt, hastig): Ach, ich... bin... gar nich ... müde... (Hustet.) Ich... bin... ganz... wohl... Ma—ma—chen!

Frau Selicke: Ach, der alte, böse Husten!... Na so? (Hat sie ein wenig hochgerückt.)

Linchen: Erzähl' mir... doch... 'n bischen was!

Frau Selicke: Ach, liebes Kind! ... Ich weiss nichts! (Seufzt.)

Linchen: Ma—machen! ... Krieg' ich auch 'n neues Kleid ... wenn ich ... wieder ... gesund bin?

Frau Selicke: Ja! — Aber sprich doch nich so viel, mein Liebchen! Es strengt Dich so an? ... Komm! (Legt den Kopf neben sie auf das Kissen.) Komm! Schlafe! Schlafe, mein liebes Täubchen!

Linchen: Lieschen Ehlers sagt immer in der Schule zu mir: Ach pfui ... Du — hast so'n ... schlechtes ... Kleid!

Frau Selicke: Ja! Tönchen soll Dir ein ganz neues machen! — Komm! — Schlafe, meine Kleine!

Linchen: Au! Wart' doch — mal, Ma—machen! Meine — Hand ...

Frau Selicke: O, hab' ich Dir weh gethan, mein Püppchen?

Linchen: Lieschen Ehlers is dumm! Nich wahr ... Ma—mach'n?

Frau Selicke: Ja! Richtig dumm! ...

(Kleine Pause. Frau Selicke hat fortwährend noch ihren Kopf auf dem Kissen.)

Linchen (schnell, aufgeregt): Und darf ich — auch wieder — mit Tönchen zur — Tante, aufs Land? ... wenn ich ... wieder gesund ... bin? ... Ja? ... Weisste, dann ... suchen wir immer ... die Eier ... in der Scheune ... Tante ... und ich ... Ma—mach'n! ... Ma—mach'n! Onkel sagt immer ... zu mir: „Giv mi — mol 'n — Kuss, min lütt Deern!" ... (Lächelnd.) Mama! 'n Kuss! ... Aber — er hat — so'n Stachelbart! ... Das kratzt immer ... Weisste, ich hab'n immer — seine — lange Pfeife gestopft ... und dann — musst' ich — immer essen, aber auch — immer essen! ... Sie — nudeln ein' ordlich! ... Au! Ich — konnte manchmal — gar nich —

mehr! ... Die alte — Grossmutter — sagt immer
... „Fat tau, Kind! — Fat — drist — tau!" — Na,
die — haben's ja! — Nich wahr — Ma—mach'n? —
Sie schlachten jedes Jahr — vier Schweine! ...
Vier Schweine! .... Ma—mach'n? Horch mal!
(Lächelnd.) Einmal — hat mir — Cousin Otto ... den
Schweinsschwanz — hinten an'n ... Zopf gebunden
... un — ich hab's erst — gar nich gemerkt! ...
Cousin Otto — macht immer — solche Dummheiten!
— Nich? — Aber — er is — gut! — Er hat mir
immer — Weintrauben — aus dem Garten — ge-
bracht ... Ja! ...

Frau Selicke: Kucke, meine Kleine! Du wirst ja
ganz munter? Aber sprich lieber nich so viel, mein
Häschen!

Toni (hat während der Erzählung Linchens freudig überrascht aufgehorcht und ist nun auch an das Bett herangetreten): Wie unser
Linchen erzählt! Siehst Du, Mama? Nun wird sie
bald, bald gesund sein!

Linchen (etwas ungeduldig): Na ja! ... Das — werd ich
auch!

Toni: Schön! Schön, mein gutes Herzchen!
(Steht am Bett mit übereinandergelegten Armen und sieht zärtlich auf
Linchen herab.)

Frau Selicke (die Toni zugenickt hat): Aber, hörst Du?
Erzähl lieber nicht so viel, mein Linchen!

Linchen (schnell, aufgeregt): Nein ... wart doch mal ...
Ma—machen! ... Hör doch mal! ... Un Cousine
Anna ... Die hat Kleider?! ... Kleider hat die!
... Na, aber auch ... so viele! ... Sonntags ...
weisst Du ... wenn wir in die Kirche ... (Hustet.)

Frau Selicke (angstvoll): Kind! Kind!

Linchen: Ach ... das ... schadet nichts ... Ma—
mach'n! ... So'n — bischen — Husten noch! ...
Das — hört — morgen wieder auf — Nich? ....

Sonntags in der Kirche . . . ein blaues, ein — ganz
— himmelblaues . . . mit . . . weissen Spitzen! . . .
Fein, Mamachen! . . . Na . . . aber auch alle, alle
— haben — auf uns — gekuckt! . . . (Etwas ruhiger;
nachdenklich): Ach, wie hübsch — ist es da — Mamachen! . . . Immer — so still! . . . Aber — viel Fliegen!
. . . Nich wahr, Mamachen? . . . wenn es — recht
heiss is . . . Onkel zankt nich'n — einziges Mal —
mit Tante! . . . Kein Schimpfwort! . . . Und Anna
und Otto — sind auch immer — so artig!

Frau Selicke: Liebes Herzchen! Du wirst ja ganz
heiser!

Linchen: Weisste . . . sie wollten — mich dabehalten!
. . . Sie wollten mich — gar nich — wieder fort-
lassen! . . . Tante sagte: ich sollte nu — ihre Tochter
werden! . . . Papa — soll sich's . . . überlegen! . . .
(nachdenklich): Gut hätt' ich's da! . . . Nich, Mamachen?
. . . (Sehr lebhaft, sich steigernd): Aber Du — und Papa —
sollen mich — dann immer — besuchen! . . . Aber
— ich ziehe nich hin, Mamachen! . . . Nich? . . .
Ich ziehe nich hin! . . . Ich bleibe — hier!

Frau Selicke: Uh! Dein Händchen brennt ja wie
Feuer, mein liebes Puttchen! . . . So! . . . So! . . .
Nich wahr, mein Herzchen?

Linchen (nach einer kleinen Pause): Ach, Mamachen! Der
schöne, schöne Mondschein!

Frau Selicke: Ja?

Linchen (versucht zu singen):

> Wer hat die schönsten Schäfchen,
> Die hat der goldne Mond . . .

(Sie bekommt einen Hustenanfall. Toni lässt ängstlich ihr Nähzeug sinken.)

Linchen: Ach! . . . aah! . . . aah! . . .

Frau Selicke: Mein armes Herzchen! Mein armes
Herzchen!

(Linchen liegt einen Augenblick still, von dem Anfall erschöpft.)

Linchen: Ma—mach'n!

Frau Selicke: Hm?

Linchen: Ach! — Ich . . . möchte . . . aufstehn!

Frau Selicke: Aber Kind!

Linchen: Es — is — so — langweilig im Bette!
(Wirft sich unruhig herum.)

Frau Selicke: Habe nur Geduld, meine Kleine!
Morgen oder übermorgen wollen wir mal sehn! Dann
kannst Du wohl raus!

Linchen: Aber auch ganz gewiss!

Frau Selicke: Ja!

Linchen (seufzt): Ich will auch — nie wieder unartig
sein — Mamachen . . . wenn ich wieder — gesund
bin! . . . Ich gehe dann — alle Wege! . . .

Frau Selicke: Ja, ja, mein Liebchen! Aber nich
wahr? Nun schläfst Du auch wieder!

Linchen (schläfrig, immer leiser): Ach ja . . . ja . . .

Frau Selicke (nach einer Pause): Sie schläft wieder! . . .
Ach, mein Fuss! Mein Fuss! . . . (Stöhnt auf.)

Albert (aus der Kammer): Mama! Das geht einem ja durch
Mark und Bein!

Frau Selicke: Na wart nur! . . . Du sollst mal erst
die Schmerzen haben! . . . O Gott! Was hat man
nur vom Leben! . . .

Albert (aus der Kammer): Ach, nu fasst Du das wieder
so auf! . . . So meint' ich's ja gar nich!
(Toni ist zum Fenster getreten.)

Frau Selicke: Hörst Du denn immer noch nichts,
Toni?

Toni: Nein!

Frau Selicke: Ach Gott, nein! So ein Mann! Nicht
ein bischen Rücksicht! . . . Das ist ihm hier alles
egal, alles egal! . . . So ein alter Mann! . . . Er sollte
sich doch nu schämen! . . . Nein, wahrhaftig! Ich
hab auch nich 'n bischen Liebe mehr zu ihm! Aber

18*

auch nich 'n bischen! . . . Für mich is er so gut, wie
todt! . . . Ach ja! Ich kann wohl sagen: mir ist
alles so gleichgültig! Wenn das arme Würmchen
nich noch wär'! . . . Ich kann wohl sagen: ich habe
mein Leben recht satt! . . . Is gar kein Wunder,
wenn man gegen alles abstumpft! . . . Wie gut hätten
wir's haben können! . . . Wie leben andre Leute in
unsrem Stande! Wenn man so nimmt! Mohr's! . . .
Der Mann is 'n einfacher Handwerker gewesen und
hat jetzt sein schönes Haus! Und die Wirthschaft!
Was haben die Leute für 'ne Wirthschaft! . . . Na!
un bei uns? . . . Un der will nun 'n gebildeter Mann
sein! . . . Nein, wie das bei uns noch werden soll?
. . . Und an allem bin ich Schuld: . . . Ich verzieh'
die Kinder! Ich vernachlässige die Wirthschaft!
Alles geht auf mich! . . . Und da sollen die Kinder
noch Respekt vor einem haben! . . . Ach Gott, nun
sitzt man wieder hier und zittert und bebt! . . . Und
wenn man nur nicht dabei so hinfällig wär'! . . .

Walter (steckt den Kopf durch die Kammerthür): Mutterchen?!

Frau Selicke (fährt herum): Was! . . .

Walter: Mutterchen! Kommt er denn immer noch
nich?!

Frau Selicke: Ach, Du?! — Ich denke, Du bist schon
lange eingeschlafen? . . . Biste denn nur nich gescheidt, Junge?! . . . Mach mal gleich, dass Du wieder
ins Bett kommst! Du willst Dich wohl erkälten?!
Was?!

Walter: Ach, ich habe ja solche grosse Angst!

Frau Selicke: Nein, so was! . . . Leg Dich mal
gleich hin!

(Walter schleicht sich wieder zurück.)

Ei, Du lieber Gott! Nein! . . . In Schulden steckt man
bis über beide Ohren! . . . Nichts kann man an-
schaffen! . . . Kaum, dass man das liebe bischen Brot

hat! . . . Nein, das kann Euer Vater wirklich vor
Gott nich verantworten! . . . Un dabei macht er sich
selber ganz kaputt! . . . Seine Hände fangen schon
ordentlich an zu zittern! Haste noch nich gemerkt?

Toni (die währenddem wieder eifrig genäht hat, antwortet nicht).

Frau Selicke: Du armes Thier, Du wirst gewiss
auch schön müde sein! . . . Ach nein, so ein
Leben! So ein Leben! . . . Hm! Womöglich is'm
was passirt?! . . . Er hat vielleicht Streit gehabt!
Er ist ja so unvernünftig, wie 'n kleines Kind! . . .
Ae! Ich sage auch! Das ganze Leben is — — —
(Gähnt nervös, streichelt über Linchens Händchen.) Mein armes
Würmchen! Das arme, magre Händchen! . . . Ach
Gott, ja, Du sollst sehn, wir behalten sie nicht!

Toni: Ach, Mutterchen!

(Toni tritt wieder ans Fenster.)

Frau Selicke: Horch mal! . . . Poltert's nicht auf der
Treppe?!

Toni: Ach, wohl nur die Katze!

Frau Selicke: Ach Gott, nein! (Erhebt sich und geht schwerfällig auf das Fenster zu.) Wunderhübsch draussen! . . .
Aber der Himmel bezieht sich wieder, wir bekommen
andres Wetter! . . . Ich spür's an meinem Fuss! . . .
Nein, noch nichts zu sehn! Ach ja!

(Geht wieder zurück und setzt sich.)

Ich bin todtmüde! Wie zerschlagen!

Toni: Da kommt wer!

Frau Selicke: Ach Gott! (Fährt in die Höhe.)

Toni: Er ist es! . . . Endlich!

Frau Selicke: Ach! — Ach! — Mein Herz! — Mein
Herz! Die Angst drückt's mir ab!

Walter (aus der Kammer): Mutterchen! Kommt er?

Frau Selicke: Still! Schlaf!

Toni: Er ist auf der Treppe! — Hinten! (Sie ist auf
Frau Selicke zu getreten.)

Frau Selicke: Ich renne fort! . . . Ach! Wohin?

Toni: Sei ruhig, Mutterchen!

Frau Selicke: Ach, meine Angst! Meine Angst! . . . Pass auf! . . . Es giebt 'n Unglück! Das arme Kind! . . .

Toni: (stützt sie): Beruhige Dich doch, Mutterchen! Er ist ja gar nicht so schlimm, wie er immer thut!

Frau Selicke: Ach, trotzdem! . . . Meine Nerven sind ja so schwach! Alles nimmt mich so mit!

Toni Der Vater . . . Nein! 's is wahr . . . hach!

Frau Selicke: Mich schwindelt! . . . Mir . . is . . . zum Umkomm'n! (Stützt sich gegen Toni.) Horch! . . . Er kommt heut wieder hinten rum! Ach, mein Herz! Mein Herz! . . . Fühl mal!

Walter (aus der Kammer in höchster Angst): Mutterchen! Mutterchen! Es pumpert gegen die Küchenthür!

Frau Selicke. Ach Gott, ach Gott! Is der schwer! . . . Ruhig, Walter! Sei still, mein Junge! . . . Thu, als ob Du schläfst! . . . Toni, mach auf!

Toni: Ja! Geh so lang vorn raus, Mutterchen! Auf alle Fälle! (Toni ab in die Küche mit der Lampe. Frau Selicke steht einen Augenblick nach der Küche hin lauschend. Zittert. Presst beide Hände aufs Herz. Geht dann auf die Flurthür zu. — Es poltert in der Küche. Schwere Schritte. Eine tiefe Bass-stimme. Lustiges Lachen. — Frau Selike verschwindet schnell im Flur. Die Küchenthür wird aufgestossen. Noch hinter der Scene die Stimme Selickes: „Na? . . . Tönchen . . . Tööönchen . . .")

Selicke (tritt in die Stube, welche in diesem Augenblicke nur von dem Licht der Lampe, das aus der Küche in die Stube fällt, hell ist. Selicke: ein grosser, breitschultriger Mann mit schwarzgrauem Vollbart. Schwarzer Sonntagsanzug unter dem offenstehenden Ueberrock. Er schleift einen kleinen Christbaum hinter sich; aus den Taschen sieht Papier von Paketen und Düten vor. Unter dem Arm hat er eine grosse, weisse Düte gequetscht. Er ist angetrunken. Taumelt aber nur sehr wenig und spricht alles deutlich, nur etwas langsam und schwerfällig. Sagt in sehr guter Laune): Na?! . . . Habt Ihr wieder kein Licht, Ihr Tausendsakramenter, Ihr? . . . Hm? . . .

(Lacht fortwährend leise vor sich hin, nickt mit dem Kopf und macht ein pfiffiges Gesicht, als wenn er eine Ueberraschung vor hätte. Toni kommt ihm mit der Lampe nach. Setzt sie auf den Sophatisch.) Huaach! . . . Ne! Wird man — müde . . . wenn man so auf dem Weihnachtsmarkt rumläuft? . . . (Lacht und blinzelt Toni zu, die am Sophatisch in seiner Nähe steht.) . . . 'n hübscher Baum — hbf! — hä? . . . Holt man morgen früh gleich die — hb! — Hütsche vom Boden! — Da! Nimm ihn hin! — (Giebt Toni den Baum; thut scherzhaft, als ob er sie erschrecken wollte. Sie lächelt gezwungen und stellt den, Baum bei Seite. Er lacht, wendet sich dann zum Tische und fängt an seine Taschen auszupacken; singt dabei: „Nicht Ross, nicht Reisige . . .“ sich unterbrechend): Wo sind denn . . . die Jungens?

Toni: Sie schlafen schon!

Selicke: Wie — hb! — Wie spät is denn — eigentlich?

Toni: Zwei.

Selicke (thut sehr erstaunt): Was — Kuckuck! Zwei?! — (Hebt, indem er weiter auspackt, abermals an: „Nicht Ross, nicht Reisige“ . . . Er nimmt aus einer Düte zwei Pfannkuchen, geht damit auf die Kammer zu und ruft mit gedämpfter Stimme): He! Walter! — Walter! — Willste noch 'n Pfannkuchen? (Bekommt zuerst keine Antwort.) Na?!

Walter (in der Kammer, halb ängstlich): Ja!

Selicke: Da! Fang! (Wirft den Pfannkuchen nach Walters Bett hin und lacht.) Na, Grosser! Du auch? (Albert antwortet nicht.) Eh! Frisst 'n je doch! Da! (Wirft auch ihm einen Pfannkuchen zu und geht dann vergnügt, leise vor sich hinpfeifend, zum Tisch zurück.) Ja, ja! Die Jungens! („Nicht Ross, nicht Reisige . . .“ — Toni, die solange am Tisch gestanden, hat abwechselnd ihn beobachtet und zur Flurthür hingesehn. Er kramt wieder mit den Sachen. Holt das Portemonnaie vor, klappert mit dem Gelde. Legt ein Goldstück auf den Tisch.) Hier! . . . Da können wir beide . . . morgen früh noch . . . Einiges einkaufen . . . gehn! Die Jungens könn'n dann 'n Baum putzen . . . und am Abend . . . bescheer'n wir! . . . Na? Was machste denn für'n Gesicht?

Toni: Ich? . . . O, gar nicht, Vaterchen!

Selicke (misstrauisch): Ae! Red' nich! . . . Das heisst:
Kommste wieder . . . so spät, he? . . . Ja, — ja, mein
Töchterchen! . . . Dein Vater darf sich wohl nich
mal'n Töppchen gönn'n? . . . Was?! . . . Ae, geh weg!
Du altes, dummes Fraunzimmer! . . . Ja! Ich möcht'
mal sehn . . . wenn Euer Vater . . . nich wär! . . .
Weisste, mein' Tochter? . . . Mir geht viel im Koppe
rum! . . . Ich sorge mich — Euretwegen! . . . Ja, ja!
Wenn ich Dich so sehe! . . . Wie sind andre Mädchen
in Deinem Alter! —

    (Die Flurthür öffnet sich ein wenig. Frau Selicke lauscht durch
                den Thürspalt.)

Du liegst Dein'm Vater immer noch — auf'm Halse! . . .
Ja. ja! . . . Ae! Du! . . . Geh weg! . . . Ich mag Dich
nich mehr — sehn! . . . (Für sich, indem er seitwärts tritt und
an seinem Rocke herumzerrt, um ihn auszuziehen.) Ae! Is das —
'ne Hitze? . . .

(Toni versucht ihm beim Ausziehen des Rockes behilflich zu sein.
Selicke brummt missgelaunt vor sich hin): Mach, dass Du weg-
kömmst! . . . Ich — brauch Dich nicht! (Toni hilft ihm
dennoch. Er streift etwas die Wand. Endlich hat sie mit zitternden
Händen ihm den Ueberrock und dann auch den Rock abgestreift und
beides an die Knagge neben der Corridorthür gehängt. Selicke steht
nun in Hemdärmeln da. Streicht sich über die Arme und schlägt sich
dann, vor sich hin kichernd, mit der Faust auf seine breite, gewölbte
Brust): Ae! . . . Ja? Siehste? . . . Dein Vater is noch
'n Kerl! . . . (Lacht.) Was meinste, mein' Tochter! . . .
Z—zerdrück'n könnt' ich Dich mit meinen Händen!
. . . Z—zerdrücken! . . . Das wär' am Ende auch —
das Beste! . . . (Mit dumpfer Stimme, sieht vor sich hin) Ich
häng Euch — alle auf! Alle! . . . Un dann — schiess
ich mich — todt! . . . (Toni wankt ein wenig zurück nach der
Flurthür zu. — Selicke geht auf die Kammerthür zu. Man hört Walter
in der Kammer weinen). Na, was — haste denn, dummer
Junge?! (Mit schwerfälligen Schritten, ein wenig wankend, in die
Kammer. Toni öffnet die Flurthür halb. Frau Selicke steckt den Kopf
ins Zimmer).

Frau Selicke: So'n Kerl! So'n Kerl!

Toni: Stille, Mutterchen! Stille! . . . Um Gotteswillen!

Frau Selicke: Das Kind, das arme Kind!

Selicke (in der Kammer): Komm mein Sohn! . . . Dein Vater hat Dich lieb! . . . Er hat auch gesorgt, dass Du was zu Weihnachten kriegst! . . . Ja, wer sollte für Dich sorgen, wenn Dein Vater -- nich wär'! . . . Na, weine doch nicht! . . . Was — weinste denn? . . . Was?! Ae! Sei nich so dumm! . . . Dummer Junge!

Frau Selicke (in derselben Stellung, etwas mehr im Zimmer, mit Toni nach der Kammer hinhorchend): Ach Gott, nun weckt er wieder die armen Kinder, der Kerl!

Toni (ängstlich): Geh wieder zurück, Mutterchen! Um Gotteswillen!

Selicke (in der Kammer): Ja, ich habe Euch — hbf! — doch — lieb! . . . Alle! . . . Ja, ja? . . . Na? Wo ist denn Deine Mutter? — Hä?

Frau Selicke (tritt etwas zurück): Ach Gott, ach Gott!

Toni: Geh wieder zurück, Mutterchen!

Selicke (in der Kammer, lustig): He! Alte! . . . Wieder — fortgehumpelt? . . . Na, humple, humple nur hin! . . . (Sucht ihre Stimme nachzumachen) . . . „Ach, die — arme Frau!" . . . „Ae! Die hat's mal schlecht!"

Toni (drängt Frau Selicke zurück): Geh zur Thüre, Mutterchen, dass Du so lange raus kannst, bis er schläft!

Frau Selicke: Aber das Kind! Das Kind! . . . Ich kann doch nich . . .

Toni: Lass nur! Ich will schon sehn! . . . (Drängt Frau Selicke sanft noch mehr zurück.) Armes Mutterchen!

Selicke (in der Kammer): Die Alte ist Schuld, dass Dein Vater so spät nach Hause kommt, mein Sohn! . . . O, das ist ein Unglück! Ein rechtes Unglück! . . . Und der alte grosse Schlingel da? . . . Hui! hbf! . . . Das — Schnarche nur! Aus Dir wird nichts, mein

Sohn! Gar nichts! . . . Huste nich! . . . Dummer
Junge!! . . . Was?!! . . . Du willst . . .

Frau Selicke (schreit unterdrückt auf).

Selicke (kommt aus der Kammer. Frau Selicke zurück, schliesst die
Thür): Aeh! Da biste ja, mein süsses Weibchen! (Geht
auf die Flurthür zu. Unterwegs macht er aber Halt.) Hm? Mein
P — Putt . . . hbf! . . . P — Puttchen? . . . Das
arme Kind! . . . Das arme Kind! (Er holt sich die Düte
vom Tisch und geht mit ihr auf das Bett zu. Walter lugt verstohlen
um den Thürpfosten. Man hört, dass jetzt auch Albert wach geworden
ist. Selicke bückt sich ein wenig über das Bett. Leise.) M —
Mäuschen! . . . Sch—läfste, mein armes Herzchen?
. . . Sst! . . . Sie schläft, die — kleine Tochter!

Toni (kommt ängstlich auf das Bett zu): Vater!

Selicke: Ich habe Dir — was mitgebracht? . . . K —
Kuchen, Kind? — K—Kuchen?

Toni: Vater? Sie wird ja wach!

Selicke (richtet sich auf): W . . . Was willst Du? Hä?

Toni: Sie ist ja so krank!

Selicke (ihr nachäffend): „Sie ist so krank!" . . . Ae! Hab'
Dich doch, alte Suse! — „Sie ist so krank!" . . . .
„Piep, piep, piep!" . . . Ach, Herr Jemine! . . . Das
arme Mädchen! Wie die sich vor ihrem Vater ängstigen
muss! — Mach, dass Du wegkommst! . . . Mag Dich
nich sehn! (Die letzten Worte zornig, bedrohend. Die Flurthür
ist ein wenig aufgegangen. Frau Selicke schreit auf.) Aah! . . .
Sieh mal! . . . Da steckste, mein süsses Lamm?
(Lacht, taumelt an Toni vorbei auf die Flurthür zu. Draussen wird
hastig die äussere Flurthür aufgerissen. Es poltert die Treppe hinunter.
— Selicke öffnet die Thür.) Na, so 'ne Komödie! . . . Kuckt,
wie die Alte rennen kann (zeigt in das Entrée) mit ihrem
schlimmen Fusse! . . . Nee! . . . Hähähä! . . . Wie se
humpeln kann! . . . Hopp, hopp, hopp! . . . Wie der
Wind! . . . Haste nich gesehn! . . . Wie'n Schnell-
löfer! . . . (Lacht, schüttelt dann aber plötzlich die Faust nach dem
Flur, ruft unterdrückt): Du altes Thier! Du willst 'ne

Mutter sein?! . . . Ach, Du! — Du! — Du! . . . Unglücklich hast Du mich gemacht! Unglücklich! . . .
(Kommt zurück; während er an Toni vorbeikommt.) Na, Du? . . .
„Sie ist so krank!" . . . Ae! Weg! . . . Lass mich
vorbei! (Tappt wieder zum Bett und will sich drüber bücken.)

Toni (ihm nach): Vater! Lass jetzt das Kind! — (Sie
stösst ihm mit der Hand gegen die Schulter.)

Selicke (richtet sich in die Höhe): Waaas?! . . . Waaas?!
Du — willst — Dich — an Deinem Vater — ver-
greifen?! Waaas?!! . . . I, nu seht doch mal! (Kommt
auf sie zu. Toni ist zurückgetreten und lehnt an der Wand. Regungslos. Die Hände zusammengekrampft. Sie sieht ihm starr ins Gesicht
Ihre Lippen zucken. Die Thränen laufen ihr über die Backen.)

Toni: Pfui! Schäm' Dich! . . . Du bist betrunken!

Selicke: I! Seht doch! . . . Das liebe Töchterchen!
. . . O, Du bist ja ein — reizendes Wesen! (Kommt
noch näher auf sie zu.)

Walter (in der Kammer, ängstlich): Vaterchen! Liebes Vaterchen!

Selicke (sieht sich um. Bleibt wie verwirrt stehn): Na! Da
— heult einer und da . . . B—bin ich denn — der
reine — Tyrann?! (Geht von Toni weg.) Hm! . . . Brr!
. . . So 'n Sausoff! . . . (Geht zum Sophatisch, setzt sich davor
nieder und legt den Kopf auf die Arme. Eine Weile ist es still. Toni
beobachtet ihn und will Frau Selicke holen. Selicke scheint einzu-
schlafen . . . Nach einer Weile richtet er aber den Kopf in die Höhe.)
So 'n Weib! . . . So 'n Weib! (Toni bleibt stehn.) So
geht man nun unter! . . . (Sie legt die Hände vors Gesicht.
Bebt vor Schluchzen.) „Ach, mein Fuss!" — „Ach, mein
Fuss!" — Weiter weisste nischt! . . . Immer ich —
ich — ich! — Ich brauchte Dich nicht zu heirathen!
— 's war mein guter Wille! — Zu dumm war ich!
Zu dumm! — Du alte . . . Ae! Du! — „Wir sind so
arm!" — „Wir haben kaum's liebe Brot!" — „Nichts
in die Wirthschaft!" — Wer ist denn Schuld?! —
Wie kannst Du mir das sagen! — Verdien' Dir was,

dann haste was! . . . Ja! Fortrennen! das kannste!
— Den Leuten was vormachen! Ja! Du armseliges
Weib! . . . Ae! — Du bist ja — zu dumm! — Zu
dumm! So ein — Unglück! — Oh! . . . (Ist eine Weile
still. Toni will schon zur Flurthür. Fängt wieder an.) „Wir
müssen uns vor jedem schäm'n!" — Hä! Du! — Ich
hatte mir das anders vorgestellt! — Ja, ja! — Eine
Ehe ist mehr! — Ae, Du! — Was weisst Du, was
eine Ehe ist! — Du! — Wie sind — andre Frauen!
— Sieh se Dir mal an! — Aus . . . Nichts muss 'ne
Hausfrau was machen können! — Aber alles: ich!
— Alles der Mann! — Ae! Sieh zu, wie Du uns durch-
schleppst! — Und die — Kinder! — Die armen, armen
Kinder! — O Gott, was soll aus den'n werden! —
Verzogen sind sie, die lieben Söhnchen! — Und Du,
Toni! — Du! — Du wirst akurat wie Deine Mutter!
Ja, ja? . . . Ich habe Dich lieb gehabt, aber Du hast
mich nicht lieb gehabt! — Du bist niedrig! Niedrig!
— Wir passten nicht zusammen! — Was will man
nun machen?! — Ae! — Schleppt man das so mit
sich! — Ae! Immer hin! — Immer hin! — Hui! —
Die armen Kinder! — Die armen Kinder! — Und
Du, mein liebes Mäuschen! — (Seine Worte gehen in Weinen
über.) Mein armes, liebes Mäuschen!

Toni (in höchstem Schmerz): O Gott, o Gott! (Presst die Hände
vors Gesicht.)

Selicke (zur Kammer hin): Ja, ja? — Du! Grosser! —
Nimm Dir 'n Beispiel an Deinem Vater! — So was
ist ein Unglück! — Ein grosses, grosses Unglück! —
Dein Vater war dumm, gut und dumm, mein Sohn!
Aber nicht schlecht! — Er hat Euch — alle lieb! —
Alle! — Auch Eure Mutter! — Sie kann's nur nicht
verstehn! — Und das — ist unser Unglück! . . .

(Seine Worte gehen in ein dumpfes, undeutliches Murmeln über. Er
schläft ein.

Vom Bett her das Rauschen von Kissen. Toni, die eben zur Flurthür
wollte, schrickt zusammen.)

Linchen (ängstlich): Ma—mach'n . . . Ma—mach'n! .
Aah! . . . Aaaah! . . .

Toni (schnell zum Bett): Mein liebes Herzchen! — Mama
kommt gleich wieder!

Linchen: War — Papa — hier?

Toni: Ja! Er schläft schon!

Linchen: Hat er mir — was mitgebracht?

Toni: Ja, Liebchen. (Beugt sich zärtlich zu ihr.) Huh! Du
fieberst ja, mein Herzchen! Das ganze Kissen ist
heiss!

Linchen (unruhig): Ach — nein! — Ich bin — wieder
— ganz munter, Tönchen! — Ich kann — morgen —
aufstehn! — 's is immer — so schönes Wetter! —
Und ich — muss immer — im Bett liegen . . .

Toni (kann nicht antworten. Horcht. Selicke schnarcht.)

Linchen: Ach, 's is man gut — dass — Papa da is!
— Ich hatte schon — solche Angst! — (Lächelnd.) Horch
mal — wie er schnarcht! — Wie 'ne Säge, was? Du
— weinst ja, Tönchen?? . . .

Toni: Ich?! Ach nein!

Linchen: Du! — Du! — Er is wohl wieder — betrunken??

Toni: O nein! Ich dachte gar, mein Liebchen!

Linchen: Will er auch — Mama — nicht schlagen?

Toni: Nein! I bewahre, mein Herzchen!

Linchen: Ach nein! — Das — thut er auch nicht! —
Er macht immer — blos so! — Nicht wahr?

Toni: Freilich! Aber, schlafe wieder ein, mein Linchen!

Linchen (unruhig): Ach nein! — Ich kann gar nicht
schlafen! — Ich bin ganz — munter, Du! — Du! —
Ist bald Morgen? — Kann ich bald — aufstehn,
Tönchen?

Toni: Nein, Herzchen! Noch nicht!

Linchen: Ach! — Du! — Du!

Toni (besorgt): Was — was ist Dir denn, mein Herzchen?!
(Blickt sich zu ihr und fährt dann unwillkürlich wieder in die Höhe.)

Linchen: Ach! — Nichts! . . . Du! . . .

Toni (sie gespannt, ängstlich beobachtend): Ja?

Linchen (sehr unruhig): Wo — is denn — Mamachen?

Toni (mit bebender Stimme): Warte! Ich rufe sie!

Linchen (hastig): Ja! — Ja! . . . (Toni will gehn.) Du! —
Tönchen! — Die L—Lampe — brennt ja — so
trübe . . .

Toni (wendet sich erschrocken um): Aber — n . . . nein —
liebes Mäuschen?! . . . Sie — ist ja — ganz hell . . .?
. . . (Steht da, wie erstarrt.)

Linchen (wie vorhin): Schraub — doch — hoch! . . . Es
wird ja — ganz — dunkel . . .

Toni (mit unterdrücktem Entsetzen): Kind! . . . (Wird leichenblass
schraubt mit zitternden Fingern an der Lampe. Wendet sich dann mit
wankenden Knieen zur Flurthür und öffnet sie. Vorsichtige Schritte.)

Frau Selicke (zur Thür herein): Ist er denn . . .

Linchen (ängstlich, bang, angestrengt): Ma—ma—chen . . .

Frau Selicke (aufhorchend): Ja? — Mein — Kind?! . . .

Toni (bebend): Mutter! — Komm! — Schnell! — Er
schläft! — Komm! — Linchen . . . ich weiss nicht . . .

Frau Selicke (unterdrückt): Was . . . Was?! . . . (Schnell
zum Bette hin.)

Linchen: Ma—ma—chen . . . Ma—ma—chen . . .

Frau Selicke: Kind??? (Beugt sich forschend über das Bett.
Starrt Linchen an.)

Linchen: Das — Licht — geht — aus . . . Das —
Licht — geht — ja . . . Ma—ma—chen . . . Ach!
Lie—bes — Ma—ma—chen . . .

Frau Selicke (hastig, erregt vor sich hinflüsternd, während ihre,
Blicke wie gebannt auf Linchen haften): Toni! Toni! . . .

Toni (Neben ihr. Unterdrückt): O Gott . . .

Frau Selicke: Mein Liebchen! Mein süsses, süsses
Liebchen! (Pause. Todtenstille. Nur das leise Schnauben Selickes.)

Linchen: Ach — liebes — Ma . . . .

Frau Selicke: Sie . . . Sie . . . stirbt! Ach Gott . . .
Mein Herzchen! — Mein Herzchen!! (Schreit auf. Stürzt
sich über das Bett.)

Toni (schnell zum Tisch. Mit jagender Stimme): Vater! — Vater!!

Albert (aus der Kammer): Was ist denn??!

Walter (weinend aus der Kammer): Vaterchen! . . . Vaterchen! . . .

Frau Selicke (leise wimmernd): Sie ist todt! . . . Sie ist
todt! . . .

Albert (mit Walter schnell zum Bett).

Walter: Mutterchen! — Mutterchen! . . . ⎫
Albert: Um Gotteswillen! ⎭ (gleichzeitig.)

Toni (weinend): Vater!! — Vater! (Rüttelt Selicke.)

Selicke (aufwachend): Ae! — Na! — Lass . . . Na . . .
(Hebt verdriesslich den Kopf. Will wieder zurücksinken.)

Toni: Vater!! (Ihn, ausser sich, an den Schultern packend.)

Selicke: Na — ja doch! — . . . Was — giebt's denn
. . . (Starrt um sich und reibt sich die Stirn.)

Toni (weint heraus): Linchen — ist todt . . .

Selicke (starrt sie an. Erhebt sich): Was — Was ist mit —
Linchen?!

Toni: Ach, sie ist — todt . . . (Schluchzt. Selicke wischt sich
über die Stirn.)

Selicke: L—Linchen?!! (Zuckt zusammen und geht auf das
Bett zu. Toni wankt ihm schluchzend nach. — Selicke steht eine Weile
stumm vor dem Bett, dann bricht er schwer, mit einem dumpfen
Stöhnen, auf dem Stuhl zusammen. Die an'ern beobachten ihn stumm.)

Toni (sich plötzlich auf ihn zustürzend und ihm die Arme um den Hals
schlingend): Lieber Vater! — Mein lieber Vater . . .
(Währenddem geht Wendt's Thür auf und dieser tritt ins Zimmer.)

DRITTER AUFZUG.

Dritter Aufzug.

——— ———

(Dasselbe Zimmer. Durch die zugezogenen Fenstervorhänge bricht bereits
der Morgen. Auf dem Tische, auf welchem Selickes Einkäufe liegen,
brennt noch trübe die Lampe. Der Weihnachtsbaum lehnt noch beim
Sopha gegen die Wand. — Draussen auf dem Treppenflur hört man Kinder
lärmen und spielen. Eine helle, unbeholfene Stimme singt ein Weihnachts-
lied. Der Gesang wird oft durch Schreien, Jauchzen, Lachen und den Ton
einer Trompete und dann durch den Sänger selbst unterbrochen. Zuweilen
ist er so deutlich, dass man die Textworte hören kann: „Des freuet sich
der Engel Schaar . . .“ Selicke sitzt vor dem Bett in stummer, dumpfer
Trauer. — Toni steht etwas seitwärts von ihm neben Frau Selicke und hat
den Arm um sie geschlungen. Beide beobachten ihn mitleidig. — Walter
hockt auf dem Sopha, weint still vor sich hin, sieht dann wieder zum Bett
und zu Selicke hin, gähnt ab und zu aus Uebermüdung und zittert vor
Frost. — Albert steht neben dem Weihnachtsbaum, zupft in Gedanken an
den Nadeln herum und schielt dabei ab und zu zum Bett hinüber.)

Frau Selicke (mit müder Stimme, halb weinend): Die Lampe
fängt an zu riechen, Toni! . . . Lösch aus! . . . 's is
hell draussen! . . . Der Lärm auf dem Flur! . . .
Die kennen keine Sorgen . . .

Toni (löscht die Lampe aus und zieht dann den Fenstervorhang
zurück. Das Morgenlicht fällt grau durch die verschneiten Scheiben
in's Zimmer. — Toni will auf die Flurthür zugehen und den Kindern
verbieten, die draussen immer noch lärmen; aber in diesem Augenblicke
poltern sie lachend, schreiend und blasend die Treppe hinunter. Der
Lärm entfernt sich unten im Hause und hört dann allmählich ganz auf).

Frau Selicke: Die sind fidel! . . . (Sie tritt zu Selicke hin
und legt ihm sanft die Hand auf die Schulter; mit mitleidiger, bebender
Stimme): Vater! . . . (Selicke, der, das Gesicht in den Händen, die

Dritter Aufzug

(Dasselbe Zimmer. Durch die ... ...
der Morgen. Auf dem ... ...
brennt noch trüb die Lampe ... ...
Sopha gegen die Wand ... ...
lärmen und spielen Kinder ... ...
Isa. ...

Ellenbogen auf die Kniee gestützt, vor sich hinbrütet, achtet nicht auf sie.)
Vater! . . . Komm! . . . Vater! . . . (Ihre Worte gehen in
Weinen über.)

Selicke (rührt sich; dumpf, mit zärtlichem Ausdruck): Du! . . .
Mein Linchen! . . . (Schluchzt unterdrückt.)

Frau Selicke (lehnt ihren Kopf gegen seine Schulter und weint)·
Vater, komm! . . . Komm hier fort! . . .

Selicke: Du! . . . Mein Linchen! . . . Warum Du?
(Starrt vor sich hin.)

Frau Selicke (immer noch in derselben Stellung): Komm Vater!
. . . Wir wollen uns von jetzt ab — rechte Mühe
geben . . . Wir wollen vernünftig sein . . . Es soll
nun anders werden bei uns . . . Nich wahr, Vater?

Selicke (richtet das Gesicht in die Höhe und sieht sie mit einem todten,
ausdruckslosen Blick an. Frau Selicke starrt ihn eine kleine Weile
angstvoll an und richtet sich dann, den Schürzenzipfel vor den Augen,
wieder auf. Selicke, der sich schwerfällig erhoben hat, blickt sich über
das Bett und küsst die Leiche. Weich, zärtlich): Leb wohl! . . .
Leb wohl, mein gutes Linchen! . . . Du hast's gut!
. . . Du hast's gut! . . . (Betrachtet die Leiche noch einen
Augenblick, richtet sich dann in die Höhe und wankt gebrochen in die
Kammer, während Walter auf dem Sopha noch lauter zu weinen an-
fängt und Albert sich, mit dem Gesicht gegen das Fenster gewandt, laut
schneuzt.)

(Kleine Pause.)

Frau Selicke (wieder in Thränen ausbrechend): Warum hat
uns — der liebe Gott das — Kind genommen?! . . .
und ich . . . und ich — muss mich — weiterschleppen
. . . mit meinem Elend und meinem Leiden . . . Ich
muss mir selber zur Last sein . . . und . . . Euch
allen! . . . Siehste? . . . Als ich 'm das eben sagte:
er hat mich — kaum angesehn! . . . (Schluchzt krampf-
haft in ihr Taschentuch, in das sie sich, während sie sprach, geschneuzt
hat. Laut, sehnsüchtig): Ach, hol mich bald nach, mein
Linchen! Hol mich bald nach! . . .

Toni (sie sanft umfassend): Mutterchen! . . . Sprich doch

nicht so! . . . Was sollten wir denn dann machen,
wenn . . . Ach! . . .

Frau Selicke: Unser einzges . . . unser einzges . . .

Toni (beisst die Lippen zusammen. Ihr Oberkörper zuckt von unterdrücktem Schluchzen).

Frau Selicke: Was hat sie nun gehabt von ihrem
armen, bischen Leben? . . . Und doch . . . war sie
immer . . . so fröhlich und munter . . . unsre einzge,
einzge Freude . . . (Schluchzt.) Ach, was hatte man
weiter von der Welt . . .? . . .

Toni (drückt Frau Selicke an sich): Mutterchen!

Frau Selicke: Was soll nu hier werden? . . . Nun
kann man sich nur gleich aufhängen oder . . . in's
Wasser gehn . . .

Toni: Mutterchen! . . . Ach Gott! . . .

Albert (tritt zn Frau Selicke hin und streichelt sie): Lass man,
Mutterchen! . . . Es soll schon noch werden! . . .

Frau Selicke: Ja! Für Euch! . . . Für Euch wohl
. . . Für mich is es 's beste, Linchen holt mich nach
. . . So bald als möglich!

Albert: Nein, Mutterchen! . . . Es soll Dir noch recht
gut gehn! Warte man!

Frau Selicke (weinend): Ach, ja, ja . . .

Toni (ist wieder zu Walter gegangen und nimmt ihn bei der Hand):
Walter, komm!

Walter (müde): Mich friert so!

Toni: Ja! Komm, mein Junge! . . . Geh in die Kammer
und leg' Dich hin! . . . Du hast die ganze Nacht
nicht geschlafen!

Walter (steht auf; tritt mit Albert zum Bett. Beide betrachten neugierig-ernst die Leiche. Walter weint).

Toni: Geh in die Kammer, mein lieber Junge, und
schlaf'!

Walter (schmiegt sich an Frau Selicke): Mutterchen! . . .
Mutterchen! . . .

Frau Selicke: Ja, ja? . . . Na ja, mein armer Junge!
. . . Geh, leg' Dich schlafen! . . . Du bist todtmüde! . . .

(Walter und Albert gehn in die Kammer.)

Toni (tritt wieder zu Frau Selicke hin): Du solltest Dich auch
'n bischen ruhn, Mutterchen!

Frau Selicke (nervös; bitterlich weinend): Siehste? . . .
Siehste, Toni? . . . Kein Wort, kein Sterbenswörtchen
hat er wieder für mich gehabt! . . . Er sah mich
grade an, wie: na, was willst 'n Du? . . . Wer bist
'n Du? . . . Als ob ich 'n gar nichts anginge! . . .
Ach Gott! Was ist das für ein elendes, elendes
Leben gewesen die dreissig Jahre! . . . Ach, wollt'
ich froh sein, wollt' ich froh sein, wenn ich an
Deiner Stelle wäre, mein Linchen! . . . (Betrachtet die
Leiche.) . . . Sieh mal, Toni! . . . Wie hübsch sie aussieht! . . . Wie schön! . . . Sie lächelt ein'n ordentlich an! . . . Wie schön weiss . . . und wie ihre
Haare glänzen! . . . Ach, die lieben, blonden Härchen! . . . (Diese Worte gehen wieder in Weinen über.) Die
lieben, blonden Härchen! . . .

Toni (die neben ihr steht und den Arm um sie gelegt hat): Ach
nein, Mutterchen! Der Vater wird ganz anders
werden! — Er ist ganz verändert! . . .

Frau Selicke: Nein! Nein! Der wird nie anders!
In dem Blick . . ., wie er mich so ansah . . ., da
konnte ich so recht deutlich lesen: wenn Du 's doch
wärst! . . . Ach, und ich wollt 'm ja so gerne Platz
machen! Weiss Gott im hohen Himmel! . . . Ach
— so — gerne!

Toni (traurig): Nein! Das hat er sicher nicht gedacht!

Frau Selicke: So gerne wollt' ich 'm den Gefallen
thun! . . . So recht aus Herzensgrunde wünscht'
ich das! . . . Aber 's is, als ob der liebe Gott grade

mich ausersehn hätte . . . (Hat wieder zu weinen angefangen.)

Toni: Nein, Mutterchen! Du musst nicht so was denken! . . . Siehste, wir müssen uns jetzt alle recht
zusammenschliessen! . . . Sei nur recht gut und geduldig mit ihm . . . Du sollst sehn, dann wird es
besser . . . dann — wird alles gut werden!

Frau Selicke: Ach, ich bin ja schon immer zu
allererst wieder gut! . . . Ich bin ja immer jedesmal
zuerst wieder zu ihm gekommen und freundlich mit
'm gewesen! . . . Ach Gott, schon um 'n lieben
Frieden willen! . . . Ich sehne mich ja nach weiter
nichts mehr, als nach 'n bischen Ruh und Frieden
. . . nur ein bischen Ruh und Frieden . . .

(Es klopft an Wendt's Thür.)

Frau Selicke (halb für sich, sich erinnernd): Ach Gott, Herr
Wendt! (laut) Herein?

(Wendt tritt ein. Er ist bleich und sieht überwacht aus. Seine Backen
scheinen etwas eingefallen.)

Frau Selicke (weinend): Herr Wendt! . . . Ach, an Sie
hab' ich auch noch nich denken können! . . . Sie
müssen ja gleich abreisen . . . Mein armer Kopf is
mir ganz verwirrt . . .

Wendt: Oh . . . (Macht eine abwehrende Handbewegung und tritt
auf sie zu.) Meine liebe, gute Frau Selicke . . . (Drückt
ihre Hand.)

Frau Selicke (mit der Schürze an den Augen, ist mit ihm an's
Bett getreten. Kann kaum sprechen vor Weinen): Sehn Sie . .
da . . .

Wendt (steht mit ihr in stummer Trauer vor'm Bett).

Toni: Mutterchen! Komm!

Frau Selicke (sich die Augen trocknend, sich zusammennehmend):
Ja, ich will . . . Um elf geht Ihr Zug, Herr Wendt?

Wendt: Ach! (Handbewegung. Frau Selicke will auf die Küchenthür zu.)

Toni (man merkt ihr grosse Ermattung an): Lass nur, Mutter-

chen! . . . Ich will das schon alles besorgen! Du
musst unbedingt ein bischen ruhn! Komm, Mutterchen! Komm! . . .

(Frau Selicke lässt sich willenlos von ihr langsam zur Kammer führen.
Toni drückt leise die Thür hinter ihr zu. Sie bleibt einen Augenblick mit
allen Anzeichen grosser Müdigkeit bei der Thür stehen, nimmt sich dann
zusammen und macht ein paar Schritte auf die Küchenthür zu. — Die
Uhr schlägt neun.)

Wendt (beim Bett, leise): Und heute — wollt' ich — mit
Deinen Eltern reden . . .

Toni (äusserst abgespannt): Was? . . . Neun schon? . . .
Ach ja, ich muss ja noch . . . Sie müssen ja — um
elf — fort . . .

(Sie geht mit müden Schritten, wie mechanisch, auf die Küchenthür zu.)

Wendt (wiederholend): Fort . . .

Toni (stehen bleibend, ihn mit ausdruckslosem Blick ansehend):
Was? . . .

Wendt (mehr ängstlich, als überrascht): Und — Toni! Du
sagst „Sie"?!

Toni: Wie? Ach so . . . hab' ich . . . Ach ja! (Mit
einem müden Lächeln): Das ist nun auch — vorbei . . . .

Wendt (wie vorhin): Vor . . . vorbei?!

Toni (wie im Selbstgespräch): Das ist jetzt — alles —
anders gekommen . . .

Wendt (seitwärts sehend): Toni!

Toni: Ach! . . . Ich bin ganz . . . mir ist . . . Ah . .
(Sie sinkt in einem Anfall von physischer Schwäche gegen seine Schulter.)

Wendt (besorgt): Toni! . . . Was ist Dir?! (Beobachtet sie
ängstlich. Ihre Augen sind geschlossen, um ihren Mund liegt ein ge-
quältes Lächeln.)

Wendt (besorgt): Herrgott! . . . Liebe Toni!
(Sie schlägt die Augen wieder auf.)

Wendt: Ist Dir besser?

Toni: Ja . . . Es war mir nur . . . so . . . ein Augenblickchen . . .

(Sie macht sich sanft von ihm frei.)

Wendt (erfasst ihre Hand): Halt aus, meine gute, liebe Toni! . . . Halt aus! . . . Nur noch eine Weile! . . Nur noch eine kleine Weile! . . . Du armes Mädchen! . . . Alles ist so — über uns hereingebrochen! (Seufzt.) Nur noch eine kleine Weile! . . . Es wird alles gut! . . . Es muss ja alles wieder gut werden! . . .

Toni (hysterisches Weinen).

Wendt: Toni!!

Toni: Ach, mir ist . . . (Fasst sich.) Ja! . . . Wir dürfen jetzt nicht mehr — daran denken! . . . Ich habe das nicht nur so — hingesagt! . . . Das ist nun — vorbei!

Wendt: Ach, Du weisst ja nicht, was Du . . . Wir wissen ja nicht — jetzt . . .

Toni (milde, gequält): Ach, wenn ich doch todt wär! . . .

Wendt (nach einer Pause): Das — ist Dein . . .

Toni (bleibt stumm).

Wendt: Du — sagst das mit — voller Ueberlegung?

Toni (leise): Ja!

(Pause. Wendt stumm an dem Tisch, auf welchen er sich schwer gestützt hat; Toni neben ihm, ihn ängstlich beobachtend.)

Toni: Du musst doch selbst sehn, dass es — jetzt nicht mehr geht.

Wendt: Mit voller Ueberlegung? . . . Nein! — Ach was! — Das kannst Du ja gar nicht! . . . Siehst Du! Das kannst Du ja gar nicht! . . . Es ist ja unmöglich, dass wir die Verhältnisse jetzt klar übersehen können! . . .

Toni: Ach nein! . . . Ich weiss ganz genau, wie jetzt alles kommen wird! . . . Wir können und werden uns nie heirathen! . . .

Wendt: Nie? . . .

Toni (traurig mit dem Kopfe schüttelnd): Nein! . . . Nie! . . .

Wendt: Nie! . . . (Er hat sich auf den Stuhl vor dem Tisch sinken lassen, der noch von gestern Abend dasteht. Stumm, finster, den Kopf in beiden Händen, vor sich hinstarrend.)

Toni (beunruhigt, mitleidig): Siehst Du! . . . Du musst doch
sehn, dass ich jetzt — hier — nicht fortkann! . . .
Ach, Du weisst ja! . . . Diese schreckliche, schreckliche Nacht! . . . Ich kann, ich kann doch nicht
anders! . . . (Nachdenklich.) Wenn es jetzt auch so aussieht, als ob sie anders wären! Ach! Das scheint
ja nur so! . . . (Traurig.) Das dauert ja doch nicht
lange! Bei der nächsten Gelegenheit — ist es wieder
— wie vorher, und — und noch viel — noch viel —
schlimmer . . .

Wendt (dumpf vor sich hin): Noch — schlimmer! . . . .

Toni (ernst und traurig): Ja! . . . Noch schlimmer! . . .
(Pause.) Ja, wenn Linchen noch . . . (Ihre Stimme zittert.)
Wenn sie dem Vater so auf den Knie'n sass beim
Essen . . . so neben ihm . . . wenn sie sich an ihn
schmiegte . . . und ihm — was vorschwatzte . . .
oder: wenn sie sich zankten . . . wenn sie dann —
weinte . . . und bat . . . mit ihrem rührenden Stimmchen . . . Ach! Sie hat sie immer wieder heiter gemacht und — getröstet . . . Ja! Aber jetzt . . . (Ist
in Weinen ausgebrochen.) Ach, Du weisst das ja alles gar
nich! . . .

(Pause.)

Was soll werden? . . . Sag doch selber! . . . Zu uns
nehmen — könnten wir sie ja doch nicht! . . . Du
weisst ja, wie er ist! . . . Und — die Mutter allein?
. . . Das lässt er nicht! . . . Er hat sie ja viel, viel
zu lieb! . . . Er kann sich nicht von ihr trennen!
. . . Und unterstützen? . . . (Sie lächelt milde.) Das siehst
Du ja selber: das kann ja gar nichts nützen! . . .
Darauf kommt es ja gar nicht an! . . . Ach Gott!
Ich darf gar nicht daran denken! . . . Die arme, arme
Mutter! . . . Und dann — die andern! . . . Der arme
Walter! . . . Nein! (Leise.) Es ist ganz unmöglich,

ganz unmöglich, dass ich fort kann! . . . Und — das
kann noch lange, lange Jahre so fortdauern! . . .

Wendt (nach einer Weile, halb zu sich selbst, seitwärts, zwischen den
Zähnen): Und — da musst Du Dich also — opfern! . . .

Toni (nachdenklich): Die armen, armen Menschen!

Wendt: Dein ganzes Leben in diesem Elend ver-
bringen! Dein ganzes Leben! . . . Das soll man ertragen?! . . . (Ist aufgesprungen.) Das ist ja unmöglich,
Toni! Das ist ja unmöglich!

Toni (sanft): Ach, doch!

Wendt: Toni!

Toni: Und wenn sie noch schlecht wären! . . . Sie
sind aber so gut! Alle beide! Ich habe sie ja so
lieb! . . .

Wendt (leise; einfach constatirend, nicht vorwurfsvoll): Ja! Mehr
als mich! . . .

Toni: Ach, Du bist ja viel glücklicher!

Wendt: Glücklicher? Ich?!

Toni: Ja, Du! Du! . . . Du bist ja noch jung und hast
noch so viel vor Dir! . . . Aber sie haben ja gar
nichts mehr auf der Welt! Gar nichts! . . .

Wendt (stöhnt auf).

Toni (leise): Wir könnten ja doch nie so recht glücklich sein! . . . Ich hätte ja keine ruhige Stunde bei
Dir, wenn ich wüsste, wenn ich fortwährend denken
sollte, dass hier . . . Nein, nein! . . . Das wäre ja
nur eine fortwährende Qual für mich! . . . Das siehst
Du ja auch ein!

Wendt: Ich? . . . ein?!

Toni: Ja!

Wendt (zuerst vollständig fassungslos, dann): Gut! Dann bleib
ich hier! . . . (Verzweifelt.) Ich habe den Muth nicht,
ohne Dich, Toni! . . . Toni! — (Auf sie zu.)

Toni (erschrocken, schon in seinen Armen. Flehend): Hier?! . . .
Nein! Ach, nein! . . .

Wendt: Und wenn alles in Stücke geht!

Toni: O Gott! . . . Ach, nein! . . . Nein! . . . Deine
Eltern . . .

Wendt: Meine Eltern?! — He! — Wohl mein Vater?!
Dieser orthodoxe, starrköpfige Pfaffe und . . . Ae! Die
ist mir ja auch nicht mehr das! . . .

Toni: O!

Wendt (bitter): Ja, ja, meine liebe Toni!

Toni: Und Deine Stellung?

Wendt: Meine Stellung? He! — Was ist mir denn
meine Stellung! (Leiser.) Ich habe nur Dich, Toni!
Nur Dich! . . .

Toni: Ach! — Aber sieh doch . . . Nein! Das würde
Dir ja auch nichts nützen!

Wendt: Nichts nützen?!

Toni: Nein, nein! . . . Ach, nein! Das geht ja nicht!
. . . Ach, das würde ja alles ganz anders werden,
als Du Dir's jetzt vorstellst! . . . Du bist ja nicht so
an alles das gewöhnt! . . . Und dann: eh' Du Dir
dann wieder eine neue Stellung verschafft hast! . . .
Alles das! . . . Nein, nein! . . . Es ist so gut von
Dir, so gut! Aber es nützte ja doch nichts! . . .
Ach, siehst Du denn das gar nicht ein?

Wendt (stöhnt schmerzlich auf).

Toni (einen Einfall bekommend): Ach na . . . Und dann —
siehst Du! . . . Eigentlich: wir haben ja noch gar
nichts verloren? . . . Später könnten wir ja — vielleicht — immer noch zusammenkommen?

Wendt (sie fest ansehend): Später?

Toni (etwas verlegen): Nun ja? . . . Ich . . .

Wendt (wie vorher): Später?

Toni (mit einem gequälten Lächeln): Ich . . . Nun ja —
Warum denn nicht? Ich . . . e . . . Wir müssten
vielleicht noch — ein paar Jahre warten! . . . Aber

unterdessen kannst Du ja . . . (Sie hat während der letzten Worte nach dem Bett hingesehn.) Hach?! (Ist zusammengefahren, sich fest an ihn klammernd.)

Wendt (mit zitternder Stimme): Um Gotteswillen! Was ist Dir denn, Toni?!

Toni (wieder aufathmend und sich über die Stirn streichend): Mir war — als wenn sich — im Bette dort etwas — bewegte . . .

Wendt (gleichfalls unwillkürlich zum Bett hinsehend. Sucht sie zu beruhigen): Du bist so erregt, Kind!
(Pause.)

Toni: Wir vergessen . . . Wir müssen — vernünftig sein! . . . (Lächelnd.) Ach! — Sieh mal? — Mir — ist — schwindlich! . . . Ich bin — doch — ein bischen — angegriffen . . .

Wendt (sie stützend): Du hast Dich so erschrocken, Toni! . . .

Toni (mit mattem Lächeln): Lass nur! — Es ist — schon wieder gut! . . . (Sie ist mit gefalteten Händen vor das Bett Linchens getreten. Weint.) Ja! — Du siehst . . . Mein liebes, liebes Linchen! . . . Mein Schwesterchen! . . .

Wendt (hinter ihr).

Toni (weinend, wendet sich zu ihm): Sieh doch!

Wendt (abgewandt): Toni . . .

Toni: Ich bitte Dich! — Ich bitte Dich! —

Wendt (sie ansehend. Auf's Tiefste erschüttert. Hat ihre Hand ergriffen. Demüthig): Toni! — O, was bin ich gegen Dich! — Wie muss ich mich vor Dir schämen! . . .

Toni (abwehrend): Ach . . . (Ernst) Aber: wir dürfen nicht! Nicht wahr?

Wendt (sich abwendend): Du hast recht! (Hat ihre Hand wieder fallen lassen.) . . . Ja! Du brauchst mich nicht! — Du bist gross und muthig und stark und ich so klein, so feig und — so selbstsüchtig! (Beschämt.) Ich — Thor

ich! . . . Ja! Du hast recht! — (Seufzt tief auf.) Wir
dürfen nicht! . . .

Toni (seine Hand ergreifend und ihm die ihre auf die Schulter legend
sieht ihm in die Augen): Nicht wahr, Gustav? . . . Wir
dürfen doch nicht nur an uns denken?!

Wendt (im tiefsten Schmerz, Ihre Hand drückend): Ach —
Mädchen! —

Toni: Du bist so gut gewesen! . . . Du hast's so gut
mit uns gemeint! . . .

Wendt (gequält): Ist denn nur keine, keine Möglich-
keit?! . . . Herrgott!! . . .

Toni (schmiegt sich an ihn): Siehst Du: ich muss ja doch
auch aushalten!

Wendt (schmerzlich): Toni! — Toni! —

Toni (immer in derselben Stellung. Wieder mit einem Lächeln): Ach,
wenn man so den Tag über arbeitet, weisst Du . . .
wenn man sonst gesund ist und immer tüchtig arbeiten kann, da denkt man an nichts! . . . Da hat
man keine Zeit, an was zu denken! . . . Und Du —
Du weisst so viel! Du kannst so viel nützen . . .

Wendt (düster): Ich? Nützen?

Toni: Ach ja!

Wendt: Nützen! . . . Ja früher! Wenn ich noch wie
früher wär! . . . Aber jetzt?! Jetzt?! . . .

Toni: Ach, das ist ja nur so für den Augenblick! . . .
Du kannst glauben: das ist nur so für den Augenblick! . . . Wenn Du erst dort bist . . . Das ist so
ein schöner, schöner Beruf, Pastor!

Wendt: Ich glaube an alles das nicht, womit ich die
Leute — trösten soll, liebe Toni! Und ich kann
nicht — lügen!

Toni (lehnt den Kopf an seine Schulter. Zu ihm auf): Aber wenn
nun . . . Wenn Du mich nun . . . Hättest Du dann
gelogen?

Wendt: Wie meinst Du?

Toni: Ich meine: Wenn Du mich — geheirathet hättest
und Du wärst dann Pastor gewesen, dann hättest Du
doch ebenso gut den Leuten was vorgelogen, wenn
Du überhaupt an das alles nicht glaubst? . . . Du
sagtest doch gestern — ich weiss nicht mehr, wie
Du's ausdrücktest! . . . Aber — . . . Ja! — Wir
hätten dann, was mit dem Leben versöhnte! — So
ungefähr! — Es war so schön! . . .

Wendt: Mädchen! — Mädchen! —

Toni: Ach, lass doch! — Du hast dort zu thun und
ich — hier! — Und wenn wir dann — manchmal
aneinander denken, dann — wird es uns leichter
werden! . . . Nicht wahr? . . . (Mit mildem Scherz.) Ich
will mal sehn, wie oft mir das Ohr klingt! . . . Ach
ja! Wenn man nichts zu thun hat, dann denkt man
so an alles und dann sieht alles — viel schlimmer
aus, als es ist! . . . Aber wenn man arbeitet, dann
schafft man sich alles vom Halse! . . .

Wendt: Ja! Ja! Du hast wieder recht, wieder recht!
. . . (Sieht sie innig an.) Ach Mädchen! — Du wunder-
bares Mädchen! Wie könnt' ich jetzt ohne Dich
leben! . . .

Toni (ängstlich): O nein, nein! . . . Das sagst Du ja nur
so! — Das wäre doch schlimm. sieh mal, wenn Du
das könntest, wenn Du blos von mir abhingst! —
Lieber Gott! Ich bin ja so dumm! — Ich weiss ja
nichts!

Wendt: Ich meine nicht so! — Du hast recht! — H!
. . . Wir müssen uns darein finden!

Toni (freudig, sich an ihn drückend): Ach, siehst Du! — Das
ist gut von Dir! Das ist gut!

Wendt: Aber. nicht wahr! Ich habe Dich doch gefunden und Du — Du machst mich jetzt zu einem
anderen Menschen! . . . Du hast mich überhaupt
erst zu einem gemacht, liebe Toni! . . .

Toni: Ach, ich! . . .

Wendt (innig): Ja! Du! . . . Das Leben ist ernst!
Bitter ernst! . . . Aber jetzt seh ich, es ist doch
schön! — Und weisst Du auch warum, meine liebe
Toni? Weil solche Menschen wie Du möglich sind!
— . . . Ja! So ernst und so schön! . . . (Streichelt ihr
über das Haar.)

Toni (leise, selbstvergessen, glücklich): Ach ja! . . . Ach, aber
das ist gut von Dir! . . . Ich wusste ja . . .
                (Pause. Sie sehen sich in die Augen.)

Toni (schmerzlich, sehnsüchtig aufseufzend): Ach, Du! . . .

Wendt (Sie fest an sich pressend): Hm? Du! . . . Toni! . . .

Toni (in Gedanken an ihn vorbeisehend): Ach ja!

Wendt (schmerzlich): Toni! — Toni! — (Presst sie eng an sich.)

Toni (mit erstickter Stimme): Still . . . Sei still . . .

Wendt (verloren): Toni . . . (Beugt sich über sie und will sie
küssen.)

Toni (mit erstickter Stimme): Lass! . . . Ich — höre — die
Mutter! . . . Ich muss nun — Wir müssen nun daran
denken! . . . Nicht wahr? . . .

Wendt: Toni! Ich bleibe noch! . . . Einen Tag! . . .

Toni (wie vorher): Nein! . . . Bitte! . . . Bitte! . . . Mir
zu liebe! . . .

Wendt: Ach! . . . Leb wohl! . . . (Küsst sie.)

Toni (seinen Kuss erwiedernd, mit thränender Stimme): Leb —
wohl! . . . (Sie drückt sich gegen seine Brust.) Leb wohl! . . . .
(Es klingelt. Toni will aufmachen.)

Wendt (hält sie zurück): Lass! Ich werde aufmachen! —
's wird wohl nur der alte Kopelke sein . . . (Er geht
aufmachen. Toni zieht sich in die Küche zurück.)

Kopelke (noch im Corridor): Danke scheen! Danke scheen!
Juten Morjen, werther, junger Herr: — Na! Schon
uf 'n Damm? . . . Wie steht't denn mit unse Kleene?
— Aha! Ich weess schon! . . . Se schläft noch!
Scheeniken! . . .

Wendt: Nein, sie . . . Bitte, treten Sie ein, Herr Kopelke!

Kopelke (tritt geräuschlos ein. Er hat ein kleines Packetchen unterm Arm. Bleibt einen Augenblick bei der Thür stehen und sieht sich um): Juten Morjen! . . . Nanu?! Keener da?! . . . Det is jo hier noch so 'ne Wirthschaft?! . . . (Zu Wendt hinter sich zurückflüsternd): Sagen Se mal, et is doch nich etwa . . . He?! . . .

Frau Selicke (lugt aus der Kammer): Ach, Sie sind's, Herr Kopelke? (Tritt ein.)

Kopelke: Ja, ick! . . . Juten Morjen, Frau Selicken! . . . Ick wollt mal . . . Sagen Se mal, et . . .

Frau Selicke (weinend): Ach, Herr Kopelke! . . .

Kopelke (besorgt): Nanu?! Et is doch nich . . .

Frau Selicke (in Thränen ausbrechend): Ach! Nun brauchen Sie — nicht mehr — Herr Kopelke . .

Kopelke (das Packetchen auf den Tisch legend): Det hat sick doch nich — verschlimmert?!

Frau Selicke: Hier! . . . Da! . . . (Sie ist mit ihm an's Bett getreten.)

Kopelke (steht eine Weile stumm da und giebt einige grunzende Laute von sich).

Frau Selicke: Diese Nacht um zwei . . .

Kopelke (mit bebender Stimme): Biste dodt, mein liebet Linken? . . . (Tritt zu Frau Selicke und nimmt ihre Hand.) Frau Selicken! . . . Meine liebe Frau Selicken! . . . Det . . . Sehn Se! . . . Det . . . Hm! . . . Hm! . . . (Er hält einige Augenblicke, seitwärts sehend, ihre Hand. Plötzlich): Wo ist denn Edewacht?

Frau Selicke: Drin in der Kammer! . . . Er sitzt da und — und — rührt sich nich . . Wie todt! . . . Ach Gott, ach Gott, ach Gott! . . .

Kopelke: Hm! . . . (Wendet sich wieder zum Bett und betrachtet die Leiche.) Un ick dacht' . . . Hm! . . . Un ick hatt' ihr da — noch 'ne — Kleenigkeit — mitjebracht! . . .

20

Hm! ... Nu is det — nich mehr needig! ... Nu hat
se det — freilich — nich mehr — needig! ... Hm!
... Hm! ...

(Toni tritt in die Küchenthür und sieht in die Stube nach Frau Selicke.)
Liebet Freilein! ... (Kopelke giebt ihr die Hand. Toni sieht
still seitwärts.) Liebet Freilein! ... (Toni geht zu Frau Selicke.)

Toni: Mutterchen! Da bist Du ja schon wieder? ...
Hast Du denn nicht ein bischen geschlafen?

Frau Selicke: Nein! — Kein Auge hab ich zuthun
können! — Nur so ein bischen gedämmert! ...
Wie's klingelte, war ich gleich wieder wach! ...
Haste denn Herrn Wendt ...

Toni: Ja! Lass nur! Ich gehe schon! Leg' Dich aber
wieder hin, Mutterchen! Hörst Du?

Frau Selicke: Ja, ja! (Toni geht in die Küche zurück.) Warten
Sie, Herr Kopelke! — Ich werde meinem Manne
sagen ... (Ab in die Kammer.)

Kopelke (tritt vom Bett zu Wendt hin, der die ganze Zeit über ernst
bei Seite gestanden hat): Die armen Leite! — Die armen
Leite! — Jott! Ick sag immer: warum muss et blos
so ville Elend in de Welt jeben? — Ae, Jottedoch!
— ... Sie woll'n nu heite ooch reisen?

Wendt (zerstreut): Ja! — Gleich nach den Feiertagen
tret ich meine Stellung an.

Kopelke: Ja, ja! — Det wird Ihn'n nu ooch so nich
passen! — Na, wissen Se, werther, junger Herr! Det
lassen Se man jut sind! Die Beff'kens un der
schwarze Rock un det so: det is jo allens Mumpitz!
— Sowat macht 'n Paster nich! Damit kenn'n Se sick
trösten! — Da sitzt der Paster! Verstehn Se? Da!
(Klopft sich auf die Brust.) ... Un denn, wissen Se: in die
zwee Jahre haben Se hier wat kennen jelernt, wat
mennch eener sein janzet Leben nich kennen lernt,
un wat Besseres, verstehn Se, hätt Ihn'n janich passirn
können! ... Ick wünsch' Ihn'n ooch ne recht jlick-

liche Reise! — Wah mich immer sehr anjenehm, werther, junger Herr! Wah mich immer sehr anjenehm! . . . Un, Se kommen doch später hier mal widder her? Wat? . . .

Wendt (nachdrücklich): Ja das werd ich! — Ueber kurz oder lang! . . . Ich danke Ihnen, Herr Kopelke!

Kopelke (ihm die Hand drückend): Scheeniken! Scheeniken! Det is recht von Sie!

(Frau Selicke kommt aus der Kammer.)

Frau Selicke: Es is nichts mit'm anzufangen! — Gehn Sie nur selber zu 'm rein, Herr Kopelke! . . . Ach Gott, ja! . . .

Kopelke (nimmt ihre Hand): Kinder! — Kinderkens! . . . Lasst man jut sind! Wir kommen ooch noch mal an de Reihe! . . . (Verschwindet hinter der Kammerthür.)

(Draussen fangen die Glocken zum Frühgottesdienst an zu läuten. Das Läuten dauert bis gegen Schluss.)

Frau Selicke: Da läuten sie schon zur Kirche! . . . Ach, wer hätte das gedacht, dass Sie mal so von uns fortziehen würden, Herr Wendt! . . . Unter solchen Umständen! . . . (Weint.) Lassen Sie sich's recht gut gehen! (Giebt ihm die Hand.) Und grüssen Sie Ihre Eltern unbekannterweise recht schön von uns! . . . Erleben Sie bessere Feiertage — und — denken Sie manchmal an uns . . .

Wendt: Ja! — Das werd ich sicher, liebe Frau Selicke!

Frau Selicke: Wo bleibt denn Toni? Sie haben ja gar nich mehr so viel Zeit . . .

Toni (kommt mit Frühstück und Kaffeegeschirr; in der andern Hand trägt sie ein Köfferchen. Im Vorbeigehn zu Wendt): Bitte!

Wendt (nimmt es ihr ab und stellt es neben sich unter den Sopha-tisch): Ich danke Ihnen . . .

Frau Selicke (mit der Schürze vor den Augen. Schluchzend): Ach Gott ja! Ach Gott ja!

20*

Toni (hat das Frühstück in Wendt's Zimmer getragen und kehrt nun
    wieder zu ihrer Mutter zurück. Sie umarmt sie und küsst sie. Zärt-
    lich): Mutterchen! — Muttelchen! . . .

Frau Selicke (zu Wendt, immer noch schluchzend): Ja, grüssen
    Sie sie nur! Grüssen Sie sie nur recht von uns!

Wendt (ihre Hand ergreifend): Ich danke Ihnen, Frau
    Selicke! Ich danke Ihnen! Für — Alles! (Ihre Hand
    drückend.) Leben Sie wohl! (Zu Toni, die mit dem einen Arm
    noch immer ihre Mutter umschlungen hält, ebenfalls ihre Hand er-
    greifend.) Leben Sie wohl! Ich . . . (Toni hat sich an die
    Brust ihrer Mutter sinken lassen und vermag ihm nicht zu antworten.
    Ihr ganzer Körper bebt vor Schluchzen.)

Wendt (sich plötzlich über ihre Hand, die er immer noch nicht los-
    gelassen hat, bückend und sie küssend): Ich komme wieder! . . .